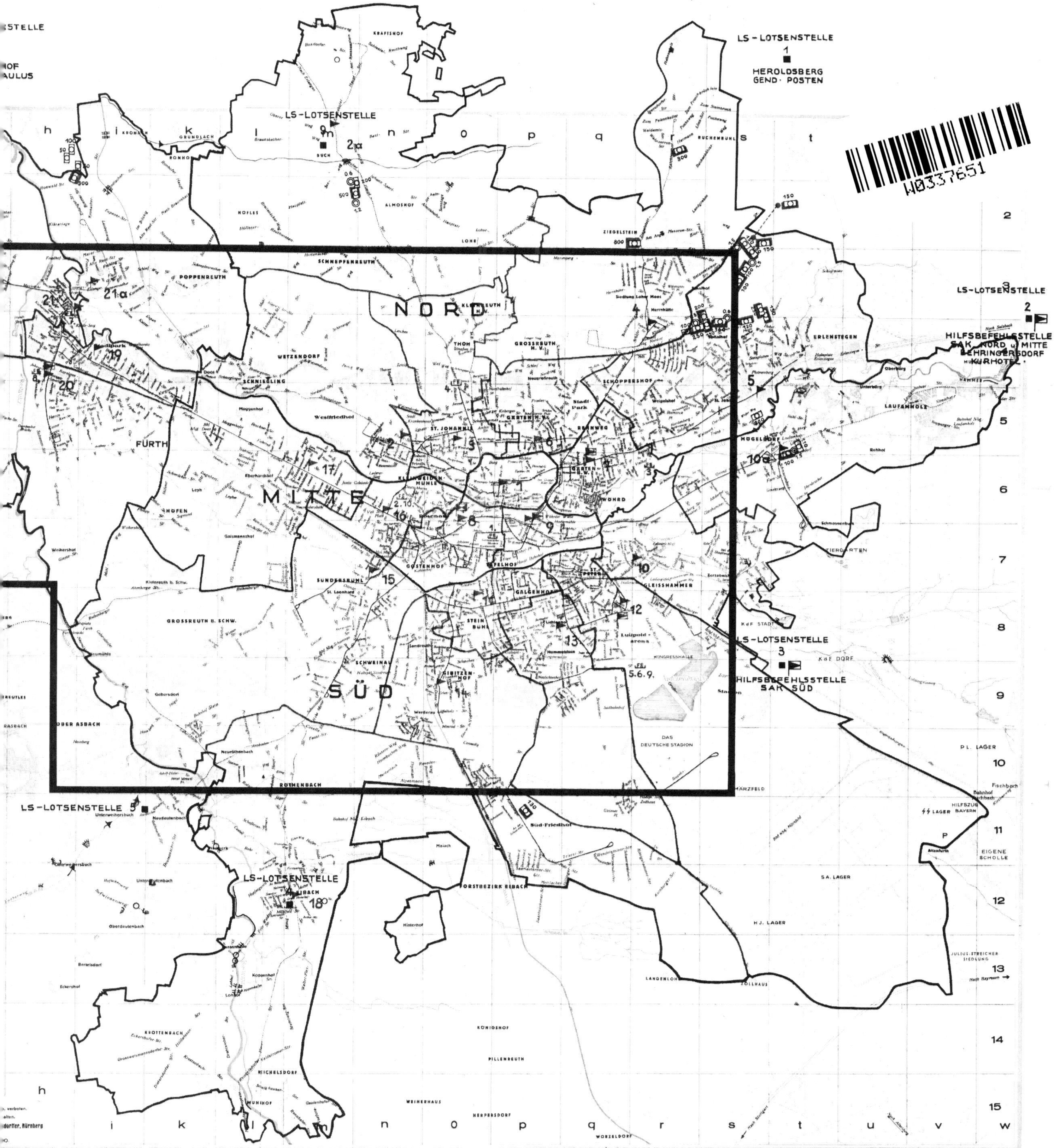

LS-LOTSENSTELLE
1
HEROLDSBERG
GEND· POSTEN
LS-LOTSENSTELLE
NORD
MITTE
SÜD
FÜRTH
LS-LOTSENSTELLE
2
HILFSBEFEHLSSTELLE
SAK NORD u. MITTE
BEHRINGERSDORF
KURHOTEL
LS-LOTSENSTELLE
3
HILFSBEFEHLSSTELLE
SAK SÜD
LS-LOTSENSTELLE 5
LS-LOTSENSTELLE
18
DAS DEUTSCHE STADION
ERLENSTEGEN
TIERGARTEN
GLEISSHAMMER
MÖGELDORF
LAUFAMHOLZ
GROSSREUTH H. V.
GROSSREUTH B. SCHW.
SUNDERSBÜHL
ST. JOHANNIS
SCHWEINAU
GOSTENHOF
GALGENHOF
WÖHRD
ZIEGELSTEIN
ALMOSHOF
POPPENREUTH
WETZENDORF
SCHNIEGLING
SCHOPPERSHOF
KRAFTSHOF
ROTHENBACH
MÄRZFELD
LANGENLOH
ZOLLHAUS
KÖNIGSHOF
PILLENREUTH
WEINERHAUS
HERPERSDORF
WORZELDORF
KROTTENBACH
MÜNHOF
H.J. LAGER
S.A. LAGER
PL. LAGER
EIGENE SCHOLLE
Süd-Friedhof
FORSTBEZIRK EIBACH
h i k l m n o p q r s t u v w
2 3 4 5 6 7 8 9 10 11 12 13 14 15

W0337651

Schramm · Bomben auf Nürnberg

Georg Wolfgang Schramm

Bomben auf Nürnberg

Luftangriffe 1940-1945

Hugendubel

Stadt im Bild.
Dokumentationen zur neueren Stadtgeschichte
herausgegeben von Richard Bauer.

CIP-Titelaufnahme der Deutschen Bibliothek
Bomben auf Nürnberg: Luftangriffe 1940–45/
Georg Wolfgang Schramm. – München: Hugendubel, 1988
ISBN 3-88034-394-2
NE: Schramm, Georg Wolfgang [Bearb.]

© Heinrich Hugendubel Verlag, München 1988
Alle Rechte vorbehalten
Umschlaggestaltung: Tillmann Roeder, Buchendorf
Gesamtherstellung: W. Tümmels, Nürnberg
ISBN 3-88034-394-2
Printed in Germany

Inhalt

1) St. Sebald und die nördliche Altstadt 1927.

Vorwort

Wohl kaum eine Zeit hat das Gesicht der Stadt Nürnberg so entscheidend verändert, wie die letzten Jahre des Zweiten Weltkriegs.

Ab Sommer 1940 zerstörten 44 größere und kleinere Bombenangriffe des „Deutschen Reiches Schatzkästlein" und verwandelten es in eine der größten Trümmerwüsten des unseligen „Dritten Reiches".

Und schlimmer, nicht nur die mittelalterliche Altstadt mit ihren historischen Bauwerken wurde vernichtet, im Bombenhagel starben mehr als 6000 Menschen, Frauen und Kinder, Soldaten und Kriegsgefangene, Nürnberger und „Fremdarbeiter" aus allen Teilen des von den Deutschen besetzten Europas.

Dort wo Hitler und seine braunen Kolonnen ihre glanzvollsten Triumphe gefeiert hatten, kämpften nur wenige Jahre später hungrige, übernächtigte Menschen zwischen brennenden Ruinen ums nackte Überleben.

Der Versuch, diese Bombenjahre mehr als 40 Jahre nach Kriegsende nachvollziehen zu wollen, ist schwierig, ein fast aussichtsloses Unterfangen.

Die meisten Menschen, die diese Jahre in entscheidender Funktion miterlebt haben, sind inzwischen verstorben, bei den meisten anderen sind die Erinnerungen verblaßt oder nur noch bruchstückhaft. Viele Aufzeichnungen oder Fotos (die damals trotz Verbots gemacht wurden) sind nach dem Tod ihrer Urheber verloren gegangen.

Die meisten Akten aus der Kriegszeit sind vernichtet worden oder verbrannten bei den Angriffen. Und selbst wenn sie noch vollständig erhalten wären, über das Alltagsschicksal der sogenannten „kleinen Leute" würden sie wohl kaum viel enthalten.

Auch über den Ablauf der Luftschlachten um und über Nürnberg können die deutschen Archive nur wenige Auskünfte geben. Im Strudel des Rückzugs ging vieles verloren oder es wurde nicht mehr zu Papier gebracht.

So bleiben als eindrucksvollste Zeugnisse jener Jahre die Bilder, die von amtlichen Fotografen für dienstliche Zwecke angefertigt wurden – damals als „GEHEIM" eingestuft – und die wie durch ein Wunder durch die Wirren der Kriegs- und Nachkriegsjahre gerettet wurden. Aber als offizielle Fotos zeigen sie hauptsächlich zerstörte Häuser, Industrie- oder Bahnanlagen. Menschen und Gesichter sind selten, meist nur störendes Beiwerk. Trotzdem sind diese Bilder einmalige Dokumente eines der trübsten Kapitel der mehr als 900jährigen Stadtgeschichte.

Auch wenn diese Bilddokumente den Einsatz von Luftschutzkräften aus unserer Sicht sinnlos erscheinen lassen, so verdanken doch Tausende ihr Leben eben dieser Hilfe und den organisatorischen Maßnahmen, die damals von vielen Stellen ergriffen wurden. Obwohl diese Männer auf verlorenem Posten standen – einigen der Hauptverantwortlichen für den Luftschutz in der Stadt war dies bereits im Sommer 1941 klar – bemühten sich alle, soviel für den Schutz und die Sicherheit der Menschen zu unternehmen, wie vor dem Hintergrund des „totalen Krieges" möglich war.

Es war auch ein glücklicher Umstand, der in Zusammenhang mit der Arbeit des Luftschutzes nicht hoch genug eingeschätzt werden kann, daß dem Nürnberger Polizeipräsidenten Dr. Martin die weitgehendste Ausschaltung der NSDAP und des berüchtigten Gauleiters Julius Streicher gelang. Damit war eine entscheidende Grundlage für die erfolgreiche und ungestörte Zusammenarbeit aller verantwortlichen Dienststellen geschaffen worden. Verhängnisvolle Streitigkeiten zwischen Luftschutz und Partei gab es in Nürnberg – im Gegensatz zu anderen Städten – nicht.

So konnte der örtliche Luftschutz trotz ständiger personeller und materieller Mängel – vor allem an Baumaterialien, Löschgerät und Kraftstoff – sich nach anfänglichen Schwierigkeiten bis Ende 1944 einer Reihe größerer Luftangriffe erfolgreich erwehren, bevor der britische Nachtangriff vom 2. Januar 1945 die Substanz der Nürnberger Innenstadt fast völlig vernichtete und 1356 Menschen das Leben kostete.

Trotz weiterer schwerer Angriffe konnten die Organisationen des Luftschutzes bis in die letzten Tage des Krieges hinein noch viel zur Linderung der allgemeinen Not beitragen. Machtlos waren sie dagegen vom ersten bis zum letzten Kriegstag gegen die Bomberpulks. An eine auch nur hinlängliche Luftverteidigung hatten die Machthaber des NS-Regimes zu spät gedacht.

Gerade im Hinblick auf die schlechte Quellenlage möchte ich mich an dieser Stelle bei all denen bedanken, die mir bei der Arbeit an diesem Buch geholfen haben.

Neben Herrn H.-J. Hecker, der mich dazu ermutigt hat, gehört mein ganz besonderer Dank Herrn Paul Eibert und Herrn Werner Fuchs, die mir beide stets mit Rat zur Seite gestanden sind und auch wichtiges Bildmaterial beigesteuert haben.

Für ihre großzügige Unterstützung mit Bildern danke ich auch ganz besonders Herrn Hans-Georg Carls und Herrn Ottmar Huffschmid, ferner Mr. Roger A. Freeman, Herrn Hans Leroch, Herrn Günter Sengfelder, Herrn Stadtheimatpfleger Georg Stolz und Herrn Fritz Winter.

Herrn Kammler von der Bildstelle des Hochbauamtes der Stadt Nürnberg gelang es schließlich kurz vor der Drucklegung dieses Buches einen großen Bestand von Bildnegativen des 1953 verstorbenen Architekten Hermann Weber zu finden und aufzuarbeiten, die dieser unmittelbar nach den Bombenangriffen aufgenommen hatte.

Für ihre Hilfe danke ich ferner Herrn Dr. Bauer (Stadtarchiv München), Herrn Dr. Sauber (Stadt Nürnberg), Herrn Schmitz (Stadtarchiv Nürnberg) und Herrn Kuno Noerr.

Mit Bildern unterstützten mich ferner folgende Firmen bzw. Werksarchive: Alcan (Herr Wypior), FAUN (Herr Schneiderhan), Großkraftwerk Franken A. G. (Herr Petermann), Kabelmetall electro (Herr Kausch und Herr Direktor a. D. Schlump), die Nürnberger Hercules Werke (Herr Handke), MAN Gutehoffnungshütte (Herr Baum), das Siemens-Museum (Frau Glaser), Philips Kommunikations Industrie (Herr Wittig), das Bildarchiv Nürnberger Nachrichten (Herr Zachow), das Verkehrsmuseum Nürnberg (Herr Illenseer), die Postabteilung des Verkehrsmuseums (Herr Thiel), die National Archives Washington D.C. und das Imperial War Museum London (Mr. Williams).

Für die kritische Durchsicht des Manuskripts bedanke ich mich bei Frau Dr. Julia Lehner.

Verschiedene eindrucksvolle, allerdings nicht immer genau den Tatsachen entsprechende Berichte über die Luftangriffe und die Stimmung in Nürnberg sind in folgenden Büchern zu finden:
Erhard Mossack, Die letzten Tage von Nürnberg, Nürnberg 1952
Fritz Nadler, Eine Stadt im Schatten Streichers, Nürnberg (1969) und
Fritz Nadler, Ich sah wie Nürnberg unterging, Nürnberg 1955 und 3. erw. Aufl. 1972
Zur politischen Lage in Nürnberg vor und während des Krieges siehe:
Utho Grieser, Himmlers Mann in Nürnberg. Der Fall Benno Martin: Eine Studie zur Struktur des Dritten Reiches in der „Stadt der Reichsparteitage", Nürnberg 1974

Einleitung

Geschichte und Organisation des Luftschutzes

Die Fundamente für den deutschen Luftschutz des Zweiten Weltkriegs wurden bereits in den zwanziger Jahren gelegt. Der Versailler Vertrag erlaubte zivile Maßnahmen des „passiven Luftschutzes". Noch 1919 entstand die Technische Nothilfe als Hilfsorganisation für den Katastrophenfall.

Nachdem 1922/23 bei der Beratung der Haager Landkriegsordnung alle Versuche scheiterten, die Bombardierung ziviler Ziele einzuschränken, erhielt die Luftschutzidee neuen Auftrieb. Im Herbst 1925 erließ das Reichswehrministerium „Erste Richtlinien für die Organisation des Reichsluftschutzes", im Februar 1927 richtete das Ministerium eine Luftschutzdienststelle ein. Ab November 1927 war das Innenministerium mit der Federführung betraut, im Oktober 1931 gab der Reichsinnenminister „Richtlinien für die Organisation des Zivilen Luftschutzes" heraus, die die Polizei, Kommunen, Feuerwehren, Technische Nothilfe und die Rettungsdienste sowie die Werkfeuerwehren in die Luftschutzorganisation einbezogen. Die Städte erstellten ab 1932 „Vorläufige Ortsanweisungen für den Luftschutz der zivilen Bevölkerung".

Ergänzend dazu versuchten ab Mitte der zwanziger Jahre zahlreiche private Vereine, die Bevölkerung über die „Luftgefahren" aufzuklären.

Mit der Machtergreifung der Nationalsozialisten wurden die privaten Organisationen rasch gleichgeschaltet. Eine Änderung des vor 1933 geschaffenen Konzepts erfolgte zunächst nicht.

Der neue Reichsminister der Luftfahrt trieb den Aufbau des Luftschutzes kräftig voran, unterstützt von dem 1933 gegründeten Reichsluftschutzbund (RLB), der seit April 1933 auch in Nürnberg eine Ortsgruppe hatte.

Bis 1935 konnten die zivilen Luftschutzvorbereitungen zumindest auf dem Papier abgeschlossen werden. Nürnberg – seit 1934 als „Luftschutzort I. Ordnung" in die Liste der besonders gefährdeten Städte aufgenommen – machte keine Ausnahme. Die Polizei begann Personal für den „Sicherheits- und Hilfs-Dienst" (SHD) zu erfassen, das erforderliche Gerät und die Uniformen sollten „alsdann im Laufe der Zeit allmählich nach Maßgabe verfügbarer Mittel" nachgeliefert werden. In der Praxis geschah wohl wenig, denn bis Mai 1938 wurden erst 60 Prozent der für den SHD nötigen Männer erfaßt. Vom Reichsluftfahrtministerium beschaffte Löschfahrzeuge waren eingelagert.

Im öffentlichen Leben dagegen nahmen Luftschutz- und Verdunklungsübungen immer breiteren Raum ein. Mit dem Luftschutzgesetz vom 26. Juni 1935 waren nun alle Deutschen „luftschutzdienstpflichtig" und konnten per polizeilicher Verpflichtung herangezogen werden.

Aufgabe des Luftschutzes war es nach diesem Gesetz: „. . . organisatorische und technische Vorkehrungen zu treffen, um die Kampfkraft und Arbeitskraft und den Widerstandswillen des gesamten Volkes gegen die Wirkung von Luftangriffen zu erhalten, Luftangriffsschäden durch raschen Einsatz zu bekämpfen und dem Entstehen von Katastrophen entgegenzutreten. . .". Organisation und Durchführung des Luftschutzes fielen nach dem Gesetz in die Zuständigkeit des Reichsministers der Luftfahrt. Auf den unteren Ebenen war dann aber der Innenminister mit seinen nachgeordneten Behörden verantwortlich und dementsprechend war der Polizeipräsident auch Leiter des örtlichen Luftschutzes. Damit war eine Zweigleisigkeit geschaffen worden, die in den Kriegsjahren die Wirkung vieler Luftschutzmaßnahmen schwer beeinträchtigen sollte. Die Bürger- und Oberbürgermeister waren dem örtlichen Luftschutzleiter untergeordnet, hatten also keinerlei Weisungsrecht – weder beim Aufbau noch später beim Einsatz der Luftschutzkräfte.

Ferner unterschieden das Luftschutzgesetz und die folgenden Durchführungsverordnungen zwischen hoheitlichem Luftschutz und dem Selbstschutz. Letzterer war Privatsache. Zum Selbstschutz gehörten die Vorbereitungen im eigenen Wohnhaus, der Erweiterte Selbstschutz (ES) der Kleinbetriebe und der Werkluftschutz der Industrie (WLS).

Ab 1936 begann das NS-Regime mit großem Propagandaaufwand die „Volksgenossen" auf einen möglichen Luftkrieg vorzubereiten. Im Mai und November fanden in Nürnberg großangekündigte Luftschutzübungen statt. Mangels Sirenen wurde der Probealarm noch von Radfahrern ausgelöst, die mit blauen Armbinden und Signalhörnern ausgerüstet waren. Die am 6. Juni 1936 eingeweihte „Luftschutzschule Hermann Göring" des RLB diente als Ausbildungszentrum, besonders für die Selbstschutzkräfte.

Als eine der ersten deutschen Städte begann Nürnberg im Februar 1938 mit der Ausgabe der „Volksgasmaske". Im Juni 1938 marschierten Hitlerjungen mit Gasmasken durch die Straßen, um im Rahmen eines „Jugendluftschutztages" auf die Bedeutung des Luftschutzes und der Volksgasmaske hinzuweisen. Bis zum Kriegsbeginn wurden immer mehr derartige Veranstaltungen durchgeführt.

Wesentlich bescheidener waren die Maßnahmen des örtlichen Luftschutzleiters, er beschränkte sich aufs Organisieren. Im April 1937 wurden die Polizeireviere gleichzeitig Luftschutzreviere, die Polizei-Abschnittskommandos Schadensabschnittskommandos oder später LS-Abschnitte. Fürth bildete den Abschnitt „West", die Reviere der Altstadt den Abschnitt „Mitte", die Nord- und die Südstadt die Abschnitte „Nord" und „Süd".

Dem SHD im Luftschutzort waren bis April 1938 24 Kraftspritzen und 24 einachsige Löschanhänger zugeteilt. Die Sollstärke betrug 3688 Mann. Die verschiedenen Dienste wie Feuerlösch- oder Sanitäts-Dienst wurden von den friedensmäßig vorhandenen Hilfsorganisationen wie Feuerwehr und Rotem Kreuz getragen. Im Kriegsfall sollten sie durch mobbeorderte Ergänzungskräfte verstärkt werden. Beim Aufruf des Luftschutzes war außerdem die Beschlagnahme zusätzlicher Fahrzeuge vorgesehen.

Ende September 1938 richtete die Stadtverwaltung ein Referat für Reichsverteidigung und Zivilen Luftschutz ein, das auf Seiten der Stadt für die Durchführung der vom örtlichen Luftschutzleiter angeordneten Maßnahmen und den Selbstschutz in den städtischen Einrichtungen und Behörden zuständig war (Dezernat XI). Die Feuerwehren im Reich erhielten durch das Gesetz über das Feuerlöschwesen vom 23. November 1938 den Status einer Hilfspolizei, die Berufsfeuerwehren wurden in „Feuerschutzpolizei" umgenannt (in Nürnberg erst ab 3. Oktober 1939), die bislang roten Feuerwehrfahrzeuge dunkelgrün lackiert und an die Stelle der zivilen Dienstgrade traten die der Polizei (Hauptmann, Major usw.).

Als Polizeipräsident Dr. Martin am 1. September 1939 den Luftschutz aufrief, war zwar auf dem Papier viel geschehen, aber es fehlten vor allem sichere Schutzräume für die Bevölkerung. Der Reichsluftschutzbund und seine prächtig uniformierten Amtsträger unterstützten die Luftschutzwarte beim behelfsmäßigen Einrichten von Luftschutzkellern zwar wo sie konnten, doch an allen Ecken fehlten Baumaterialien und Balken zum Abstützen der Decken.

Und vor allem: Niemand, vom örtlichen Luftschutzleiter bis zum einfachen Luftschutzwart wußte oder konnte sich vorstellen, wie nun dieser Krieg mit den erwarteten Luftangriffen wirklich ablaufen würde.

Erste konkrete und sehr ernüchternde Eindrücke erhielten die deutschen Luftschutzkräfte, als im September 1939 Warschau in Flammen aufging. Im Mai 1940 brannte dann die Altstadt von Rotterdam nach einem deutschen Luftangriff (97 Tonnen Sprengbomben) völlig ab. Die Feuerwehr dort war hilflos gewesen, nachdem auch die Löschwasserversorgung über Hydranten zusammengebrochen war.

Die für den Luftschutz zuständigen Dienststellen im Reichsluftfahrtministerium gaben diese Erfahrungen unverzüglich nach unten weiter und ordneten eine Umgliederung der örtlichen Luftschutzkräfte an.

Nürnberg und viele andere deutsche Städte hatten im Gegensatz zu Warschau und Rotterdam eine Gnadenfrist bekommen, die genutzt wurde, um in der Vorkriegszeit Versäumtes nachzuholen.

Beim SHD wurde die Ausrüstung verbessert, so weit es die Kriegswirtschaft zuließ. Der Bau von Schutzräumen und Bun-

2

3

4

2) Polizeipräsidium in der Ludwigstraße, Sitz des örtlichen Luftschutzleiters (1939).

3) Die Polizeireviere waren ab 1937 gleichzeitig Befehlsstellen der Luftschutzreviere (1940).

4) Feuerlösch- und Entgiftungstrupp (Weihnachten 1939).

5

6

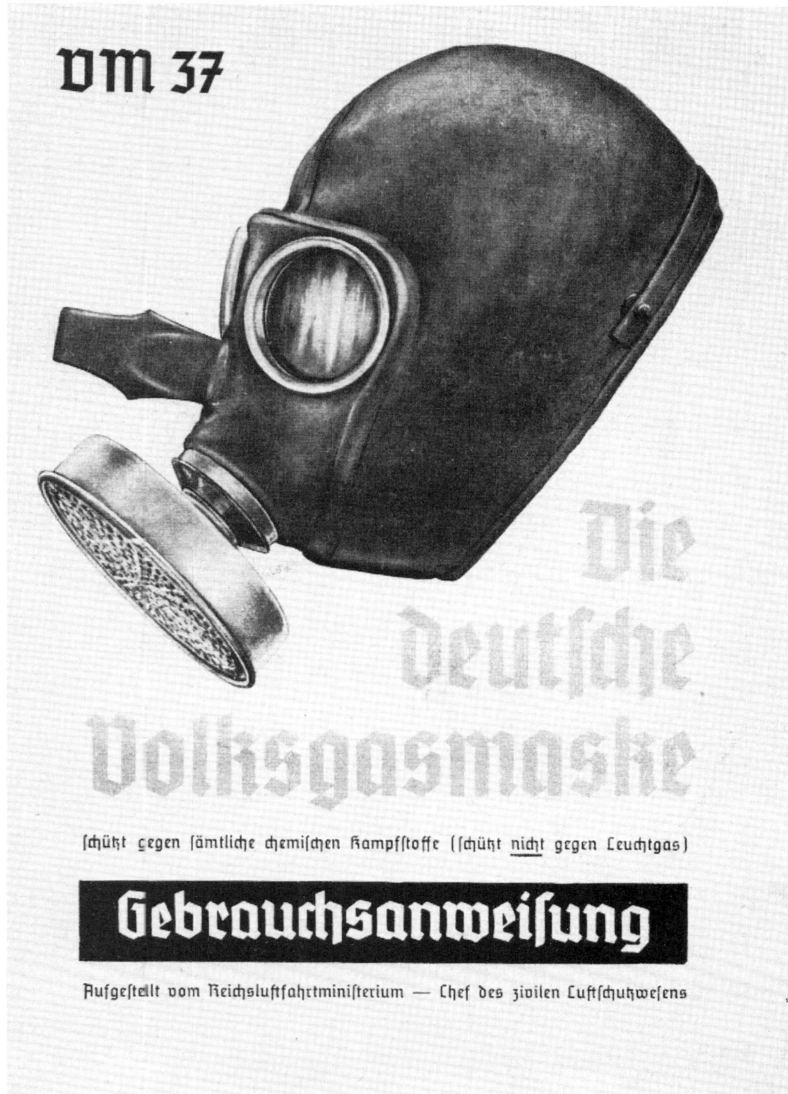

7

kern wurde forciert und war weitgehend abgeschlossen, ebenso der Bau einer vom Rohrnetz unabhängigen Löschwasserversorgung.

Als ab Februar 1943 die ersten wirklich schweren Luftangriffe auf die „Stadt der Reichsparteitage Nürnberg" begannen, war die Luftschutzorganisation bereit. Der Inspekteur des Feuerlöschwesens Hans Rumpf schrieb nach dem Krieg: „. . . vorbildlich in der Schaffung eines ganz engmaschigen Netzes kleiner Teiche und Tröge bis in die letzten Ecken und Winkel ihrer Altstadtbezirke war beispielsweise Nürnberg, das sich auf diese Weise bis zum Spätsommer 1944 mehr als eines Dutzends Angriffe erfolgreich gewehrt hat, bis auch hier das Schicksal ironisch lächelnd zeigte, daß gegen den Triumph des alliierten Luftterrors keine menschliche Voraussicht und kein noch so mutiger Erhaltungswille etwas auszurichten fähig war . . .".

5) Leichtes Löschgruppenfahrzeug des SHD (1939).
6) Schweres Löschgruppenfahrzeug des SHD (1939).
7) Titelblatt der Gebrauchsanweisung (1938).
8) Aus einer Broschüre des RLM (1942).

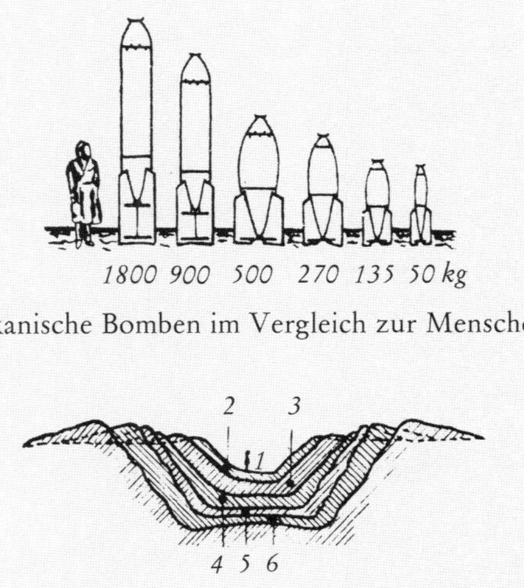

Amerikanische Bomben im Vergleich zur Menschengröße

1. Bombe 50 kg	*4. Bombe 500 kg*
2. Bombe 135 kg	*5. Bombe 900 kg*
3. Bombe 270 kg	*6. Bombe 1800 kg*

Wirkung obiger Bomben
Ausmaße der Krater
(4 mm entsprechen 1 m in der Natur)

8

9

11

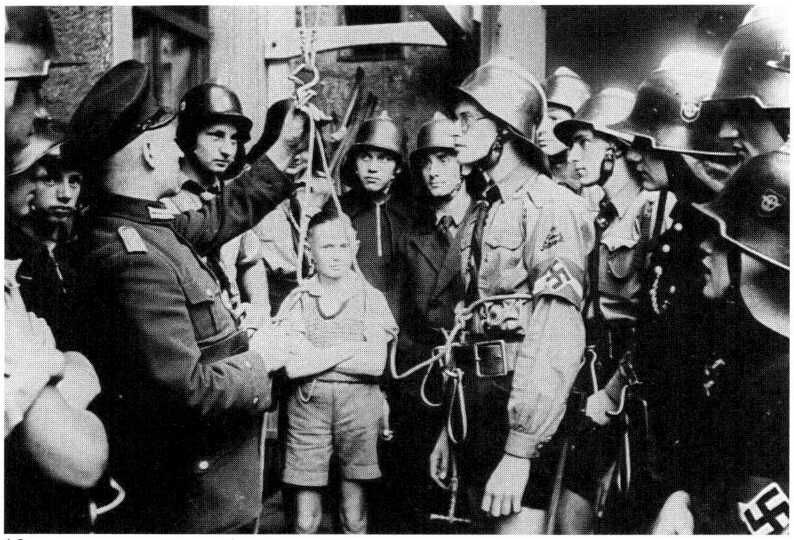

10

12

Verhalten des Volksgenossen in der Heimat bei Erscheinen feindlicher Flugzeuge

1. **Ruhe bewahren!** Überlegt handeln!
   Rücksicht nehmen auf Frauen, Kinder und alte Leute, diese zuerst in Sicherheit bringen.
   Keine Aufregung aufkommen lassen. Sei Vorbild als Volksgenosse! Wirke durch geistesgegenwärtige Haltung beruhigend auf andere. Dulde keine Schreierei und Kopflosigkeit.
2. Die **Luftschutzmaßnahmen,** wie vom Luftschutzwart gelehrt, **befolgen.**
3. **Bei beobachteter Landung von feindlichen Flugzeugen:**
   a) Keinerlei Auskunft geben, auch wenn einwandfreies Deutsch gesprochen wird (auf keinen Fall Verpflegung oder Zivilkleidung herausgeben oder Unterkunft verschaffen).
   b) Sofortige Meldung der Wahrnehmungen an nächste Wehrmachtsdienststelle oder Polizeibehörde durch Fernsprecher oder persönliche Berichterstattung.
   Hauptbestreben: Schleunigst Meldung machen!
4. Feindliche **Propagandaflugblätter** der **Polizei übergeben.** Fundstelle melden.
5. Ganz Deutschland ist mit einem dichten Netz von geschulten Flugmeldeposten überzogen, deren Aufgabe Beobachtung des Luftraumes und Meldung aller Wahrnehmungen ist. Der Nichtsoldat braucht daher **im allgemeinen** über Anflug und Abflug feindlicher Flugzeuge keine Meldung zu machen.

Beispiele von Meldungen, die ausnahmsweise erwünscht sind:

a) Telephonisch an Polizei in — — —:
Am 21.8. 20.20 Uhr sah ich auf dem X-Y-Kanal, im Faltboot nach B-Stadt fahrend, wie ein tief herunterstoßendes Flugzeug über dem Kanal einen größeren Gegenstand abwarf und hörte ein Aufklatschen, das etwa in Höhe des Kilometersteines 14,7 erfolgt sein muß. Es war schon sehr dämmerig. Flugzeug flog in Richtung Westen weiter. Otto M., Anschrift.

Meldung war notwendig. Der im fraglichen Zeitpunkt verkehrsarme Kanal führt durch mooriges Gebiet. Eine Beobachtung des Vorfalles durch andere Personen war kaum gegeben. Es ergibt sich die Annahme, daß eine Mine abgeworfen wurde, um auf dem Kanal fahrende vollbeladene Erzkähne zu versenken und hierdurch den Kanal unbenutzbar zu machen.

b) Mündlich bzw. schriftlich auf Polizeirevier B-Stadt:
Am 22. 11. 19.50 Uhr fuhr ich mit dem Lastauto der Firma K. von A-Dorf nach B-Stadt. Etwa 5—6 km von der Stadt kamen erst zwei und dann ein weiteres Flugzeug gleich dahinter in ganz niedriger Höhe über die Fahrbahn in Richtung C-Stadt. Abzeichen waren wegen der Dunkelheit nicht zu erkennen. Sie hatten auch keine Lichter. Da ich gerade angehalten hatte, hörte ich dann ziemlich nah eine Explosion und sah auch einen kurzen Feuerschein an den tiefhängenden Wolken. Ich hatte den Eindruck, daß ein Flugzeug abgestürzt ist, denn der Aufschlag einer Bombe wäre kürzer und heftiger gewesen. Die fragliche Stelle könnte der Wald bei X. sein oder der Berg dahinter. Franz B., Anschrift.

Hier ist der Absturz eines Flugzeuges möglich und sofortige Bergung bzw. Hilfeleistung erforderlich.

Also Meldung nach dem Schema: Wann! – Wo! – Was! – Wie!

Keine Gespenster sehen! Keine phantasievollen Mutmaßungen. Nichts hinzutun und nichts vergessen. Alle Angaben so gewissenhaft wie möglich!

6. **Bei abgestürzten feindlichen Flugzeugen:**
   Kurz nach dem Aufschlag nicht darauf zulaufen, sondern im Abstand stehenbleiben wegen Gefahr der Bomben- und Betriebsstoffbehälter-Explosion durch Brand.
   Später Hilfeleistung für die Insassen.
   Sonst alles liegenlassen, bis Truppe oder Polizei oder Feuerwehr kommt. Explosionsgefahr durch auslaufenden Betriebsstoff bleibt längere Zeit! Nicht rauchen! Kein offenes Feuer!
7. **Nichtdetonierte Flugzeugbomben und Minen.**
   Der Feind verwendet u. a. Bomben mit Langzeitzünder, die erst nach längerer Zeit explodieren. Jeder sogenannte „Blindgänger" ist daher **besonders** gefährlich. Wo solche Bomben einschlagen, sofort nähere Umgebung im Umkreis von etwa 100 Meter Abstand von der Bombe räumen. Sofort Meldung an Polizei- oder Wehrmachtdienststelle!
   Ebenso ist jedes Sichten oder Auffinden von treibenden oder an den Strand oder an das Ufer gespülten oder in Wassernähe auf Land geworfenen minen- oder zylinderförmigen Körpern sofort mit genauer Bezeichnung des Fundortes der nächsten erreichbaren Wehrmachtdienststelle oder der örtlichen Dienststelle der Wasserstraßenverwaltung oder Wasserschutzpolizei zu melden.
   Jedes Anfassen, aber auch schon ein Annähern mit oder ohne metallische Gegenstände kann die größte Gefahr für Dich und Deine Umgebung bedeuten!
8. **Eigener Flakbeschuß!**
   Eigener Flakbeschuß feindlicher Flugzeuge bringt höchste Gefährdung mit sich, da Sprengstücke, besonders die schweren Bodenteile und Zünder des Geschosses, mit erheblicher Endgeschwindigkeit herabfallen. Daher Deckung in splittersicheren Räumen, auch wenn kein Fliegeralarm-Signal gegeben wurde, unbedingt erforderlich. Flakblindgänger müssen wie Bombenblindgänger behandelt werden, d. h. nicht berühren und sofort melden.
9. **Überprüfe Deine Luftschutzmaßnahmen immer wieder!** Wer nicht für genügende Abdunkelung sorgt, lockt feindliche Flieger herbei, wird so durch verbrecherische Leichtfertigkeit zum Selbstmörder und zum Verräter zugleich.

Volksgenosse hinter der Kampffront! Handle stets vorbildlich. Auch von Dir hängt Deutschlands Sieg ab!

13

9) HJ bei einer Luftschutzübung (1938).
10) HJ-Feuerwehr bei der Ausbildung (1940).
11) Vereidigung von DRK-Helferinnen (2. 6. 1940).
12) Luftschutzunterricht (20. 5. 1942).
13) Aus einer Broschüre des RLM (1942).

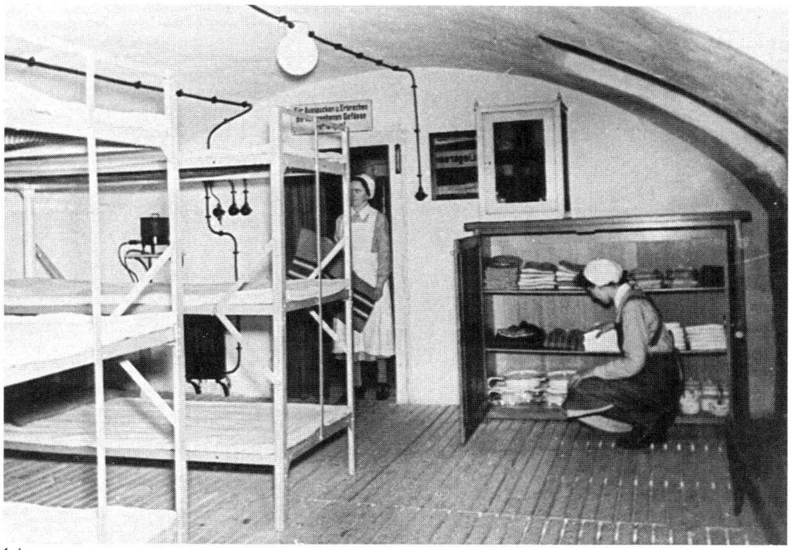
14

15

16

17

18

14) Unterirdische Rettungsstelle (Mai 1941).
15) Hilfskrankenhaus Märzfeld (Juni 1940).
16) Bau einer SHD-Unterkunft (März 1940).
17) und 18) Prospekte aus der Vorkriegszeit.

19

20

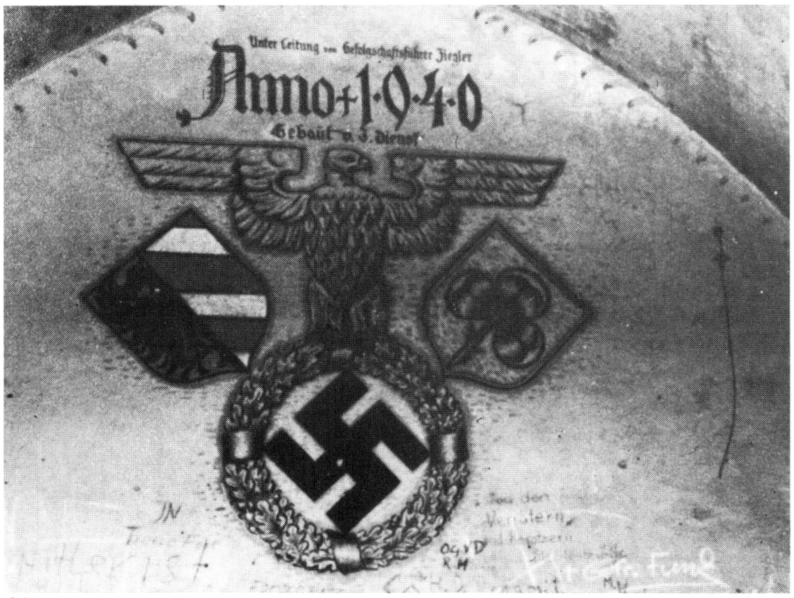

21

22

Die Luftschutzkräfte im Einsatz

Verantwortlich für den Einsatz der Luftschutzkräfte war der Polizeipräsident als örtlicher Luftschutzleiter, von Januar 1934 bis Dezember 1942 Dr. Benno Martin, General der Waffen-SS und der Polizei, dann bis Kriegsende Otto Kuschow, Oberst der Polizei und bis Ende 1942 Kommandeur der Nürnberger Schutzpolizei.

Der Befehlsstand der örtlichen Luftschutzleitung war in dem zweistöckigen Keller des ehemaligen Cafés „Palmenhof" in der Schlotfegergasse eingerichtet.

Besetzt wurde die Befehlsstelle am Tag bei „Luftgefahr 15", d.h. wenn sich feindliche Flugzeuge bis auf 15 Flugminuten der Stadt genähert hatten, bei Nacht bereits ab „Luftgefahr 30".

Die Verbindung nach außen war durch drei unabhängige Fernsprechnetze und durch Melder, ab 1943 auch durch UKW-Sprechfunk sichergestellt. Lagemeldungen erhielt der örtliche Luftschutzleiter von den LS-Revieren, den Turmbeobachtern (u.a. auf der Burg, der Lorenzkirche, dem Schmausenbuckturm und auf den Dächern der Kongreßhalle, des Polizeipräsidiums und der Polizeikaserne in Altenberg). Die Turmbeobachter mußten während der Angriffe auf ihren Posten bleiben und Brände etc. sofort weitermelden. Sobald die Angriffsschwerpunkte bekannt waren, machte sich der „fliegende Befehlsstand" auf den Weg, 3 Pkw – ab 1944 war einer von ihnen mit Funk ausgerüstet – und drei Kradfahrer. Sie erkundeten die genaue Lage an den Schadensstellen und gaben von dort aus die entsprechenden Befehle. Für besonders schwierige Fälle stand auf dem Fliegerhorst Fürth-Atzenhof ein „Fieseler Storch" abrufbereit. Die Beobachtungen des Piloten wurden über Funk direkt an die örtliche LS-Leitung durchgegeben. War die Erkundung mit allen anderen Hilfsmitteln nicht mehr möglich, konnten von der MAN zwei bis drei Panzer aus der laufenden Produktion abgerufen werden. Für den Einsatz bei „Unruhefällen" waren noch drei zusätzliche Panzer verfügbar, mit Werksfahrern und Wehrmachtsbesatzung. Sollte der Keller im Palmenhof zerstört werden, war in der Gendarmeriekaserne Altenberg eine Hilfsbefehlsstelle vorbereitet.

In den getroffenen Stadtteilen wurden sofort nach dem Angriff „fliegende Befehlsstellen" eingerichtet. Dort waren erfahrene Polizeioffiziere eingesetzt, die bis zur Einstellung der Hilfsmaßnahmen für Erkundung, den Einsatz der LS-Kräfte, für Nachschub, die Versorgung mit Löschwasser und Kraftstoff etc. verantwortlich waren. Über schnell verlegte Feldkabelleitungen waren sie mit dem Fernsprechnetz der Polizei verbunden.

An eigenen Kräften konnte der örtliche Luftschutzleiter ab April 1940 über 4 Feuerlösch- und Entgiftungsabteilungen (mit

11 leichten und 7 schweren Löschzügen, 8 Entgiftungszügen und mehreren Sonderfahrzeugen wie Drehleitern), 5 Instandsetzungsbereitschaften (mit 16 Zügen), 5 Sanitätsbereitschaften (11 Züge und 4 Krankentransportstaffeln), 15 Kampfstoffuntersuchungsstellen und ein Sprengkommando (1 Luftwaffenfeuerwerker und 19 Mann) verfügen. Insgesamt waren dies 2813 Mann mit 382 Fahrzeugen.

Diese örtlichen SHD-Kräfte wurden wie überall im Reich ab 1. Juli 1942 in die Polizeireserve überführt und in „LS-Polizei" umbenannt. Die Männer bekamen Polizeidienstgradabzeichen und wurden personell und organisatorisch dem „Reichsführer SS und Chef der deutschen Polizei" unterstellt. Die LS-Polizisten erhielten nun auch eine infanteristische Grundausbildung und viele von ihnen, besonders die Jüngeren, wurden später für den „auswärtigen Einsatz" abgezogen. Im Klartext: diese ehemaligen Feuerwehrleute landeten in Polizei-Schützen-Regimentern und sollten der Wehrmacht in den sogenannten „Bandengebieten" den Rücken frei halten. Gerade in den letzten Kriegsjahren fehlten diese jüngeren Männer dem Luftschutz ganz besonders. Ersetzt wurden sie durch „Ostarbeiter", meist Ukrainer.

Als Vorauslöschtrupps stellten Polizei, SHD und HJ-Feuerwehr ab 1942/43 die „Schnellkommandos" auf. Mit schweren Pkw und Anhängern ausgerüstet, fuhren sie noch während der Angriffe los und versuchten Entstehungsbrände zu löschen. In Nürnberg gab es 30 solcher Schnellkommandos, vermutlich 1944 wurden sie aufgelöst. Es war auch unter den damaligen Umständen nicht mehr zu verantworten, Löschkräfte in den Bombenhagel eines Angriffs hinauszuschicken.

Reichten die örtlichen Kräfte nicht aus, so konnte der Luftschutzleiter Hilfe von auswärts anfordern. Alle Freiwilligen Feuerwehren in 15 km Umkreis von Nürnberg waren zum Löscheinsatz verpflichtet. An den eigens für solche Fälle eingerichteten „Lotsenstellen" an den Stadträndern erhielten sie und andere von außen kommende Einheiten ihre Einsatzgebiete zugewiesen.

Ende 1942 wurden aus den Freiwilligen Feuerwehren der weiter von Nürnberg entfernten Gemeinden modernere Löschfahrzeuge und entsprechendes Personal für den überörtlichen Einsatz zu „Feuerwehrkompanien" bzw. später zu „Feuerwehrbereitschaften" zusammengefaßt.

Die Luftwaffe hatte schon Ende 1939 mit der Aufstellung motorisierter SHD-Einheiten begonnen, die bei Luftangriffen örtliche Feuerlöschkräfte verstärken sollten. Jede dieser SHD-Abteilungen (mot.) hatte neben dem Stab 2 Feuerlösch- und Entgiftungs-(FE-)Bereitschaften, eine Instandsetzungs- und eine Sanitätsbereitschaft sowie Ergänzungsstaffel und Troß. Das Soll lag zunächst bei 493 Mann, 18 Motorrädern, 19 Pkw und 75 Lösch-

23

24

19) Dr. Benno Martin, Polizeipräsident 1934–1942.
20) Otto Kuschow, Polizeipräsident 1943–1945.
21) Keller der örtl. LS-Leitung unter dem Palmenhof.
22) HJ-Feuerwehr und Fahrzeuge einer Feuerschutzpolizei-Abteilung (mot.) in der Königstraße (Januar 1945).
23) Drehleiter einer LS-Abteilung (mot.) in der Karolinenstraße (28. 8. 1943).
24) Feuerschutzpolizei am Kornmarkt (9. 3. 1943).

25

26

27

25) Sowjetische Kriegsgefangene bei der Trümmerräumung, Pillenreuther Straße (22. 3. 1943).

26) Hochbehälter Schmausenbuck (1. 9. 1943).

27) Männer der Technischen Nothilfe bei Bergungsarbeiten in der Kunostraße (3. 10.1944).

28) Bau eines unterirdischen Löschwasserbeckens (Mai 1940).

29) Stillgelegte Tankstelle als Löschwasserreservoir (Juni 1944).

30) Bau eines offenen Löschwasserbeckens neben dem Bunker in der Frauenklinik.

fahrzeugen und Lastwagen. Das Personal wurde in den ersten Kriegsjahren aus den Freiwilligen Feuerwehren herausgezogen. Im Sommer 1942 wurden die SHD-Abteilungen (mot.) in LS-Abteilungen (mot.) umgetauft. Die Nürnberg nächstgelegene Abteilung war die LS-Abt. (mot.) 22 in Zirndorf.

Auch der Chef der Ordnungspolizei begann 1940 mit dem Aufbau eigener mobiler Löscheinheiten. Die sogenannten „Feuerschutzpolizeiregimenter (mot.)" wurden aus dem Personal der örtlichen Feuerschutzpolizei rekrutiert und ebenso wie die LS-Abteilungen (mot.) kaserniert. 1943 wurden die Regimenter in kleinere und beweglichere Abteilungen umgegliedert.

Da diese motorisierten Einheiten von Polizei und Luftwaffe als Führungsreserven für die schwerpunktmäßige Verstärkung örtlicher LS-Kräfte vorgesehen waren, mußte sie der örtliche Luftschutzleiter erst anfordern. Die SHD/LS-Abteilungen (mot.) bei den Luftgauen, die FSchP.-Abt. (mot.) beim jeweiligen Inspekteur der Ordnungspolizei. Dieser verfügte auch über die „Feuerwehrkompanien". Waren die auswärtigen Kräfte in Nürnberg angekommen, unterstanden sie einsatzmäßig dem Luftschutzleiter. Erleichtert wurde dessen Arbeit durch derartige Parallelorganisationen nicht.

Die motorisierten Abteilungen wurden von ihren Kommandostellen erst dann in Marsch gesetzt, wenn die Angriffsschwerpunkte einer Nacht klar waren. Da die Einheiten oft mehrere hundert Kilometer weit durch die Nacht fuhren, häufig nur mit Tarnbeleuchtung, dauerte es meist bis zum Morgen, ehe sie die örtlichen Kräfte verstärken bzw. ablösen konnten. Nach relativ kurzem Einsatz – soweit als möglich halfen die Abteilungen am Tag nach dem Angriff noch beim Auffüllen der unabhängigen Löschwasserversorgung – wurden sie aus dem Einsatz herausgelöst, um für die nächste Nacht wieder verfügbar zu sein, äußerst harte Bedingungen für die Männer, deren Durchschnittsalter zwischen 45 und 60 Jahren lag.

Außerdem konnte der örtliche Luftschutzleiter noch Hilfskommandos der Wehrmacht, auswärtige Kräfte der Technischen Nothilfe, Löschkräfte von Bahn, Post und NSDAP anfordern. Bei Bergungsarbeiten waren in Nürnberg regelmäßig Hilfskräfte des Bergamts Amberg eingesetzt. Besonders sowjetische Kriegsgefangene wurden nach den Angriffen zur Trümmerräumung herangezogen.

In den Aufgabenbereich des örtlichen Luftschutzleiters gehörten auch ergänzende Maßnahmen zur Brand- und Schadensbekämpfung.

Ein besonderer Schwerpunkt war dabei der Ausbau der vom Wasserrohrnetz unabhängigen Löschwasserversorgung. Die Erfahrungen anderer Städte und zahlreiche schwere Rohrschäden bei Angriffen auf Nürnberg hatten immer wieder die Verletzlichkeit der Wasserleitungen gezeigt. Hydranten waren meist

28

29

30

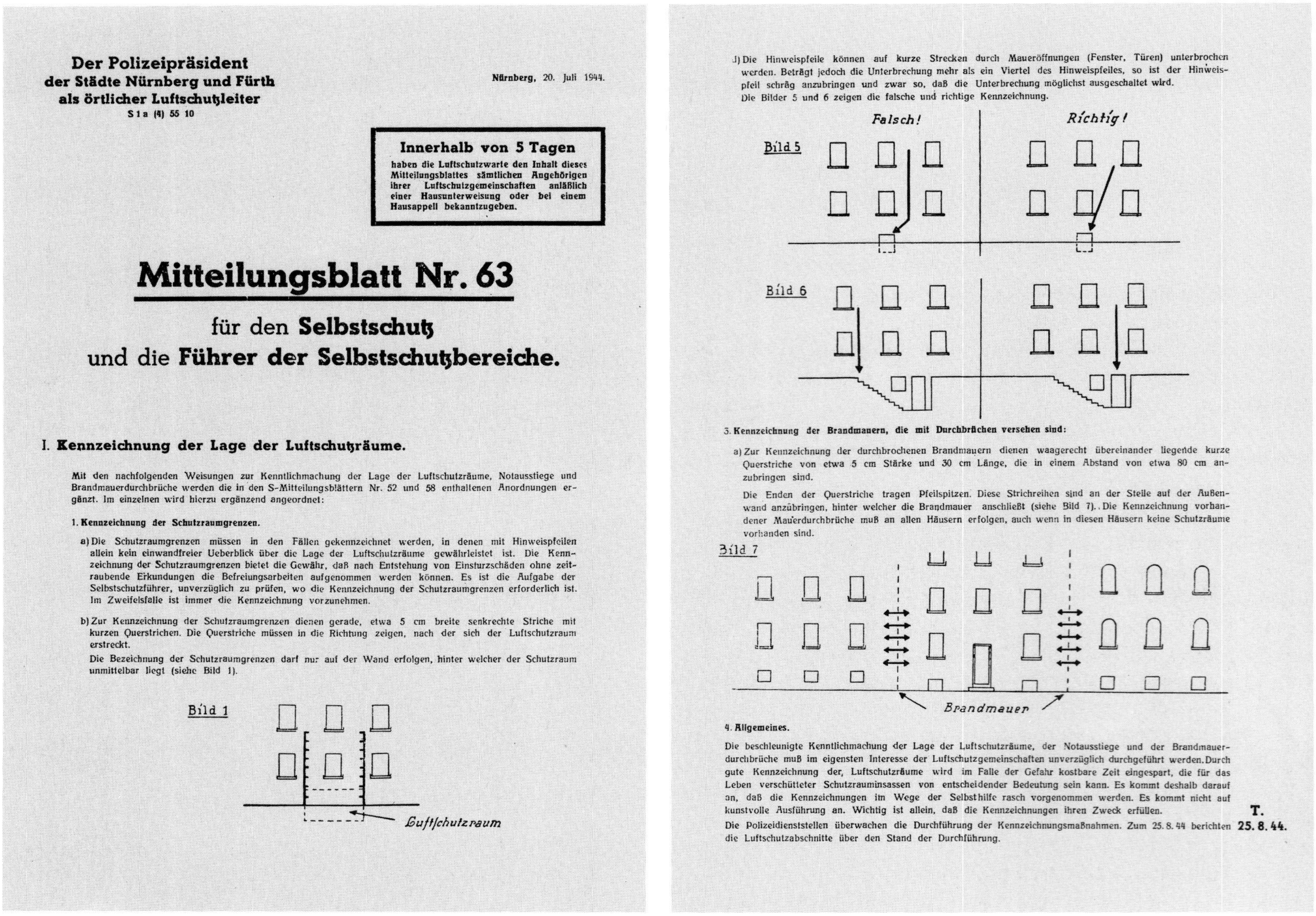

Der Polizeipräsident
der Städte Nürnberg und Fürth
als örtlicher Luftschutzleiter
S 1 a (4) 55 10

Nürnberg, 20. Juli 1944.

Innerhalb von 5 Tagen
haben die Luftschutzwarte den Inhalt dieses Mitteilungsblattes sämtlichen Angehörigen ihrer Luftschutzgemeinschaften anläßlich einer Hausunterweisung oder bei einem Hausappell bekanntzugeben.

Mitteilungsblatt Nr. 63

für den **Selbstschutz**
und die **Führer der Selbstschutzbereiche.**

I. Kennzeichnung der Lage der Luftschutzräume.

Mit den nachfolgenden Weisungen zur Kenntlichmachung der Lage der Luftschutzräume, Notausstiege und Brandmauerdurchbrüche werden die in den S-Mitteilungsblättern Nr. 52 und 58 enthaltenen Anordnungen ergänzt. Im einzelnen wird hierzu ergänzend angeordnet:

1. Kennzeichnung der Schutzraumgrenzen.

a) Die Schutzraumgrenzen müssen in den Fällen gekennzeichnet werden, in denen mit Hinweispfeilen allein kein einwandfreier Ueberblick über die Lage der Luftschutzräume gewährleistet ist. Die Kennzeichnung der Schutzraumgrenzen bietet die Gewähr, daß nach Entstehung von Einsturzschäden ohne zeitraubende Erkundungen die Befreiungsarbeiten aufgenommen werden können. Es ist die Aufgabe der Selbstschutzführer, unverzüglich zu prüfen, wo die Kennzeichnung der Schutzraumgrenzen erforderlich ist. Im Zweifelsfalle ist immer die Kennzeichnung vorzunehmen.

b) Zur Kennzeichnung der Schutzraumgrenzen dienen gerade, etwa 5 cm breite senkrechte Striche mit kurzen Querstrichen. Die Querstriche müssen in die Richtung zeigen, nach der sich der Luftschutzraum erstreckt.

Die Bezeichnung der Schutzraumgrenzen darf nur auf der Wand erfolgen, hinter welcher der Schutzraum unmittelbar liegt (siehe Bild 1).

Bild 1

Luftschutzraum

d) Die Hinweispfeile können auf kurze Strecken durch Maueröffnungen (Fenster, Türen) unterbrochen werden. Beträgt jedoch die Unterbrechung mehr als ein Viertel des Hinweispfeiles, so ist der Hinweispfeil schräg anzubringen und zwar so, daß die Unterbrechung möglichst ausgeschaltet wird.
Die Bilder 5 und 6 zeigen die falsche und richtige Kennzeichnung.

Falsch! Richtig!

Bild 5

Bild 6

3. Kennzeichnung der Brandmauern, die mit Durchbrüchen versehen sind:

a) Zur Kennzeichnung der durchbrochenen Brandmauern dienen waagerecht übereinander liegende kurze Querstriche von etwa 5 cm Stärke und 30 cm Länge, die in einem Abstand von etwa 80 cm anzubringen sind.

Die Enden der Querstriche tragen Pfeilspitzen. Diese Strichreihen sind an der Stelle auf der Außenwand anzubringen, hinter welcher die Brandmauer anschließt (siehe Bild 7). Die Kennzeichnung vorhandener Mauerdurchbrüche muß an allen Häusern erfolgen, auch wenn in diesen Häusern keine Schutzräume vorhanden sind.

Bild 7

Brandmauer

4. Allgemeines.

Die beschleunigte Kenntlichmachung der Lage der Luftschutzräume, der Notausstiege und der Brandmauerdurchbrüche muß im eigensten Interesse der Luftschutzgemeinschaften unverzüglich durchgeführt werden. Durch gute Kennzeichnung der, Luftschutzräume wird im Falle der Gefahr kostbare Zeit eingespart, die für das Leben verschütteter Schutzrauminsassen von entscheidender Bedeutung sein kann. Es kommt deshalb darauf an, daß die Kennzeichnungen im Wege der Selbsthilfe rasch vorgenommen werden. Es kommt nicht auf kunstvolle Ausführung an. Wichtig ist allein, daß die Kennzeichnungen ihren Zweck erfüllen.

Die Polizeidienststellen überwachen die Durchführung der Kennzeichnungsmaßnahmen. Zum 25. 8. 44 berichten die Luftschutzabschnitte über den Stand der Durchführung.

T.
25. 8. 44.

31) Mitteilungsblätter für den Selbstsschutz informierten seit Juli 1941 die Nürnberger über Anordnungen des örtlichen Luftschutzleiters.

nur bei Angriffsbeginn einsetzbar, dann fiel der Druck in den Rohren oftmals stark ab. Den ganzen Krieg über wurden deshalb größere und kleinere offene Löschwasserbecken und Wasserentnahmestellen aus Pegnitz, Fischbach und Ludwigskanal angelegt. Ab 1943 wurden auch alte Klär- und Jauchegruben sowie stillgelegte Tankstellen als Wasserbehälter genutzt. In Zusammenarbeit mit der Stadt wurden die Standorte dieser Becken festgelegt, beim Bau halfen auch Anwohner, der LS-Instandsetzungsdienst und die Arbeiter von Industriebetrieben. Als gegen Kriegsende Beton und Backsteine knapp wurden, legte man die Innenseiten der Behälter mit Dachpappe aus und brachte einen wasserdichten Anstrich aus Teer auf.

Weitere Großaktionen waren der Ausbau und die Markierung von Fluchtwegen (große weiße Richtungspfeile z.T. mit Leuchtfarbe gemalt, zeigten den Weg zu Sammelplätzen, die außerhalb dicht bebauter Stadtteile lagen. Bei Flächenbränden oder Feuerstürmen sollte auf diesen Wegen die Bevölkerung aus der Gefahrenzone geführt werden. Die Löschkräfte probten exerziermäßig das Anlegen von „Wassergassen", um die fliehenden Menschen vor der ungeheuren Hitze zu schützen) sowie die Markierung von Luftschutzkellern und Notausgängen durch große, weiße Markierungen an den Häuserfassaden.

Zum Aufbau des Luftschutzes im Reich bzw. in Nürnberg siehe auch: Erich Hampe, Der Zivile Luftschutz im Zweiten Weltkrieg, Frankfurt/M. 1968 und Georg Wolfgang Schramm, Der Zivile Luftschutz in Nürnberg 1933–1945, Nürnberg 1983.

Der Luftschutzwarndienst

Für die rechtzeitige Bereitstellung der Luftschutzkräfte und die Alarmierung der Bevölkerung durch Sirenen war der LS-Warndienst zuständig. Als selbständige Einrichtung des Luftschutzes unterstand er der Luftwaffe, das Personal wurde meist von der Post gestellt.

Die LS-Warnzentrale in Nürnberg war ab 1941 im nördlichen Obergeschoß des Hirsvogelbunkers eingerichtet. Hier liefen die Lagemeldungen des Flugmeldedienstes der Luftwaffe auf.

Je nach Luftlage informierte der Warnkommandoführer die an sein Rundspruchnetz angeschlossenen Werke und Behörden. Die gesprochenen Warnmeldungen gaben stets die Zeit bis zum voraussichtlichen Eintreffen der Feindflugzeuge an, bei „Luftgefahr 21" also noch 21 Minuten. Beim Näherkommen feindlicher Flugzeuge wurden die Lichter auf Bahnanlagen, Fabrikhöfen und Baustellen abgeschaltet (Aufheben der „Verdunklungserleichterungen"), bestimmte Produktionsprozesse unterbrochen oder verschoben, Kranke in die Schutzräume gebracht oder Schüler nach Hause geschickt.

Bei „Luftgefahr 10" löste der Führer der Warnzentrale das Sirenensignal „Fliegeralarm" aus. Ab Mai 1940 entschied in flakgeschützten Gebieten (wie im Raum Nürnberg), der Kommandeur der Flakgruppe über die Auslösung der Sirenen.

Dabei konnten folgende Signale zentral ausgelöst werden:

„Fliegeralarm", ein einminütiger, auf- und abschwellender Dauerheulton. Bei Fliegeralarm war „luftschutzmäßiges Verhalten" befohlen, die Bevölkerung mußte die Keller aufsuchen, das Betreten der Straßen war nur noch einem bestimmten Personenkreis gestattet.

„Entwarnung", ein gleichbleibender Dauerton von einer Minute.

„Öffentliche Luftwarnung", drei hohe Dauertöne von je 15 Sekunden. Mit dem Abwurf einzelner Bomben mußte gerechnet werden, luftschutzmäßiges Verhalten war aber nicht angeordnet (Ausnahme Schulen), bei Nacht mußten öffentliche Veranstaltungen aufgelöst werden. Das neue Signal war durch die Einzeleinflüge von Mosquito-Bombern notwendig geworden, um nicht das ganze Verkehrs- und Wirtschaftsleben durch „Fliegeralarm" stillzulegen. In Nürnberg wurde das Signal am 9. September 1942 eingeführt, ab Februar 1945 in „Kleinalarm" umbenannt.

„Vorentwarnung", das gleiche Signal wie „Öffentliche Luftwarnung". Nach einem „Fliegeralarm" bedeutete es, daß die Masse der Feindmaschinen den LS-Ort überflogen hatte. Mit Flakfeuer oder einzelnen Bomben mußte aber noch gerechnet werden.

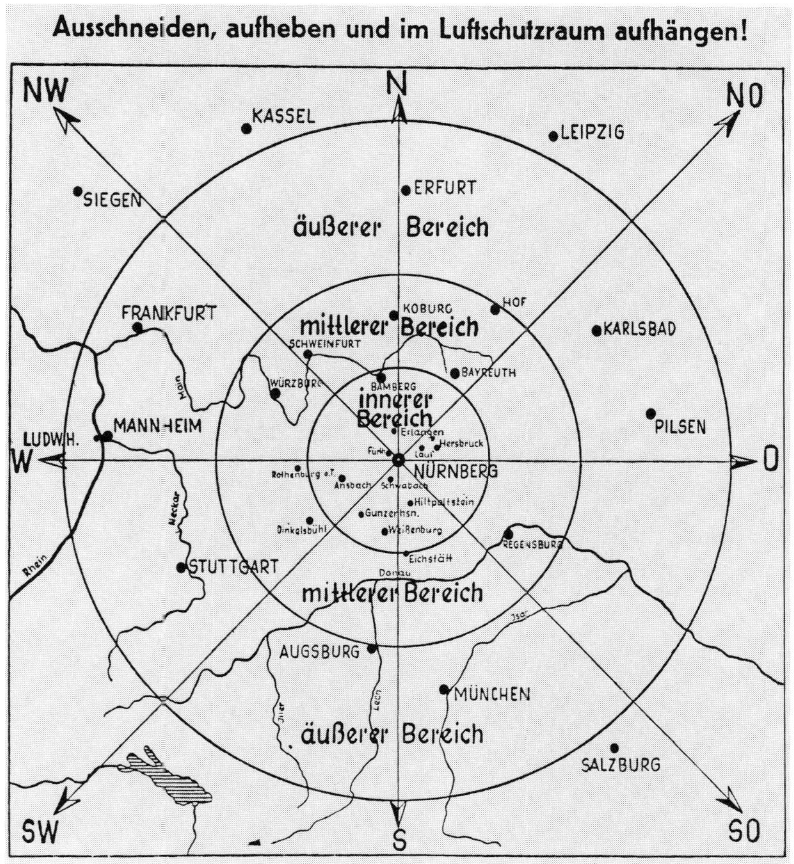

32) Luftlagekarte für die Bevölkerung (1944).

„Akute Luftgefahr", zwei kurze Heultöne von je 4 Sekunden Dauer. Als letztes akustisches Warnsignal am 30. März 1945 eingeführt, wies es auf unmittelbare Luftgefahr etwa durch Jagdbomber hin.

Beim Ausfall der Sirenen wurde mit Sirenenfahrzeugen gewarnt, ab 1. 3. 1944 alarmierte in diesem Fall die schwere Flak durch Schießen mit Manöverkartuschen. Eine Minute Übungsschießen der leichten Flak bedeutete dann „Entwarnung".

Ab Januar 1944 erhielt die Nürnberger Bevölkerung auch durch Rundfunk und Drahtfunk Luftlagemeldungen. Gesprochen wurden die Meldungen von Arthur Schöddert, einem Soldaten der Flakgruppe, die Bevölkerung nannte ihn „Onkel Baldrian".

1944 hatte es sich auch herumgesprochen, daß Lagemeldungen für die deutschen Jagdflugzeuge auf Frequenzen gesendet wurden, die man auch mit normalen Radiogeräten empfangen konnte. Bald waren selbstgefertigte Gitternetzkarten weit verbreitet, und viele Nürnberger gingen schon vor dem Sirenenalarm in die Keller. Feindflugzeuge in den Planquadraten „Toni-Berta" oder „Siegfried-Cäsar" bedeuteten höchste Gefahr.

Zum Aufbau und zur Organisation von Luftabwehr und LS-Warndienst besonders im Sommer 1943 siehe auch:
Friedhelm Golücke, Schweinfurt und der strategische Luftkrieg, Paderborn 1980.

33

34

35

36

Der bauliche Luftschutz

Bis August 1939 war der Einbau von Luftschutzräumen in die Keller von Wohnhäusern freiwillig. Zwar hatte der Reichsluftschutzbund schon seit 1933 versucht, die Hausherrn auf freiwilliger Basis dafür zu gewinnen, war aber wenig erfolgreich gewesen.

Erst die IX. Durchführungsverordnung zum Luftschutzgesetz vom 17. August 1939 verpflichtete alle Hausbesitzer zum Ausbau von Luftschutzkellern. Nürnberg ging so, wie die meisten anderen Städte, relativ unvorbereitet in den Zweiten Weltkrieg. Auch die Stadtverwaltung hatte nur wenige LS-Keller in städtischen Amts- und Wohngebäuden ausgebaut.

Alle übrigen Baumaßnahmen des Luftschutzes, wie die Errichtung von Rettungsstellen, Bunkern und Öffentlichen Luftschutzräumen, waren Sache des Reichsluftfahrtministers und von diesem auf kommunaler Ebene an den örtlichen Luftschutzleiter – in Nürnberg also an den Polizeipräsidenten, nicht an den Oberbürgermeister – delegiert worden. Zur Durchführung der von ihm angeordneten Maßnahmen waren bei der Stadt Nürnberg das Luftschutzamt (im Referat XI) und die Luftschutzbauabteilung des Hochbauamtes eingerichtet worden.

Bis Januar 1939 waren lediglich 10 Öffentliche Luftschutzräume, 9 Luftschutzräume in städtischen Gebäuden, und 2 Schutzräume für den Sicherheits- und Hilfsdienst (SHD) fertiggestellt. Ende Dezember 1939 waren 274 Sammelschutzräume behelfsmäßig ausgebaut, im Juni 1940 waren es 351. Bis August 1940 konnte das Hochbauamt auch 6 große unterirdische Wasserbekken für eine vom Leitungsnetz unabhängige Löschwasserversorgung fertigstellen.

Im Oktober 1940 wurde nach einem sogenannten „Führerbefehl" auch in Nürnberg mit dem Bau bombensicherer Luftschutzbunker begonnen. Die bauliche Betreuung und Planung dieser Bauten lag bei den städtischen Bauämtern. Vor allem in Gebieten ohne oder mit nur unzureichenden Kellern wurden ab Spätherbst 1940 zunächst 15 große Bunker für ca. 12 500 Perso-

37

Bau des Bunkers in Thon:

33) Ausheben der Baugrube mit Kompressor (7. 2. 1941).
34) Betonieren der Außenwand (29. 5. 1941).
35) An den beiden Mischmaschinen (12. 3. 1941).
36) Monierarbeiten an der Schutzdecke (17. 6. 1941).
37) Hinweisschild mit blauer Verdunklungslampe auf einem Öffentlichen Luftschutzkeller, (Februar 1940).
38) Der fertige Bunker in Thon für 300 Menschen geplant (1944).
39) Hochbunker Landgrabenstraße für 1200 Personen geplant (1944).

38

39

40

41

44

45

nen gebaut. Bis Ende 1941 waren diese Bunker bis auf kleinere Restarbeiten so gut wie fertiggestellt.

Von 16 Bunkern einer ursprünglich geplanten zweiten Welle konnten nur die zwei Hochbunker in der Stådt. Frauenklinik und im Theresienkrankenhaus und der Bunker an der Ecke Landgraben-/Gugelstraße noch fertiggestellt werden. Die Baustellen am Rochusfriedhof und am Marthakrankenhaus in der Fenitzerstraße wurden wieder aufgelöst, der Bau der übrigen Bunker erst gar nicht begonnen. Seit Beginn des Rußlandfeldzuges waren im Reich Bauarbeiter, Zement, Eisen und Kraftstoff knapp, für den Schutz der Nürnberger Bevölkerung blieb nichts mehr übrig. Auch der Bau der drei oben genannten Bunker war nur möglich gewesen, weil Hochbauamt und Luftschutzamt mit dem Bau bereits vor der offiziellen Freigabe begonnen hatten. Die Fertigstellung zog sich bis 1943 hinaus.

Nach dem Baustopp vom Sommer 1941 wurden verstärkt Luftschutzräume in Wohnhäusern angelegt oder vorhandene Räume verbessert und gegen Bombensplitter gesichert. In Kellermangelgebieten und an Verkehrsknotenpunkten wurden als Ersatz für die gestrichenen Bunker sogenannte LS-Deckungsgräben angelegt. Das waren überdachte Schützengräben (gemauert oder aus Fertigteilen), die Schutz vor Bombensplittern, Rauch und Giftgas bieten sollten. Gegen Sprengbombenvolltreffer war die Schutzwirkung gleich Null.

Die mittelalterlichen Felsenkeller unter der nördlichen Altstadt wurden ab Mitte 1941 ebenfalls für Luftschutzzwecke hergerichtet. Die Eingänge verschloß man mit armierten Eingangsbauwerken. Zwischen den einzelnen Kellern wurden Verbindungsstollen aufgefahren, die ursprünglichen Lüftungsschächte erhielten bombensichere Abdeckungen, Schutzbelüftungsanlagen traten an ihre Stelle. Besonders bei der Isolierung der Keller gegen Feuchtigkeit konnten die zuständigen Stellen auf die Erfahrungen zurückgreifen, die beim Ausbau des Kunstbunkers in der Oberen Schmiedgasse gemacht worden waren.

42

43

46

47

Trotz aller Materialknappheit gelang es, 16 Hoch- und 8 Tiefbunker fertigzustellen, die bei normaler Belegung ca. 23 000 Menschen Schutz bieten konnten. Tatsächlich drängten sich bei Angriffen dreimal so viele Nürnberger in die Bunker.

In den Felsenkellern entstanden ca. 15 000 Schutzplätze. Dazu kamen noch ca. 348 000 splittersichere Plätze in Deckungsgräben und Luftschutzkellern von Wohngebäuden (bis November 1944 war die Einwohnerzahl von Nürnberg auf ca. 260 000 gesunken).

Bunker und Felsenkeller haben sich im Bombenkrieg bewährt. Trotz einiger Volltreffer schwerster Kaliber wurden keine Menschen verletzt oder getötet. Die einzige Ausnahme war der Sörgelkeller, wo am 5. April 1945 eine Sprengbombe in eine nicht zubetonierte Abortgrube über dem Keller fiel und auf deren Boden detonierte. Durch die Wucht dieser Explosion wurden im Keller 26 Menschen getötet.

Unzureichend blieb bis Kriegsende der Schutz in den Luftschutzkellern der Wohngebäude. Trotz vieler Verbesserungen boten sie – ebenso wie die Deckungsgräben – keinen zuverlässigen Schutz gegen Volltreffer schwerer Sprengbomben.

Über die Geschichte und den Ausbau der Felsenkeller unter der Burg siehe: Walter Herppich, Das unterirdische Nürnberg. Von den „geheimen Gängen" und Felsengewölben, Nürnberg 1987

Ausbau des Felsenkellers Paniersplatz 37:
40) Anfahren neuer Verbindungsstollen (13. 4. 1943).
41) Torkretieren der Sandsteinwände (18. 5. 1943).
42) Ausmauern mit Klinkern (19. 5. 1943).
43) Der fertige Keller (1944).
44) und 45) Von der Druckwelle eingedrückter Luftschutzkeller Flurstraße 17 (August 1943).
46) Verstärkter und markierter LS-Keller Gugelstraße 117 (3. 10. 1944).
47) LS-Deckungsgraben aus Fertigteilen in Buchenbühl (29. 5. 1943).

48

49

Der Kunstluftschutz

Der Schutz von Baudenkmälern und Kunstwerken war in der Luftschutzorganisation nur am Rande vorgesehen. Kirchen, Burgen, Museen usw. galten als Betriebe des „Erweiterten Selbstschutzes", d.h. ihre Besitzer hatten die nötigen Löschgeräte anzuschaffen und Mitarbeiter für Brandwachen einzuteilen.

Das Bayerische Landesamt für Denkmalpflege hatte im September 1939 ein knapp gefaßtes Merkblatt herausgegeben und darin u.a. empfohlen, bewegliche Kunstwerke in „trockene Gewölbe" zu bringen. Brunnen, Reliefs, Denkmäler usw. sollten durch 51 cm dicke Mauern vor Splittern und Luftdruckschäden gesichert werden. Wertvolle Glasfenster waren herauszunehmen und an einen sicheren Ort zu transportieren. Über die Bereitstellung entsprechender Arbeitskräfte und Baustoffe sagte das Merkblatt nichts aus.

Diese nicht eben überzeugende Ausgangssituation war für die Verantwortlichen in Nürnberg der Grund, den Schutz der in der Stadt befindlichen Kunstschätze selbst zu organisieren.

Besonders energisch vorangetrieben wurden die entsprechenden Maßnahmen von Dr. Konrad Fries, dem Leiter des Dezernates XI und von Julius Lincke vom Hochbauamt, Abteilung Denkmalpflege. Unter ihrer Leitung wurden während des Krieges Schutzmaßnahmen durchgeführt, die in ganz Deutschland einmalig blieben.

Kunstluftschutz war kein populäres Feld: in den ersten Kriegsjahren waren die Verantwortlichen häufig dem Vorwurf des Defaitismus ausgesetzt. Vermauerte Kunstwerke und leere Brunnen trugen nicht eben dazu bei, die Siegeszuversicht zu stärken. Außerdem waren Baustoffe und Arbeitskräfte streng kontingentiert, der Schutz von Industrieanlagen hatte stets Vorrang, angefangen bei der Brandbekämpfung.

Trotzdem liefen die städtischen Maßnahmen für den Kunstluftschutz ab 1940 voll an.

Unterschieden wurde zwischen baulichen Kunstdenkmälern (dazu gehörten etwa die Kirchen, die Burg und der Rathaussaal), den ortsgebundenen Kunstwerken (etwa Sebaldusgrab oder Westchor der Frauenkirche) und beweglichen Kunstwerken, wie Bildern, Altären, Skulpturen usw.

Da bei den Baudenkmälern Feuer der Hauptfeind war, wurde der vorbeugende Brandschutz großgeschrieben. Alles, was die Ausbreitung von Bränden verhindern oder erschweren konnte, wurde unternommen: Dachböden durch Brandmauern unterteilt, feuerhemmende Türen eingebaut, Zementestriche aufgebracht und viele Fenster vermauert, um ein Übergreifen von Flammen von einem auf das andere Stockwerk zu verhindern. Die Dachstühle der wertvollsten Gebäude behandelten Fachleute mit feuerhemmenden Chemikalien, bei weniger wertvollen

Baudenkmälern spritzte man Kalk auf Balken und Dachlatten. Um Staubexplosionen in den Gewölbezwickeln der alten Kirchen vorzubeugen, wurden diese in mühsamer Arbeit „entstaubt".

Alle diese Maßnahmen waren letztendlich nicht besonders erfolgreich, denn die Gewalt der Luftangriffe in der zweiten Kriegshälfte übertraf alle Vorstellungen.

Trotzdem haben in vielen Fällen vorbeugende Brandschutzmaßnahmen einen Zeitgewinn beim Löschen oder den Selbstschutzkräften eine rechtzeitige Flucht ermöglicht.

Von wertvollen Decken (etwa von der Turnierdecke im Rathaus oder von den Stuckdecken im Fembohaus) ließen die Denkmalpfleger Gipsabdrücke herstellen, ebenso von einer Reihe nicht abnehmbarer Figuren und Reliefs an Nürnberger Bürgerhäusern.

Auch eine Reihe organisatorischer Maßnahmen zum Schutz historischer Gebäude wurden getroffen. Besonders hier unterstützte auch der örtliche LS-Leiter die Bemühungen um den Kunstluftschutz so gut er konnte.

Bei „Luftgefahr 30" rückten nachts Wehrmachtshilfskommandos in die Altstadt ein und verstärkten die Selbstschutzkräfte in wertvollen Gebäuden. Auf der Burg war eine „HJ-Einsatzgefolgschaft" zur Brandbekämpfung eingesetzt, die 1943 vom örtlichen Luftschutzleiter mehrmals für ihren „mutigen und unerschrockenen Einsatz" gelobt wurde.

Ende 1942 wurden Nürnbergs Baudenkmäler mit großen ovalen Schildern mit der Aufschrift „Historisch wertvoll" und „Historisch sehr wertvoll" gekennzeichnet. Besonders die auswärtigen Feuerwehren sollten bei der Brandbekämpfung diese Gebäude bevorzugt löschen. Der Erfolg dieser Aktion war minimal, oft blieben nur die Schilder an ausgebrannten Ruinen heil.

Im September 1943 entstand ein „Kunstluftschutzplan" der Altstadt, in dem alle historischen Gebäude nach drei Rangstufen eingezeichnet waren. Dieser Plan wurde beim Ausbau der unabhängigen Löschwasserversorgung mit herangezogen. Die LS-Abschnitte überprüften außerdem in diesen Gebäuden die Ausstattung mit Löschgerät, Wasser und Sand besonders sorgfältig. Im Juli 1944 ernannte der Oberbürgermeister schließlich „Beauftragte für den Kunstluftschutz". Sie hatten entsprechende Luftschutzmaßnahmen vorzubereiten, Löschkräfte beim Einsatz zu beraten und über den Abbruch der Ruinen historischer Gebäude zu entscheiden.

48) Splitterschutzwand vor der Frauenkirche (1940).
49) Der Schöne Brunnen wird eingemauert (12. 3. 1943).
50) Hölzerner Splitterschutz an St. Sebald (4. 8. 1940).
51) Sakramentshäuschen in St. Lorenz (24. 8. 1946).

50

51

52

53

54

Völlig vergebens waren alle diese Maßnahmen zum vorbeugenden Brandschutz nicht, denn zumindest in Einzelfällen gelang es beherzten Selbstschutzkräften, die ihnen anvertrauten Gebäude zu retten, etwa das Dürer- und das Fembo-Haus sowie die Landesgewerbeanstalt.

Die ortsgebundenen Kunstwerke wurden entweder eingemauert oder mit Splitterschutzwänden abgedeckt. Im Sommer 1940 begannen die ersten Baumaßnahmen. Zunächst stießen die Denkmalpfleger auf erheblichen Widerstand. Als etwa im Juni 1940 vor dem Westportal der Lorenzkirche eine Splitterschutzwand gebaut werden sollte, schrieb das Landesamt für Denkmalpflege: „. . . Da bei der gegenwärtigen Kriegslage kaum mit Luftangriffen auf den östlichen Teil Süddeutschlands zu rechnen sein dürfte, empfehlen wir, zunächst die Klärung der Lage im Westen abzuwarten, ehe die dafür vorgesehenen umfangreichen Maßnahmen in Angriff genommen werden. Es besteht doch die größte Wahrscheinlichkeit dafür, daß sich diese Maßnahmen erübrigen werden . . .".

Oberbürgermeister Liebel – sonst dem Kunstluftschutz gegenüber immer aufgeschlossen – teilte diese Bedenken und ließ den Bau der Splitterschutzwand vor der Lorenzkirche zunächst einstellen.

Trotzdem gingen die Sicherungsmaßnahmen weiter, oft im Verborgenen.

Bei der Siegesparade nach dem Frankreichfeldzug marschierten die stürmisch umjubelten Truppen an hölzernen Splitterschutzwänden vorbei, die das Schreyer'sche Epitaph am Ostchor von St. Sebald deckten. Im Inneren der Kirche war das Sebaldusgrab mit Bohlen und Sandauffüllung geschützt. Später wurde es mit 51 cm starkem Backsteinmauerwerk ummantelt, da hölzerne Schutzwände zu leicht in Brand gerieten.

Ab Januar 1942 wurde dann verstärkt eingemauert, so die Kreuzigungsgruppe von Adam Kraft im Hof des Heilig-Geist-Spitals und das ebenfalls von Kraft geschaffene Sakramentshäuschen in der Lorenzkirche, das Konrad Groß'sche und Valzner'sche Grabmal in der Heilig-Geist-Kirche und Kunstwerke in der Frauenkirche, der Jakobskirche und der Egidienkirche.

Auch der Schöne Brunnen wurde im Februar 1942 eingemauert, die Materialbeschaffung war auch hier äußerst schwierig und konnte erst gelöst werden, als Dr. Fries den Schutzmantel in die Dringlichkeitsstufe 0 für Luftschutzbauwerke aufnahm – gegen die geltenden Vorschriften.

Auch der Westchor der Frauenkirche und das Brautportal der Sebalduskirche wurden schließlich mit Splitterschutzwänden umgeben. Im großen und ganzen erfüllten die Einmauerungen und Schutzwände die Erwartungen der Denkmalpfleger. Nur im alten Rathaussaal hielten die eingemauerten Steinreliefs „Kaiser Ludwig der Bayer" und „Brabantia und Norimberga"

52) Splitterschutz aus Holz für das Sebaldusgrab (1940).

Kunstbunker Obere Schmiedgasse:

53) Eingangstür

54) Lüftungsanlage

55) und 56) Bergungsgut in den Zellen (1944).

55

56

57

58

59

der Hitze des Brandes vom 2. Januar 1945 nicht stand, wertvolle Teile wurden abgesprengt.

Die bedeutendsten beweglichen Kunstwerke aus Kirchen, Bürgerhäusern und Museen wurden entfernt und sicher verwahrt. Die offiziellen Richtlinien sahen eine Unterbringung in auswärts gelegenen Schlössern oder Ortschaften vor. Die Nürnberger Verantwortlichen entschieden sich aber für eine Bergung innerhalb der Stadt, denn sie befürchteten schon früh eine Ausweitung des Luftkrieges und der Bodenkämpfe auf das flache Land. Deshalb wurden nur die weniger wichtigen Kunstgegenstände auswärts untergebracht, etwa im Schloß Wiesenthau bei Forchheim, auf der Friedrichsburg bei Vohenstrauß oder in Greding und Seligenporten.

Auf der Suche nach bombensicheren Unterbringungsmöglichkeiten in der Stadt selbst, erinnerte sich Dr. Fries an die Felsenkeller unter der nördlichen Altstadt. Anfang 1940 beauftragte er den Denkmalpfleger Julius Lincke, das Kellersystem zu vermessen und den Keller Obere Schmiedgasse 52 als Bergungsraum auszubauen. Dies war ohne großen Materialaufwand möglich. 24 Meter Fels schützten vor Bomben aller denkbaren Kaliber. Ein großes Problem war allerdings die Feuchtigkeit. Zuerst wurden deshalb Drainagen angelegt, dann die Wände mit Klinkern ausgewölbt oder mit Zementmörtel torkretisiert. Baurat Ritter vom Maschinen- und Heizamt gelang es auf allen möglichen Wegen, Material zum Bau einer Klimaanlage zu beschaffen und diese so auszulegen, daß die klimatischen Verhältnisse besser waren als im Germanischen Museum. Noch 1940 waren die ersten drei Zellen im Bunker beziehbar, später noch drei weitere Abteile. Ab 1943 wurden dann noch 230 m^2 im Felsenkeller unter dem Paniersplatz für den Kunstluftschutz ausgebaut.

Alle Kunstbunker waren mit eigener Notstromanlage ausgerüstet und diese verfügten über genügend Kraftstoff, um länger als eine Woche laufen zu können.

Als sich 1941 herausstellte, daß der als Luftschutzbunker ausgebaute Neutorturm von der Bevölkerung nicht angenommen wurde, wurde auch er zur Aufbewahrung beweglicher Kunstwerke verwendet.

Stadt, Kirchengemeinden, Privatpersonen und Germanisches Nationalmuseum nutzten gemeinsam die Kunstbunker.

Zur Erfassung aller Kunstgegenstände war eine Bergungskartei angelegt worden, in der die Stücke nach Bergungsorten und Besitzern registriert waren.

Für den Betrieb der Kunstbunker war die Abteilung Denkmalpflege des Hochbauamtes zuständig.

Im Kunstluftschutzkeller Obere Schmiedgasse waren u.a. eingelagert:
der Englische Gruß von Veit Stoß aus der Lorenzkirche,
die Reichskleinodien (bei Kriegsende wurden sie im Felsenkeller unter dem Paniersplatz versteckt),
der Tucher-Altar aus der Frauenkirche,
Altäre, Plastiken, Figuren, Totenschilde und Leuchter sowie Glasfenster aus fast allen Kirchen,
das Männleinlaufen aus der Frauenkirche,

die wichtigsten Bronzefiguren von öffentlichen und privaten Brunnen,
das kurz vor dem Krieg fertiggestellte, holzgeschnitzte Stadtmodell,
Bestände der Stadt, des Stadt- und des Staatsarchivs, der Stadtbibliothek und der städtischen Gemäldesammlungen,
aus dem Germanischen Nationalmuseum der Behaim-Globus, die wertvollsten Ritterrüstungen, Gemälde, Zeichnungen, Holzschnitte und Skizzen, vor allem von Albrecht Dürer und seinen Zeitgenossen,
die Bestände eines Nürnberger Antiquariats,
die Skulpturen des Krakauer Altars,
die Manessische Handschrift der Universität Heidelberg und
die Wolfenbüttler Bilderhandschrift des Sachsenspiegels.

Die Nürnberger Erfahrungen beim Kunstluftschutz wurden über die Stadt hinaus bekannt. Oberbaurat Lincke war ab Sommer 1942 beim Ministerium Speer für Kunstluftschutzfragen tätig und arbeitete dort mit dem preußischen Generalkonservator Hieke zusammen. In dieser Eigenschaft hat Lincke dann auch eine Reihe westdeutscher Städte, darunter Straßburg und Trier, beraten und unterstützt.

Der Entschluß, die wertvollsten Kunstwerke in Nürnberg zu bergen, hat sich später als richtig herausgestellt. Auswärts deponiertes Gut ging in einigen Fällen durch Feuer verloren (etwa beim Brand der Cadolzburg) oder durch Plünderung bzw. Diebstahl nach Kriegsende (so auf Burg Hoheneck und der Friedrichsburg bei Vohenstrauß). In Hörmannsberg in der Oberpfalz wurde eine wertvolle gotische Zimmerdecke aus dem Germanischen Nationalmuseum schlicht und einfach verheizt, in Hohenburg Akten des Stadtarchivs.

Der Bunker Obere Schmiedgasse wurde noch bis 1949 als Depotraum genutzt, die Rückführung der geborgenen Kunstwerke sorgte bis Mitte der fünfziger Jahre für lebhaften Schriftwechsel.

Über den Kunstluftschutz in Nürnberg erschienen die folgenden, umfassenden Darstellungen:
Konrad Fries und Julius Lincke, Der Kunstluftschutz in der Stadt Nürnberg während des Zweiten Weltkrieges. In: Mitteilungen des Vereins für Geschichte der Stadt Nürnberg. 66. Band. Nürnberg 1979.
sowie im selben Band:
Wilhelm Schwemmer, Die Bergung und Rückführung Nürnberger Kunst- und Kulturgüter während des Zweiten Weltkrieges.

57) Alter Rathaussaal mit Vermauerungen an der Stirnseite (1945).
58) Zerstörte „Brabantia“ und
59) „Norimberga“
60) Vorbeugender Brandschutz auf der Burg (21. 1. 1943).
61) Tugendbrunnen (1942).
62) Ovale Hinweisschilder neben den Eingängen historischer Gebäude für die Löschkräfte (Burg, 29. 1. 1943).

60

61

62

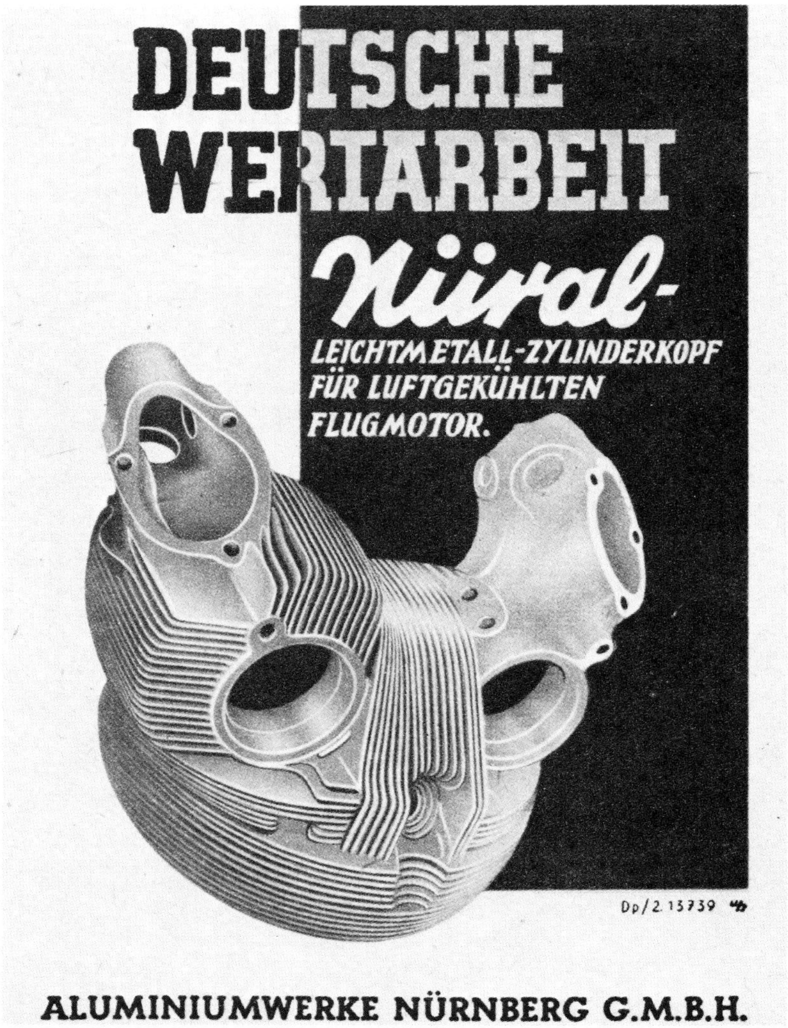

63

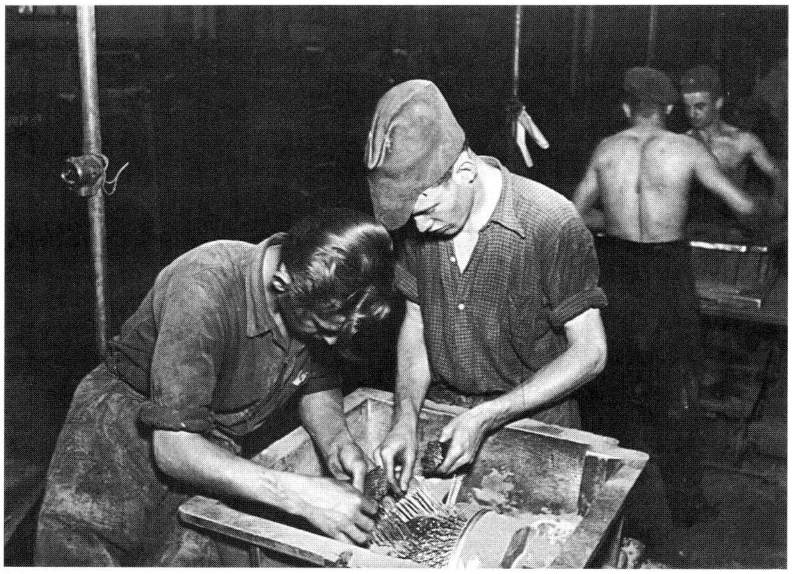

64

63) Anzeige (30. 4. 1940).
Fertigung von Zylinderköpfen für BMW-Flugmotoren:
64) Arbeiten an einer Sandformhälfte.
65) Kokillenguß.
66) Verputzen.
67) Prüfen des fertigen Zylinderkopfes.

Nürnberg als Bombenziel

„Nürnberg ist die zweitgrößte Stadt in Süddeutschland. Es ist eine der am besten erhaltenen mittelalterlichen Städte in Deutschland. Seine traditionellen Industriezweige sind Feinmechanik, Schuh-, Handschuh- sowie Spielwarenfertigung. In den vergangenen Jahren wurde die Stadt ein bedeutendes Zentrum der Elektro- und der Rüstungsindustrie. Sie ist auch das Zentrum der Nazi-Parteitage. Diese Umstände zeigten sich in den letzten Jahrzehnten im schnellen Wachstum und im allgemeinen Stadtbild.“

Mit diesen Worten beginnt ein dreiseitiger Geheimbericht über den Großraum Nürnberg, der Einsatzoffizieren der 8. amerikanischen Luftflotte zur allgemeinen Information diente.

Als Bombenziel war Nürnberg in mehrfacher Hinsicht wichtig. Einmal schnitten sich hier zwei Bahnstrecken, die für die deutsche Kriegsführung sehr wichtig waren, nämlich die Verbindung vom Ruhrgebiet nach Wien und Südosteuropa und die Route Berlin und Mitteldeutschland nach Italien. Für den Stromverbund im Reich war die Schaltstation Gebersdorf der Bayernwerk AG von größter Bedeutung. Sie verband Kraftwerke im Osten und Süden mit dem Netz der RWE in Westdeutschland.

Die Nürnberger Industrie hatte aus alliierter Sicht eine erhebliche Bedeutung für die Produktion von U-Boot-Motoren, Kampfpanzern, gepanzerten Fahrzeugen, Lastwagen und anderen Militärfahrzeugen, Zubehörteilen für den Fahrzeug- und Flugzeugbau, ferner bei der Herstellung von Elektromotoren, Scheinwerfern und anderen elektrotechnischen Geräten.

Entsprechend ihrer Wichtigkeit wurden Betriebe und Bahnanlagen von den Luftkriegsplanern in Gruppen eingeteilt, die Zugehörigkeit zu diesen Gruppen wurde gelegentlich geändert, je nach strategischer Lage.

Als einziges Nürnberger Ziel war die MAN den ganzen Krieg hindurch in der Gruppe „Priority 1“. Im Frühjahr 1944 gehörte auch das Bahnbetriebswerk an der Fürther Straße zu der Kategorie 1. Als einziges großes bayerisches Werk zur Instandsetzung von Lokomotiven, neben München, war es in alliierten Augen äußerst wichtig für die Aufrechterhaltung des Bahnverkehrs.

Zu den Zielen der Kategorie 2 gehörten die Siemenswerke in der Landgraben- und Katzwanger Straße, die Nürnberger Schraubenfabrik, Triumph, Zündapp, und das Bahnbetriebswerk am Rangierbahnhof.

„Priority 3“ war die Einstufung der Ardie-Werke, der Aluminiumwerke Nürnberg, der Süddeutschen Apparatefabrik GmbH, des Eisenwerkes Nürnberg AG. vorm. J. Tafel und Co., des Preß-, Stanz- und Ziehwerkes Chillingworth und des städtischen Gaswerkes. Auch der Hauptbahnhof, die beiden Güterbahnhöfe und der Rangierbahnhof gehörten um die Jahreswende 1944/45 in diese Kategorie.

Das Reichsparteitagsgelände wurde stets nur am Rand erwähnt, meist als Standort von Lagern für Kriegsgefangene und des Offizierslagers Oflag XIII.

Tatsächlich war die Nürnberger Industrie ein wichtiger Zulieferer für die deutsche Heeresrüstung. Im Verzeichnis der Fertigungskennzeichen für Waffen, Munition und Gerät, herausgegeben vom Oberkommando des Heeres – Heereswaffenamt – sind 129 Nürnberger Betriebe als Hersteller erfaßt gewesen, von der Allgemeinen Elektrizitäts-Gesellschaft, Fabrik für Elektrobeheizung, Muggenhofer Straße 135 bis zu den Zündapp-Werken GmbH, Dieselstraße 10.

An einigen Beispielen soll dies verdeutlicht werden. Die Aluminiumwerke Nürnberg in der Nopitschstraße konstruierten und fertigten u.a. Leichtmetallkolben für Kraftfahrzeugmotoren. Ende 1938 wurde der zweimillionste Kolben hergestellt, so gut wie alle bedeutenden Auto- und Motorradwerke gehörten zu den Abnehmern.

Ab 1932 fertigten die Aluminiumwerke Zylinderköpfe für den BMW-Flugmotor 132. Mit diesem Sternmotor waren u. a. die Flugzeuge Junkers Ju 52 und Focke-Wulf Fw 200 „Condor“ ausgerüstet. 1935 war der 2000. Zylinderkopf für diesen Motortyp ausgeliefert. 1938 bis 1944 wurden 44 000 Zylinderköpfe für BMW-Flugmotoren des Typs 801 gegossen. Mit diesen luftgekühlten Vierzehnzylinder-Doppelsternmotoren – je nach Version hatten sie eine Leistung von 1600 bis 2270 PS – waren u.a. die Jagdflugzeuge Focke-Wulf Fw 190 A und F, die Bomber Fw 191 und Dornier Do 217 E sowie Junkers Ju 188 E und F ausgerüstet.

Ende 1939 erteilte das Reichsluftfahrtministerium dem Werk den Auftrag, auf Rechnung der reichseigenen Luftfahrtanlagen GmbH neue Gießereihallen und Bearbeitungswerkstätten zu bauen. Da die Aluminiumwerke eine Tochter des kanadischen Konzerns Aluminium Limited waren, ordnete das Oberlandesgericht Nürnberg am 9. August 1941 die Kriegsverwaltung durch eine reichseigene Treuhandgesellschaft an. Ende 1943 waren bei den Aluminiumwerken Nürnberg 4700 Frauen und Männer beschäftigt, zum Teil Kriegsgefangene, Internierte und Dienstverpflichtete.

Die Ardie-Werke in der Preißlerstraße – vor dem Krieg ein bekannter Motorradhersteller – konstruierten u.a. den Riedel-Anlasser für das Strahltriebwerk Junkers Jumo 004, das u.a. in den Düsenjäger Messerschmitt Me 262 und den leichten Bomber Arado 234 eingebaut wurde.

Die FAUN-Werke in der Waechterstraße produzierten in Friedenszeiten vor allem Kommunalfahrzeuge und schwere Lastwagen. Schon vor Kriegsbeginn verwendete die Wehrmacht Lastkraftwagen des Typs L 900 als Transporter für leichte Panzer.

Von 1937 bis Mitte 1940 gehörte FAUN auch zu den Herstel-

65

66

67

68

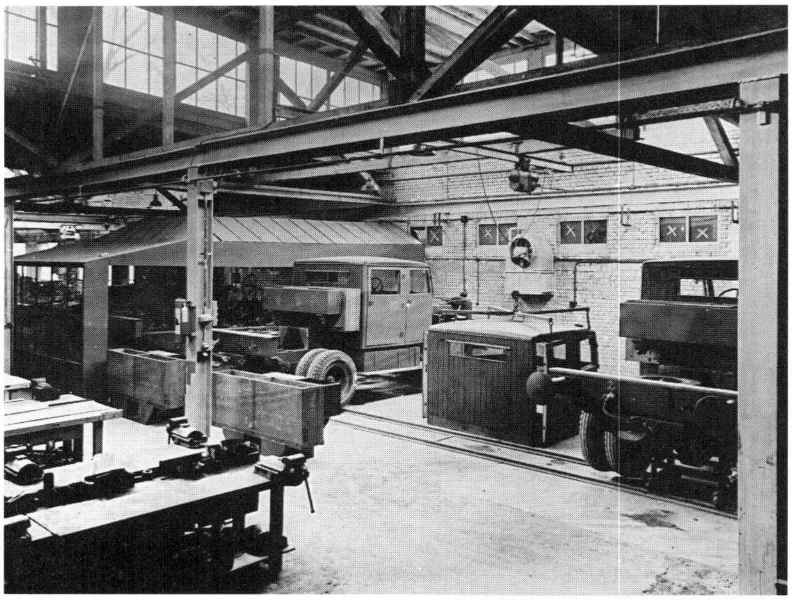

69

70

lern des dreiachsigen „Einheits-Diesel“. Als der Bau dieses 2,5-Tonnen-Lkws eingestellt wurde (wegen „zu geringer Nutzlast“), hatten 700 Fahrzeuge die Montagehalle in der Waechterstraße verlassen. Der „Einheits-Diesel“ war einer der besten Lastwagen der Wehrmacht überhaupt gewesen.

Hauptprodukt von FAUN waren nun nur schwere Zugmaschinen für die Luftwaffe und für Pioniertruppen. Sie konnten wechselweise für den Straßen- und Schienenbetrieb eingesetzt werden. Angetrieben wurden die 10 Tonnen schweren Fahrzeuge von einem 150 PS-Deutz-Motor, die Anhängelast betrug in der Regel 40 Tonnen.

Einen ersten schweren Schlag erlitt das Werk bei dem Angriff vom 28./29. August 1942. Die mechanische Fertigung war getroffen, das Werk konnte nur noch mit halber Kraft produzieren. In der Nacht vom 27. zum 28. August 1943 ging der Rest der FAUN-Werke in Flammen auf. Nach diesem Angriff wurden die Reste der Fabrik nach Doos verlegt. In den Gebäuden der Fensterladenfabrik Frühwald & Jäger montierte man bis September 1944 noch drei bis vier schwere Zugmaschinen im Monat, daneben Achsen und Motoren.

Die Reparaturabteilung für Wehrmachtsfahrzeuge, der Werkzeugbau und die Lehrwerkstatt wurde bis Kriegsende in den Bavaria-Garagen in der Bleiweißstraße – nun „Werk 3“ – untergebracht.

Noch 1943/44 entschieden die zuständigen Behörden, das Werk in die Heuchlinger Heide bei Lauf/Pegnitz zu verlegen. Aber erst im Januar 1946 lief dort die Fertigung in einem 30 Meter langen Keller wieder an.

Die Kabel- und Metallwerke Neumeyer AG (KMN) in der Klingenhofstraße 72 wurden in alliierten Unterlagen nur am Rande erwähnt, gehörten aber zu den wichtigsten Herstellern von Kabeln und Munition. Das Kabelwerk produzierte neben Schwach- und Starkstromkabeln auch Fernmeldekabel für Bahn und Post. Für die Wehrmacht wurden ein- und zweiadrige Feldkabel, mehradrige Führungsfernkabel und Leitungen für den Fahrzeug- und Flugzeugbau sowie für Schiffe gefertigt. KMN hatte bereits vor 1939 mit Kunststoffen als Ersatz für Natur- und synthetischen Kautschuk gearbeitet und so wichtige Erfahrungen mit diesen damals völlig neuartigen Isolier- und Mantelstoffen sammeln können. Als im Krieg der allgegenwärtige Rohstoffmangel den Einsatz dieser Stoffe erzwang, konnte man auf diese Forschungsergebnisse zurückgreifen. Der Chefchemiker von Neumeyer wurde Führer des Arbeitsringes Luftfahrtleitungen und überwachte die Produktion dieser Leitungen in allen deutschen Fabriken. KMN stellte auch selbst Kunststoffmischungen für Luftfahrzeugleitungen her und verkaufte als einziger Hersteller dieser Massen bis Kriegsende rund 250 Tonnen monatlich.

Wegweisend für die ganze Munitionsfertigung im Reich war das „Neumeyer-Kaltfließpreßverfahren" für Stahl. Dabei wird Stahl unter sehr hohem Druck von einem Stempel aus einem offenen Gesenk verdrängt, ähnlich wie bei der Herstellung von Spritzgebäck. Die Verwendung von Stahl für Patronen und Kartuschen ermöglichte es, trotz des chronischen Messingmangels, bis Kriegsende Munition in riesigen Stückzahlen herzustellen.

Schon 1933 hatte das Heereswaffenamt mit KMN wegen der Einrichtung einer Munitionsfertigung Fühlung aufgenommen. Ende Mai 1935 erhielt das Werk den Auftrag, eine Gewehrpatronenfabrik mit einer Kapazität von monatlich 13,5 Millionen Hülsen für Infanteriemunition und 800 000 2-cm-Hülsen (zu erreichen ab März 1938) zu bauen. Neumeyer richtete dazu auf seinem eigenen Gelände entsprechende Anlagen ein. Ab 1935 war KMN auch für Planung, Aufbau und Betrieb des auf Weisung des OKH gegründeten Staatsunternehmens „Metall und Eisen GmbH" verantwortlich. Das Werk wurde unmittelbar nördlich von KMN errichtet.

Im Nürnberger Neumeyer-Werk wurden schließlich Gewehr- und Pistolenmunition, Artillerie-Kartuschen in vier Kalibern zwischen 7,5 und 15 cm, Patronenhülsen für Kaliber von 3,7 bis 10,5 cm, Laufrohlinge für Maschinen- und Sturmgewehre sowie Maschinenpistolen, Schießbecher mit Führungszügen und Federbeingehäuse für Flugzeugfahrgestelle hergestellt oder konstruiert [1939 (ohne die Produktion bei Metall und Eisen) monatlich 350 000 Kartuschenhülsen, 30 000 Laufrohlinge, 20 000 Schießbecher und 10 000 Federbeingehäuse. Allein Metall und Eisen beschäftigte ca. 3000 Menschen, überwiegend Frauen].

KMN hatte bis Kriegsende mehr als 60 Lizenzverträge mit anderen Firmen abgeschlossen. Das Kaltfließpressen verbilligte auch die Munitionsherstellung entscheidend, bei der 8,8-cm-Flakhülse etwa von anfangs 33 RM auf 5,70 RM.

Außerdem wurden bei Neumeyer Röhrchen und Lamellen für Kühler von Fahr- und Flugzeugmotoren hergestellt. Für die Flugbombe „V1" und das Jagdflugzeug Messerschmitt Bf. 109 entwickelte und lieferte KMN im Kaltfließpreßverfahren Zubehörteile, die gegenüber Schmiedeteilen wesentliche Verbesserungen und Einsparungen aufwiesen.

Die MAN fertigte in ihrem Nürnberger Werk u.a. Lastwagen, große Dieselmotoren bzw. Teile dafür, sowie Panzer. In den Vorkriegsjahren waren es vor allem die leichten Panzer I und II gewesen, später, bis in die ersten Kriegsjahre hinein, dann der mittelschwere Kampfpanzer III. Um 1943 wurden im Nürnberger Werk auf die Fahrgestelle ausgemusterter leichter Panzer 7,62 cm Panzerabwehrkanonen montiert, es entstand die Selbstfahrlafette „Marder II", Ausführung D.

Schon 1941 – nach dem überraschenden Auftauchen des den

71

72

68) und 69) Montage von schweren Zugmaschinen bei Faun in der Waechterstraße (1941).
70) Faun-Zugmaschine auf dem Fliegerhorst Fürth (3. 4. 1945).
71) Mittagspause bei Neumeyer (Sommer 1943).
72) Selbstfahrlafette „Marder II" (1943).

Juni 1941

DER MAN KRAFTWAGEN

N/1502

HAUSMITTEILUNGEN DER MASCHINENFABRIK AUGSBURG-NÜRNBERG A G • WERK NÜRNBERG

Reihenfertigung der neuen 4,5 Tonner Lastwagen in „S" und „A"-Ausführung

229524

73

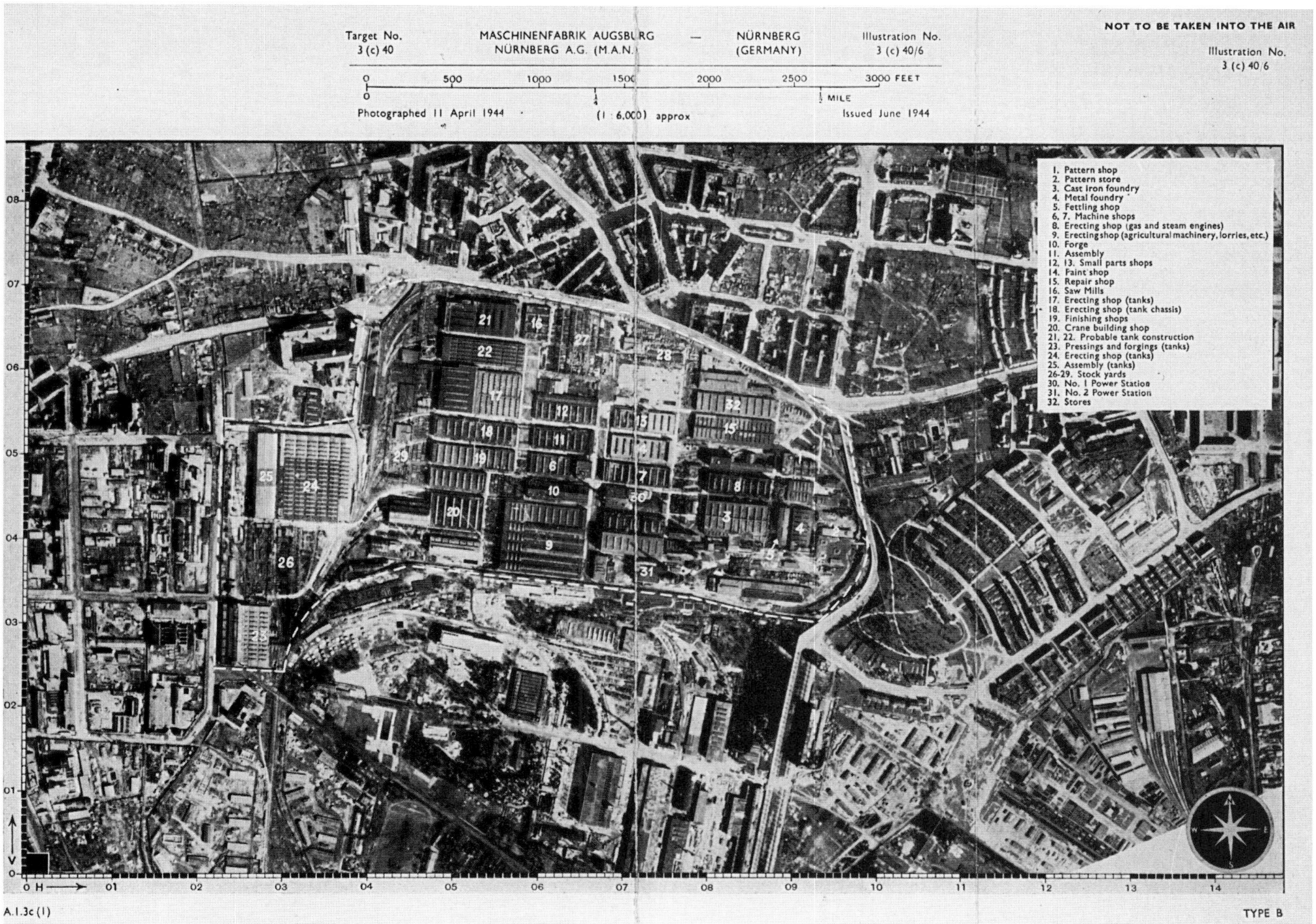

74

73) Bis 1943 fertigte die MAN in Nürnberg auch Lastwagen.
74) Amerikanische Zielkarte der MAN für die Einweisung von Bomberbesatzungen (1944).

75

76

77

78

deutschen Panzern überlegenen sowjetischen T-34-Kampfpanzers – erhielten Daimler-Benz und die MAN den Auftrag, einen völlig neuen 35-Tonnen-Panzer zu entwickeln. Im Mai 1942 fiel die Entscheidung zugunsten des MAN-Modells. Ende 1942 schon liefen die ersten „Panzer-Kampfwagen V Panther" vom Band. In den Ausführungen A, D und G wurde er bis 1945 in Nürnberg gebaut. Das schließlich 45 Tonnen schwere und mit einer 7,5-cm-Kanone bewaffnete Fahrzeug wurde von einem 700-PS-Maybach-Motor angetrieben und erreichte die für damalige Zeiten beachtliche Höchstgeschwindigkeit von 46 km/h. Für Sowjets, und später besonders für die Amerikaner, war der „Panther" ein sehr ernstzunehmender Gegner. In amerikanischen Geheimberichten wurde die Produktionsrate für 1944 auf monatlich 110 Panzer geschätzt, das wären 40 Prozent der gesamten Panther-Produktion gewesen. Am 28. September 1944 vermuteten alliierte Spezialisten, daß im Nürnberger MAN-Werk pro Jahr 3000 bis 4000 Panzer aller Typen gebaut würden – dies war wohl der Hauptgrund für die Einstufung des MAN-Werkes in die Kategorie „Priority 1".

Siemens fertigte in seinen drei Werken in Steinbühl u.a. Elektromotoren, Teile für Flak- und Marine-Scheinwerfer und – nach amerikanischen Vermutungen – verschiedene Zünder.

Im Trafowerk an der Katzwanger Straße wurden Transformatoren gebaut. Auch die Scheinwerfermontage war in den Jahren 1938/39 auf Drängen des RLM von der Gugelstraße in eine neugebaute Halle („Nerzbau") auf dem vermeintlich weniger „luftgefährdeten" Gelände des Trafowerkes verlagert worden. Siemens Nürnberg gehörte damals zu den führenden Scheinwerferbauern überhaupt. Zunächst wurden Flakscheinwerfer mit 80 und 150 cm Durchmesser gefertigt, ab 1940 auch 200-cm-Scheinwerfer. 1941 begann die Entwicklung noch leistungsfähigerer, gehäuseloser Scheinwerfer mit 200 und 300 cm Durchmesser. Hier gelangen beachtenswerte Fortschritte. Hatte die Lampe der 150-cm-Scheinwerfer Typ 34 noch eine Strom-

79

80

Herstellung von „Panther“ Kampfpanzern:

75) Drehen des Turmkranzes (1942).
76) Bearbeiten der Panzerwanne (1942).
77) Fertiger „Panther“ (1943).
78) „Panther“, Befehlsausführung (1943).

79) Scheinwerferturm des Siemenswerkes Gugelstraße (1939).
80) Montage von Flakscheinwerfern (1940).

81

82

81) Gehäuseloser Flakscheinwerfer mit 200 cm-Spiegel (1944).
82) Röhren für Wehrmachtsfunkgeräte von TEKADE.
83) Seitenwagenmaschine Zündapp KS 750.
84) Tragbares Stromaggregat von Zündapp.

aufnahme von 150 Ampère, waren es beim Modell 200/40 schon 450 Ampère. Die gehäuselosen Modelle 200/44 und später der 300-cm-Scheinwerfer hatten schließlich Brennkammerlampen von 1000 bzw. 1200 Ampère. Der 300-cm-Scheinwerfer – von ihm wurden noch 2 oder 3 Exemplare gebaut und erprobt – war schließlich der größte und leistungsfähigste Scheinwerfer der Welt. Allerdings hatte in der Zwischenzeit das Funkmeß- bzw. Radargerät den Flakscheinwerfer weitgehendst verdrängt.

Siemens Nürnberg arbeitete auch maßgeblich an der Entwicklung der Richtwerte-Übertragungstechnik vom Kommandogerät zu den Scheinwerfern mit.

Gegen Kriegsende waren bei Siemens in Nürnberg ca. 15 000 Menschen beschäftigt, zum Teil Kriegsgefangene und Fremdarbeiter. Wegen der Luftangriffe waren bis Kriegsende zahlreiche Fertigungsbereiche und Laboratorien ausgelagert worden. Nach dem Zusammenbruch bildeten diese ausgelagerten Zweige mit ihren intakt gebliebenen Maschinen und Einrichtungen den Grundstock für den Wiederaufbau – ähnlich wie bei vielen anderen Nürnberger Firmen.

Auch kleine Hersteller, wie die Maschinenfabrik Leistritz, waren für die Rüstungsproduktion herangezogen worden. Die Firma baute u.a. Benzinpumpen, etwa für den DB-605-Motor der Messerschmittflugzeuge Bf. 109 und Bf. 110 sowie für den Jumo 211 der Junkers-Ju-88-Bomber.

Die kleine Seitenwagenfabrik Steib produzierte Beiwagen für die schweren Zündapp-Motorradgespanne der Wehrmacht, später die Wannen der ferngesteuerten „Goliath"-Sprengpanzer, die ebenfalls von Zündapp gefertigt wurden.

Die „Süddeutsche Telefon-Apparate-Kabel- und Drahtwerke A.G. TeKaDe Nürnberg", kurz TEKADE, war ein kleinerer, aber nicht unbedeutender Produzent von Fernmeldegeräten. Im Hauptwerk in der Allersberger Straße 185 wurden leichte und schwere Feldkabel, Marinekabel, Telefonschnüre, Verstärker und andere Postgeräte, sechskanalige Trägerfrequenz-Koffergeräte, Verschlüsselungsgeräte für Ferngespräche und Freund-Feind-Kenngeräte für Nachtjäger gebaut. Außerdem wurden hier Röhren für Funkgeräte gefertigt. Zwischen 1942 und 1944 wurde das Werk um 10 000 qm erweitert.

Im Werk Schwabenstraße 50 waren die Wicklerei und die mechanische Fertigung untergebracht, im Werk Landgrabenstraße 46 stellte man Einzelteile für Röhren her. Auch dieses Werk war zwischen 1940 und 1944 um gut 2000 qm erweitert worden. 1943 erreichte die TEKADE den höchsten Stand ihrer Belegschaft, 2092 Personen, darunter viele „Fremdarbeiter" aus Belgien, Jugoslawien und Frankreich. Gearbeitet wurde in zwei Schichten von jeweils 12 Stunden.

Nachdem am 10./11. August 1943 und am 10. September 1944 die TEKADE schwer getroffen wurde, begann die Firmenleitung, die Fertigung auszulagern. In Schwarzenbach am Wald wurden ab 1. Oktober 1943 im Gebäude einer Weberei Gleichrichter gefertigt, die Röhrenfertigung lief ab Oktober 1943 in Helmbrechts und ab Juni 1944 in Asch (heute ČSSR) an. Ein in Mährisch-Ostrau geplantes Röhrenwerk nahm die Produktion nicht mehr auf. Trotz der Zerstörungen und Auslagerungen wurden 1944 noch 560 000 Wehrmachtröhren hergestellt (1939 760 000 Rundfunkröhren).

Triumph baute für die Wehrmacht in den ersten Kriegsjahren noch das leichte Krad BD 250 W mit 250-ccm-Motor. Später wurden dort die Vorderradgabeln für das NSU-Kettenkrad (eine Kreuzung zwischen Motorrad und Panzer) und Heizungseinrichtungen für Seitenwagenmaschinen gebaut.

Die Victoriawerke – vor dem Krieg nur als Hersteller von Motorrädern in Erscheinung getreten – hatten ihre Produktion u.a. um preßluftgetriebene Torpedomotoren erweitert, in der zweiten Kriegshälfte wurden die von Ardie entwickelten Riedel-Anlasser für Strahltriebwerke gefertigt.

Zündapp, durch seine legendären Motorräder einst weltweit bekannt, fertigte ebenfalls für die Wehrmacht. Das Werk in der Schweinauer Dieselstraße war während des Ersten Weltkriegs von Fritz Neumeyer zusammen mit den Firmen Krupp und Thiel aus Ruhla/Thüringen als „Zünder- und Apparatebaugesellschaft“ gegründet worden und nach dem Ausscheiden der Partner in Neumeyerschen Familienbesitz übergegangen. Auch während des Zweiten Weltkrieges wurde dort statt Nähmaschinen wieder Munition hergestellt. Daneben produzierte Zündapp schwere Motorräder. Die Solomaschinen K 500 und KS 600 wurden bis 1940/41 gefertigt und vor allem von Kurieren und Meldern gefahren. Die Wehrmacht hatte 18 000 KS 600 erhalten, ferner 5000 Vierzylinder-Seitenwagenmaschinen vom Typ KS 800. Ab Herbst 1940 gingen die schweren KS-750-Gespanne mit angetriebenen Seitenwagen und Rückwärtsgang in Serie. Bis 1944 waren 18 635 abgeliefert.

1942 wurde Zündapp als federführende Produktionsfirma für den bei Borgward entwickelten Ladungsträger „Goliath“ ausgewählt. Der 350 kg schwere, 1,60 m lange und 66 cm hohe Minipanzer war mit einer 90 kg schweren Sprengladung versehen und sollte Straßensperren oder Minenfelder sprengen. Bei Zündapp wurde diese Konstruktion von Funkfernlenkung und Elektroantrieb auf Kabellenkung und Benzinmotor umgestellt. Die Großserienfertigung lief im Sommer 1943 an, bis Kriegsende wurden ca. 5000 „Goliath“ gebaut, wohl zwei Drittel dieser Geräte kamen aus Nürnberg.

Die schweren Motorradmotoren von Zündapp wurden auch in tragbare Stromaggregate eingebaut. Über die Zahl der in Nürnberg gefertigten Aggregate liegen keine Angaben vor.

Ein weiteres wichtiges Ziel in der gezielt auf strategisch wichtige Objekte ausgerichteten amerikanischen Luftkriegsplanung war das Fürther Flugzeugwerk Bachmann, von Blumenthal und Co. Schon im ersten Weltkrieg gegründet, diente die „Waggon“, wie sie im Volksmund genannt wurde, als Reparaturwerft für defekte Flugzeuge. Während des Krieges wurden dort vor allem die als schwere Jäger und Nachtjäger eingesetzten Maschinen des Typs Messerschmitt Bf. 110 instandgesetzt. In den beiden letzten Kriegsjahren reparierte das Werk auch Düsenjäger des Typs Messerschmitt Me 262. Bei den letzten Angriffsberichten der 8. amerikanischen Luftflotte wurde die „Waggon“ unter dem Stichwort „Jet aviation industry“ geführt.

83

84

85

86

87

Die Luftverteidigung

Der Aufbau der Luftverteidigungsanlagen rund um Nürnberg läßt sich nur noch sehr allgemein darstellen, da die meisten offiziellen Dokumente verschollen sind.

Zur Verteidigung wurden Jagdflugzeuge (sie waren der 7. Jagddivision in Schleißheim bei München unterstellt und wurden von ihr entsprechend der Luftlage an stets wechselnden Schwerpunkten eingesetzt), Flugabwehrgeschütze (Flak) und sogenannte Scheinanlagen eingesetzt. Die beiden letztgenannten unterstanden dem Kommando des örtlichen Flakführers von Nürnberg.

Die Flakverbände, in der Masse mit schweren 8,8-cm-Geschützen ausgerüstet, gehörten zur Flakgruppe Nürnberg (Stab Flakregiment 93), diese wiederum zur Flakbrigade 21.

Schon im Herbst 1939 waren schwere Flakkräfte im Raum Nürnberg in Stellung gegangen und hatten, etwa in der Nähe von Vach, begonnen, feldmäßige Stellungen auszubauen.

Für die Soldaten eine geruhsame Zeit, die Luftlage blieb ruhig. Im November 1939 gelang es schließlich der Flakabteilung 908, einen einzelnen, zweimotorigen französischen Bomber älterer Bauart abzuschießen. Er stürzte in einen Wald bei Vincenzenbronn.

Zum Ausrichten der Geschütze auf angreifende Flugzeuge verwendeten die Batterien sogenannte Kommandogeräte, mit denen das Ziel optisch verfolgt wurde. Die dabei ermittelten Schußwerte wie Richtung und Entfernung wurden über Kabel an die angeschlossenen Geschütze übertragen.

Für den Einsatz bei Nacht standen zunächst Horchgeräte und Scheinwerfer zur Verfügung. Mit dem Horchgerät konnte die Richtung anfliegender Maschinen gepeilt werden. Die Ergebnisse wurden dann über ein Richtgerät zu den Flakscheinwerfern übertragen. Gelang es den Scheinwerfern, einen Bomber zu erfassen, wurde er von der weiter hinten liegenden Flak optisch aufgefaßt und unter Feuer genommen.

1941/42 ersetzten dann auch im Raum Nürnberg Radargeräte (damals Funkmeßgeräte genannt) vom Typ Würzburg die Horchgeräte. Funkmeßgeräte wurden auch bei den Flakbatterien zur Entfernungsmessung und zur Feuerleitung eingesetzt. Allerdings wurden sie ab 1943 durch den Abwurf von Stanniolstreifen, damals „Düppel" genannt, gestört.

Während die schweren 8,8- und 10,5-cm-Geschütze zur Bekämpfung hochfliegender Maschinen dienten, wurde die leichte Flak – sie war mit Maschinenkanonen der Kaliber 2 cm und 3,7 cm ausgerüstet – zur Abwehr tieffliegender Flugzeuge eingesetzt. Bei Angriffen hochfliegender Bomber kam sie überhaupt nicht zum Schuß.

Die Zahl der rund um Nürnberg verfügbaren Geschütze hat

88

85) Batteriechef einer Flakeinheit bei Vach (Herbst 1939).
86) Flakscheinwerfer mit Bedienungspersonal (Herbst 1939).
87) Flaksoldaten bauen ihre Stellung bei Vach aus (Herbst 1939).
88) Typisches Bild eines nächtlichen Angriffes: Scheinwerfer und Leuchtspurmunition.
89) Luftabwehr bei Nacht (v. r.: Horchgerät, Kommandogerät und Scheinwerfer (um 1940).

89

90

91

92

93

94

90) Kommandogerät.
91) Luftwaffenhelfer.
92) Funkmeßgerät.
93) 8.8 Flakgeschütz (alle: 1944 bei Ronhof).
94) Leichte 2 cm-Flak.
95) Ausbildung von Jagdfliegern in Fürth (23. 1. 1945).
96) Abgeschossenes Schulflugzeug Me 109 (21. 2. 1945).

sich wohl im Verlauf des Krieges mehrfach geändert, im April 1945 sollen zwischen 140 und 200 Flakgeschütze vom Kaliber 8,8 cm eingesetzt gewesen sein. Fast alle in ausgebauten, zum Teil gemauerten Stellungen und fest auf Betonfundamenten montiert.

Bedient wurden die Geschütze bei Kriegsbeginn noch von Flaksoldaten. Seit der zweiten Jahreshälfte 1943 aber waren im Heimatkriegsgebiet nur noch die wichtigsten Posten mit Luftwaffensoldaten besetzt. Auf Grund der „Anordnung über den Kriegshilfsdienst der Deutschen Jugend in der Luftwaffe" vom 25. Januar 1943 wurden schließlich Oberschüler zur Flak eingezogen, zunächst die Klassen 6 und 7 (entsprechend die Jahrgänge 1926/27), ab Herbst 1943 auch schon die Sechzehnjährigen und nach Klassenzugehörigkeit ausnahmsweise auch fünfzehnjährige Schüler.

Sogenannte „Ausländer", meist Ukrainer oder hilfswillige sowjetische Kriegsgefangene, halfen gegen Kriegsende beim Schleppen der Munition.

Neben den Flakbatterien der Luftwaffe waren in Nürnberg auch RAD-Batterien eingesetzt, etwa in den Großbatterien Zollhaus und Laufamholz sowie in den Batterien am Lindestadion und bei Oberasbach. Das Personal der ab 11. August 1943 aufgestellten RAD-Flak stammte ganz aus dem Bereich des Reichsarbeitsdienstes, dem es auch disziplinarisch unterstellt blieb. Ausbildungsmäßig und taktisch unterstanden die RAD-Batterien dem örtlichen Flakführer.

Eine dieser in Nürnberg stationierten Einheiten, die 3.484 RAD, war im November 1944 zum Übungsschießen auf dem Truppenübungsplatz Heuberg. Der Chef des Stabes des Luftgaukommandos VII inspizierte zu dieser Zeit den Übungsplatz und ließ folgenden Eintrag in sein Kriegstagebuch aufnehmen: „ ... Die gezeigten Leistungen der Flakkampftruppsbedienungen waren mäßig. Sie erwiesen, daß die Flakartillerie leistungsmäßig nahezu am Ende ist und daß von einer Einsatzbereitschaft solcher Flakkampftrupps nur noch mit Vorbehalten gesprochen werden kann ...".

Drei Tage später, am 22. November 1944, war die Batterie wieder in ihre alte Stellung bei Kreutles zurückgekehrt.

Daneben war im Raum Nürnberg noch eine nicht mehr feststellbare Zahl von leichten Heimatflak-Batterien eingesetzt. Zwei von ihnen waren im Sommer 1944 nordwestlich von Laufamholz in Stellung gegangen.

Ein wesentlich bescheideneres Mittel der Luftverteidigung waren die sogenannten Scheinanlagen. Sie sollten bei Nacht den angreifenden Feindbombern ausbrechende Brände vortäuschen und so die Bombenschützen veranlassen, ihre Ladung auf vermeintlich brennende Stadtteile abzuwerfen.

Die Anlagen bestanden aus einfachen Brandfeldern. Dort waren spezielle Abfälle aus der Kohlehydrierung – sogenannte Großbrand-Briketts – aufgestellt, die schnell entzündbar waren und mit großem Flammenschein ohne viel Rauchentwicklung abbrannten. Dazwischen ausgelegte große Feuerwerkskörper imitierten Explosionen und Bombeneinschläge.

Ende 1942 waren rund um Nürnberg 12 Nachtscheinanlagen aufgebaut: 8 sogenannte „Sonnen" und dazu im Westen 4 „Höfe" quasi als Riegel. Die „Höfe" und 3 „Sonnen" waren dem örtlichen Flakführer unterstellt, die restlichen „Sonnen" dem örtlichen Luftschutzleiter. Eine solche Scheinanlage lag bei Worzeldorf, eine weitere nordwestlich von Erlenstegen, die anderen lassen sich nicht mehr lokalisieren – ähnlich wie die meisten Flakstellungen.

Bei dem Angriff vom 25./26. Februar 1943 wurden die „Notfeuer" – so die Bezeichnung durch den LS-Leiter – zwar gezündet, doch der Erfolg blieb aus. Zumindest in der Nacht vom 31. März 1944 aber warfen englische Bomber in der Hitze des Gefechtes 110 Spreng-, zahlreiche Brandbomben und 6 Luftminen auf vier Scheinanlagen in Stadtnähe ab.

Stationierung und Einsatz von Tag- und Nachtjägern in der Nähe Nürnbergs lassen sich so gut wie nicht mehr nachvollziehen.

In der näheren Umgebung lagen die Fliegerhorste Herzogenaurach, Illesheim, Katterbach und Roth. Deren Belegung wechselte mehrfach. Gegen Kriegsende waren auf dem Ausweichflugplatz Unterschlauersbach, in der Nähe von Großhabersdorf, Nachtjäger stationiert. Einsatzmäßig waren sie wohl der 7. Jagddivision (Schleißheim) unterstellt.

Ihren größten Erfolg hatten die deutschen Nachtjäger in der Nacht des 31. März 1944. Bei einem britischen Angriff auf Nürnberg schossen sie 79 viermotorige Bomber ab, der verlustreichste Einsatz des Bomberkommandos im Zweiten Weltkrieg.

Ein letzter Erfolg der Nachtjagd war der Abschuß von 24 Bombern beim letzten großen Nachtangriff auf Nürnberg am 16. März 1945.

Pilotenausbildung bis in die letzten Kriegstage betrieb das Jagdgeschwader 104 auf dem Fliegerhorst Fürth-Atzenhof.

180 fertig ausgebildete Jagdflugzeugführer sollten vom JG 104 jeden Monat an die Frontverbände abgegeben werden. Ein Soll, das kaum erreicht wurde. Einer der Gründe dafür: der monatliche Bedarf an Flugbenzin lag bei 1,2 Millionen Litern, erste Versorgungsprobleme machten sich schon 1943 bemerkbar, im März 1945 setzte die Flugbenzinzuteilung ganz aus. Nun konnte auch die Einsatzstaffel, im Geschwader damals als „Himmelfahrtskommando" bezeichnet, nicht mehr gegen anfliegende Feindverbände starten.

Bereits Ende 1944 hatte das JG 104 die Hälfte seines technischen Personals an Erdkampfverbände abgeben müssen. Luftwaffenhelferinnen ersetzten daraufhin diese Männer, auch bei der Wartung der Flugzeuge und bei der Horstfeuerwehr.

95

96

Am 2. April 1945 wurde das Geschwader in „Luftwaffen-Regiment 104" umbenannt und die nur notdürftig bewaffneten Soldaten zur Verteidigung Nürnbergs eingeplant. Ein Teil von ihnen setzte sich rechtzeitig nach Roth ab, auf diesem Fliegerhorst wurden in der Nacht vom 16. auf den 17. April 1945 auch die letzten intakten Flugzeuge des Geschwaders in die Luft gesprengt.

Zur Luftverteidigung in Süddeutschland im Sommer 1943 siehe auch:
Friedhelm Golücke, Schweinfurt und der strategische Luftkrieg. Paderborn 1980.
Zum Luftkrieg 1939 bis 1945:
Alfred Price, Luftschlacht über Deutschland. Angriff und Verteidigung 1939–1945. Stuttgart 1985.

97) Bahnhofsplatz (20. 10. 1942)

Fliegeralarme und Luftangriffe auf Nürnberg

1. 9. 1939
Freitag
11.00 – 11.15 Uhr
„Fliegeralarm“ (Fehlalarm!)

17. 8. 1940
Samstag
0.40 – 2.30 Uhr
„Fliegeralarm“. Bomben auf Burgfarrnbach bei Fürth.
Keine näheren Angaben verfügbar. 150 britische Bomber im Einsatz auf verschiedene Ziele in Deutschland.

21. 10. 1940
Montag
0.58 – 1.45 Uhr
„Fliegeralarm“

28. 10. 1940
Montag
0.45 – 1.45 Uhr
„Fliegeralarm“

8./9. 11. 1940
Freitag/Samstag
22.20 – 0.50 Uhr
„Fliegeralarm“

21./22. 12. 1940
Samstag/Sonntag
21.00 – 3.15 Uhr
„Fliegeralarm“. Bomben auf das Märzfeld.
Keine näheren Angaben verfügbar. 71 britische Bomber zu verschiedenen Zielen in Deutschland.

13. 1. 1941
Montag
3.25 – 4.35 Uhr
„Fliegeralarm“

15./16. 2. 1941
Samstag/Sonntag
23.05 – 0.20 Uhr
„Fliegeralarm“

30. 4. 1941
Mittwoch
0.36 – 2.36 Uhr
„Fliegeralarm“. Ab 0.13 Uhr Schießen der Flak. Keine näheren Angaben verfügbar. 71 britische Flugzeuge über Deutschland eingesetzt.

6. 5. 1941
Dienstag
1.25 – 2.05 Uhr
„Fliegeralarm“
2.15 – 3.45 Uhr
„Fliegeralarm“. Bomben auf Neunhof. Keine näheren Angaben verfügbar. 115 britische Flugzeuge über Deutschland eingesetzt.

23. 7. 1941
Mittwoch
1.49 – 3.01 Uhr
„Fliegeralarm“

26. 8. 1941
Dienstag
0.45 – 2.10 Uhr
„Fliegeralarm“

13. 9. 1941
Samstag
3.16 – 4.24 Uhr
„Fliegeralarm“

4. 10. 1941
Samstag
0.30 – 1.52 Uhr
„Fliegeralarm“
3.34 – 4.17 Uhr
„Fliegeralarm“

12./13. 10. 1941
Sonntag/Montag
23.14 – 2.06 Uhr
„Fliegeralarm“. 152 Bomber der Royal Air Force – 82 Wellington, 54 Whitley, 9 Halifax und 7 Stirling – starteten zum ersten größeren Angriff auf Nürnberg.

98

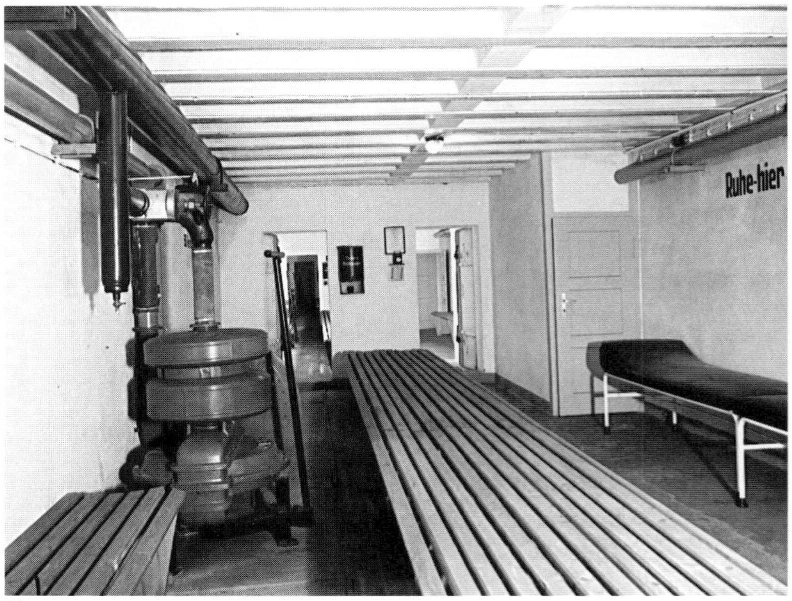

99

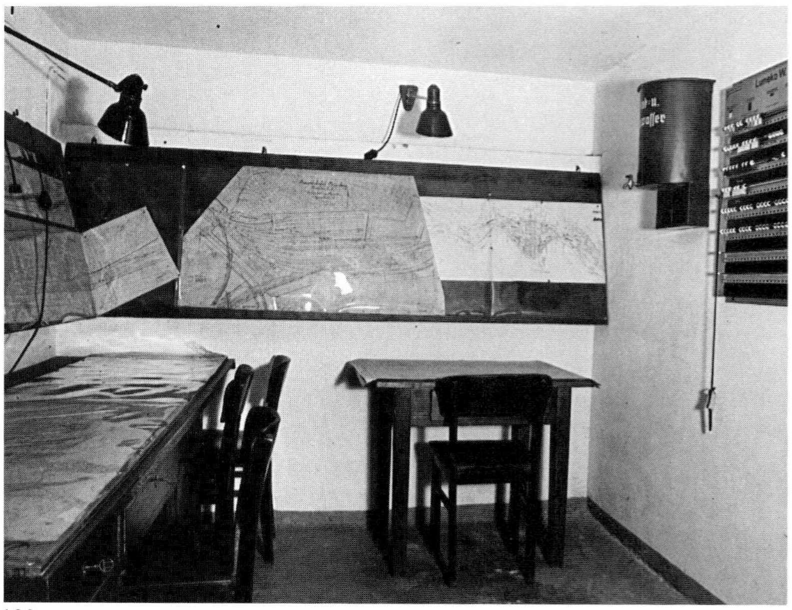
100

101

102

103

98) Abgeschossener französischer Bomber bei Vincenzenbronn (November 1939).
99) Luftschutzraum im Hauptbahnhof (23. 3. 1940).
100) Raum des Luftschutzleiters im Hauptbahnhof (23. 3. 1940).
101) Einsatzübung des SHD in der Altstadt. Die Wehrmacht überrannte in diesen Tagen Belgien und die Niederlande (Mai 1940).
102) „Massenkundgebung“ auf dem Hauptmarkt zum Sieg über Frankreich (26. 6. 1940).
103) „Einzug siegreicher Truppen“ nach dem Frankreichfeldzug vor der Sebalduskirche (4. 8. 1940).
104) „Luftschutzanstrich“ von Bordsteinkanten (1941).
105) Gasmasken in einem Lager des DRK (1941).

104

105

Über dem Stadtgebiet wurden nach deutschen Angaben 20 Sprengbomben, 6 Leuchtbomben und 14 Phosphor-Kautschukbrandkanister abgeworfen. Eine Person wurde getötet, 16 verletzt. Das Verwaltungsgebäude der Aluminiumwerke und Wohnbaracken in der Maiacher Straße wurden beschädigt. Auch die Eisenbahnstrecke Nürnberg–Fürth wurde getroffen.

Die meisten Bomben wurden auf Schwabach abgeworfen. Dort gingen an die 50 Gebäude in Flammen auf, 8 Menschen wurden getötet.

Weitere Fehlabwürfe über Lauingen/Donau und Lauffen/Neckar.

Die RAF verlor 8 Flugzeuge, 5 weitere Maschinen machten in England Bruchlandungen.

15. 10. 1941
Mittwoch
2.08 – 4.57 Uhr
„Fliegeralarm". 80 Bomber der RAF, 58 Wellingtons, 13 Whitleys, 5 Halifax und 4 Stirling griffen an. Wegen schwerer Vereisung und dichter Wolkendecken flogen 51 Bomber Ausweichziele an. 14 Besatzungen gaben später an, über Nürnberg gewesen zu sein. Nur eine Whitley hatte das Ziel sicher identifiziert.

9 Spreng-, 20 Brand- und 8 Leuchtbomben fielen auf Nürnberg. Mehrere Anwesen in der Teutonenstraße wurden leicht beschädigt, das Siemens Trafowerk meldete einen größeren Schaden. Eine Person kam ums Leben, sechs wurden verletzt. Die RAF verlor bei dem Einsatz 4 Wellington-Bomber.

22. 10. 1941
Mittwoch
22.26 – 23.15 Uhr
„Fliegeralarm"

28. 10. 1941
Dienstag
22.11 – 22.52 Uhr
„Fliegeralarm"

7./8. 11. 1941
Freitag/Samstag
22.15 – 0.02 Uhr
„Fliegeralarm"

21./22. 2. 1942
Samstag/Sonntag
23.39 – 1.26 Uhr
„Fliegeralarm". Starkes Flakfeuer. Schäden in den südöstlichen Randsiedlungen. Keine näheren Angaben verfügbar. 22 Wellington und 20 Hampten über Deutschland eingesetzt.

26. 3. 1942
Donnerstag
0.45 – 2.10 Uhr
„Fliegeralarm"

2. 4. 1942
Donnerstag
0.13 – 1.34 Uhr
„Fliegeralarm"

8./9. 4. 1942
Mittwoch/Donnerstag
23.35 – 0.44 Uhr
„Fliegeralarm"

17. 4. 1942
Freitag
20.30 – 20.51 Uhr
„Fliegeralarm"

106

107

26. 4. 1942
Sonntag
0.32 – 3.23 Uhr
„Fliegeralarm“

28. 4. 1942
Dienstag
0.33 – 1.17 Uhr
„Fliegeralarm“
2.25 – 2.47 Uhr
„Fliegeralarm“

30. 4. 1942
Donnerstag
0.40 – 2.29 Uhr
„Fliegeralarm“

5. 5. 1942
Dienstag
0.54 – 3.00 Uhr
„Fliegeralarm“

6. 5. 1942
Mittwoch
1.10 – 1.59 Uhr
„Fliegeralarm“

108

109

106) Motorradabnahme bei Zündapp (28. 5. 1941).
107) Merkblatt für die Bevölkerung (März 1941).
108) Kriegsverdienstkreuz für einen Arbeiter der Aluminiumwerke Nürnberg (1941).
109) Bunkerbau bei Siemens an der Humboldtstraße.
Ein ähnlicher Bunker wurde auch im Werk an der Landgrabenstraße gebaut (Mai 1941).

110

111

112

113

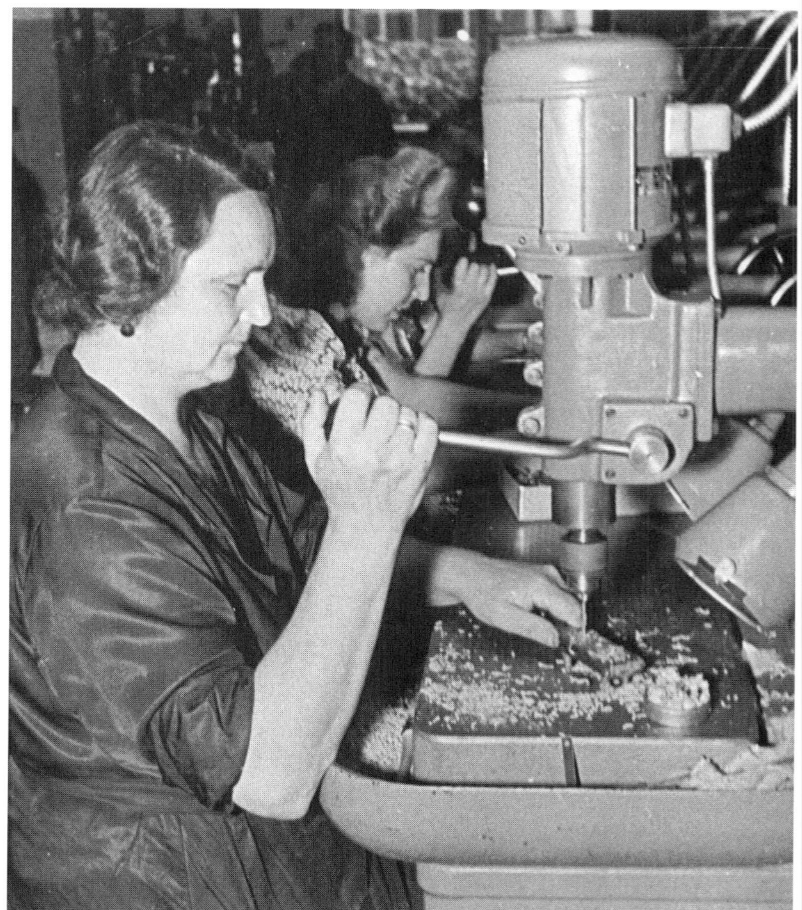

114

110) Verdunkelte Oberlichter bei Neumeyer (1941).
111) Luftschutzausstellung am Hallplatz (14./15. 2. 1941).
112) Ostarbeiterinnen in einem Lager bei Nürnberg (22. 6. 1942).
113) „Führers Geburtstag“ (20. April 1942).
114) „Arbeitseinsatz der Frau“ (Winter 1941/42).
115) Britische „Wellington“-Bomber werden startklar gemacht.

115

29. 8. 1942
Samstag
0.21 – 2.38 Uhr
„Fliegeralarm“. Erster Großangriff auf Nürnberg.
159 Flugzeuge der Royal Air Force waren gestartet, die Besatzungen hatten den Befehl erhalten, Nürnberg so tief als möglich anzugreifen. Zunächst schien diese Taktik erfolgreich: Die „Pfadfinder“ fanden ihre Zielpunkte und markierten diese – zum ersten Mal – mit Leuchtbomben, sogenannten „Target-indicators“. Trotz dieser Anfangserfolge mißlang der Angriff aus englischer Sicht:
Die Bomben der von Süden her anfliegenden Maschinen fielen weit verstreut, etwa bis Erlangen. Dort wurden 4 Menschen getötet.

Nur ca. 50 Bomber erreichten das Stadtgebiet von Nürnberg.
Hier hatte bereits um 23.30 Uhr das LS-Warnkommando Nürnberg gemeldet, daß im Rhein-Main-Gebiet eine größere Anzahl von Feindflugzeugen in ostwärtiger Richtung im Anflug sei. Das Luftgaukommando XII/XIII bestätigte dies um 23.44 Uhr. Auf Grund dieser und weiterer Meldungen mußte in Nürnberg mit einem Angriff gerechnet werden.

Um 0.21 Uhr löste das LS-Warnkommando das Sirenensignal „Fliegeralarm“ aus. Um 0.49 Uhr wurden die ersten Leuchtbomben im Norden und Osten abgeworfen, um 0.52 Uhr bei Buch Brandplättchen auf freiem Feld gemeldet. Um 1.00 Uhr fielen die ersten Bomben beim Kontumazgarten und der Deutschherrnwiese. Eine Minute später registrierte der Schreiber der Kriminalpolizei: „Erhebliche Angriffe auf Nürnberg. In der Stadtmitte brennt es.“

Um 1.29 Uhr meldete der Polizeiposten Burgfarrnbach: „In Richtung Unterfürberg Sprengbomben gefallen, Revier 20 hat Streife eingesetzt. Flugzeug in Richtung Puschendorf brennend abgestürzt.“

Der letzte Angriff im Tiefflug erfolgte gegen 1.40 Uhr, um 2.05 Uhr kam die Meldung „Luftlage über der Stadt ruhig, Brände dehnen sich aus“.

Die Gefechtstätigkeit der um Nürnberg stationierten Flak hatte schon um 0.30 Uhr begonnen. Die von Süden anfliegenden Bomber wurden unter schweres Feuer genommen. 15 Batterien schwerer 8,8 cm-Flak verfeuerten 4218 Schuß, eine Batterie mittlerer 3,7 cm-Flak 106 Schuß und 6 Batterien mit leichten 2 cm-Geschützen 3974 Schuß.

Von den in Höhen zwischen 1500 und 4000 Metern angreifenden Bombern wurden eine zweimotorige Vickers Wellington und zwei viermotorige Halifax abgeschossen. Insgesamt verlor die RAF in dieser Nacht 23 Maschinen, das entsprach 14,5 Prozent der eingesetzten Flugzeuge. Die schwersten Verluste hatten die Wellingtons mit 34 Prozent der eingesetzten Maschinen.

Die Schäden in Nürnberg waren für die damaligen Verhältnisse beachtlich: 12 Luftminen (davon 3 Blindgänger), 112 schwere Sprengbomben (davon 1 Blindgänger), ferner ca. 5000 Stabbrandbomben, 200 Flüssigkeitsbrandbomben (112 kg) und ca. 9700 Phosphorbrandbomben (14 kg) waren gefallen.

136 Menschen wurden getötet, 50 schwer und 369 leicht verletzt.

Im gesamten Stadtgebiet wurden 152 Wohnhäuser total zerstört, 387 schwer und 1777 leicht beschädigt. An 220 Stellen brannte es. Unmittelbar nach dem Angriff meldeten sich 23 244 Menschen obdachlos, noch am 5. September 1942 waren es 12 000.

Auch die historische Altstadt war getroffen:
Die Burg wurde durch eine Minenbombe und zwei Sprengbomben in Mitleidenschaft gezogen, die Inneneinrichtung stark beschädigt. Große Dachflächen wurden abgedeckt, an der Südseite in Höhe des 1. Stocks eine größere Fläche des Mauerwerkes eingedrückt, der Balkon an der Westseite ebenfalls stark beschädigt, das Burggärtnerhaus im Burggarten durch Volltreffer völlig zerstört, der Wehrgang der Bastei unterhalb der Burg von einer Sprengbombe stark beschädigt. Auch die Kaiserburg (Westgiebel) bekam einige Risse, das Dach wurde z. T. abgedeckt.

Beim Albrecht-Dürer-Haus wurden die originalen Fenster durch Druckwellen zum größten Teil zerstört, die Häuser Obstmarkt 10/18 brannten aus und stürzten zusammen. Glas- und Dachschäden gab es an der St. Elisabeth-Kirche, leichte Schäden an der Egidien-, Jakobs-, Herz-Jesu- und St. Peters-Kirche.

Schwere Schäden verzeichneten das Martha-Krankenhaus in der Fenitzerstraße und die Krankenabteilung des Sebastiansspitals. Zwei städtische Schulen wurden vollkommen zerstört, 10 schwer beschädigt.

Die Bayernhalle, in der NS-Zeit auch „Alte Kongreßhalle" genannt, brannte nach mehreren Brandbombentreffern völlig nieder. Ein großes Kraftstoffdepot war mit den Mitteln der dort eingesetzten Selbstschutzkräfte nicht zu löschen. Riesige Lebensmittelvorräte gingen ebenfalls in Flammen auf.

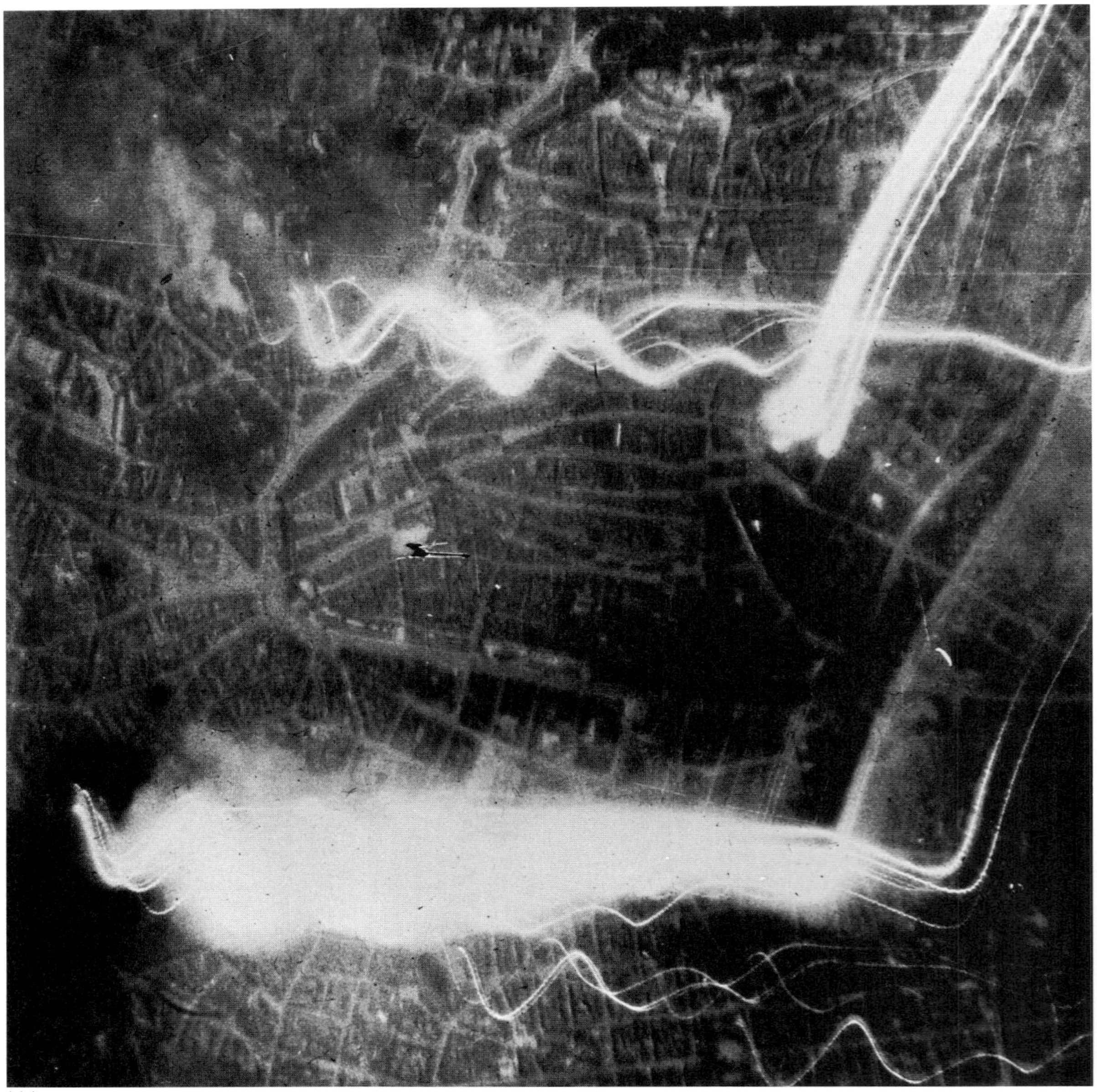

116

Auch die „Rüstungsbetriebe" meldeten Treffer:
Bei Lumophon in der Schloßstraße 62/64 (Meß- und Peilgeräte) wurden Wicklerei, Galvanisiererei, Eloxalbad und Montage völlig vernichtet.

Bei den FAUN Fahrzeugwerken gingen das Dach der mechanischen Fertigung, die „Gefolgschaftsräume" und ein Lagergebäude in Flammen auf, beim Zünder- und Munitionshersteller Victoria (Ludwig-Feuerbach-Str. 53) wurden der Automatensaal, das Verwaltungsgebäude und das Ersatzteillager für die Motorradreparatur durch Feuer völlig vernichtet. Schwere Schäden auch bei Elektro-Baumüller in der Ostendstraße (Elektromotoren und Munition), bei Heinrich Diehl in der Stephanstraße, der Seitenwagenfabrik Jos. Steib in der Zerzabelshofstraße, Amag-Hilpert (Pumpen), beim Zünderhersteller Siemens-Schukkert-Werk in der Landgrabenstraße 100 (Brand- und Glasschäden in der Automatendreherei). Bei der MAN brannte u.a. das Modellgebäude völlig, die Halbzeugvorratslager teilweise aus. Totalen Brandschaden bei Betriebsmitteln und Halbzeugen hatte die Munitionsfirma Scharlach in der Heerwagenstraße, schwere Schäden die Firma Ernst Plank in der Hohfederstraße 60 (Flak-Meßgeräte).

Relativ gering die Schäden an Wehrmachtseinrichtungen: Im Oflag XIIIb brannten 6 Baraken ab. Sprengbomben zerstörten im Eisenbahnpionierpark eine größere Anzahl von Feldbahnwagen und -schwellen. Brandschäden gab es in einer Halle am Flughafen. Bei der Flakgruppe Nürnberg stürzten am Dutzendteich Teile des Gefechtsstandgebäudes und die Fahrzeughalle ein. Zahlreiche Dienstwohnungen der Heeresstandortverwaltung wurden zerstört oder beschädigt.

Das Heeresbekleidungsamt in der Schoppershofstraße 68 brannte völlig ab, die Bekleidungsbestände wurden gerettet.

Bei der Reichspost brannten am Hauptbahnhof Paket- und Briefzustellung aus, ebenso Teile des Dachstuhls des Postscheckamtes in der Keßlerstraße.

Der Hauptbahnhof blieb von größeren Schäden verschont, 40 Waggons wurden durch Spreng- und Brandbomben zerstört.

Schwere Schäden richteten Sprengbomben an Gleisanlagen

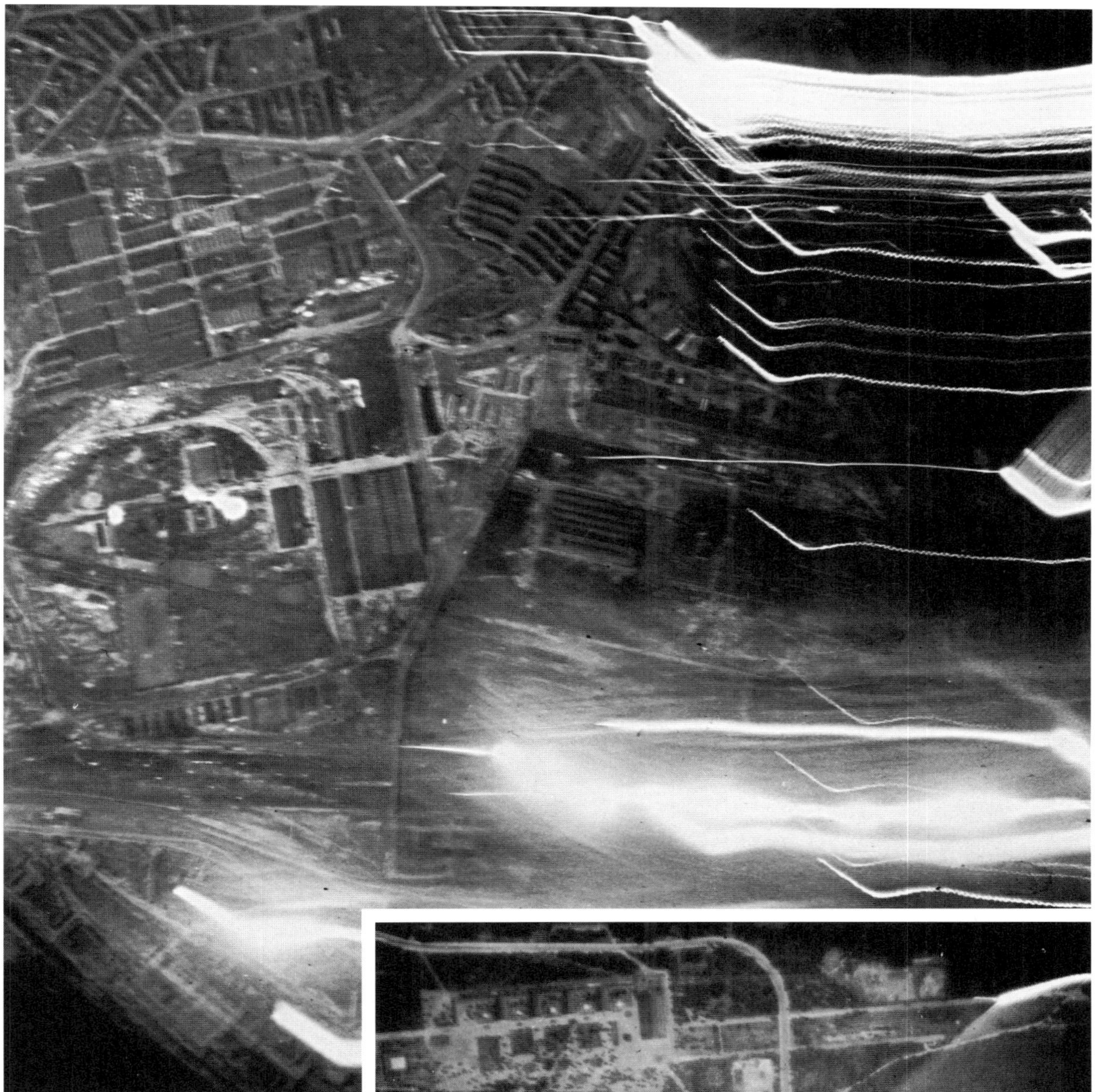

117

118

Britischer Nachtangriff vom 28./29. 8. 1942 vom Flugzeug aus aufgenommen (die hellen Streifen stammen von Markierungsbomben):

116) Altstadt zwischen Burg (oben) und Wölckernstraße (unten).

117) MAN (rechts oben) und Rangierbahnhof (links unten).

118) Die Hallen der KdF-Stadt und Zeppelintribüne, in der Bildmitte die Regensburger Straße. Die KdF-Stadt brannte noch in dieser Nacht völlig ab.

und Waggons im Güterbahnhof am Kohlenhof und im Ostbahnhof an. Im Wagenaufstellungswerk Nür-Rangierbahnhof gingen 15 Wagen durch Bombentreffer verloren.

Schwer beschädigt wurde im Bahnhof Nürnberg-Eibach der D-Zug D 71 durch drei Sprengbomben. Er hatte dort wegen des Alarms angehalten. In einem Schlafwagen wurden drei Menschen getötet, darunter ein General. Auch die Oberleitung wurde in Eibach schwer beschädigt.

Schäden gab es auch in den Bahnhöfen Nür-Ost, Nür-Mögeldorf und Nür-Dutzendteich.

Der Ablaufbetrieb auf dem Rangierbahnhof war wegen eines Blindgängers beim Haltepunkt Zollhaus bis zu dessen Entschärfung am 30. August 1942 gesperrt.

Die Stromversorgung blieb bis auf einige Schäden an Hausanschlüssen intakt. Im Gasrohrnetz wurde eine Hauptleitung zerstört, eine kleinere Verteilungsleitung und 100 Hausleitungen. Eindringendes Wasser bei gleichzeitigem Treffen auf Wasser- und Gasleitung störte größere Teile des Gasnetzes.

Im Wasserrohrnetz trat wegen Stromstörungen ein Teilausfall der Elektropumpen ein, an 15 Stellen wurde das Rohrnetz zerstört, einige Hydranten waren verschüttet.

Bei der Straßenbahn gab es keine nennenswerten Beschädigungen der Anlagen, an 12 Stel-

119

120

119) Adamstraße
(Ende August 1942).

120) Die Ruine der „Alten Kongreß-halle (oben) und das Hilfskrankenhaus „Alter Tiergarten“ (29. 8. 1942).

121

122

123

124

125

126

len wurde die Fahrleitung beschädigt.

Bei der Verpflegung der Obdachlosen war die NSV eingesetzt, die NSDAP führte die Bergung der Möbel durch.

Zur Brand- und Schadensbekämpfung rückten neben den örtlichen Luftschutzkräften 4843 Mann von Wehrmacht, Luftwaffe und Waffen-SS aus. Ab 3. September 1942 wurden dann auch Kriegsgefangene zu den Aufräumungsarbeiten herangezogen, zunächst 1000, dann 2000 Mann.

Diese Wehrmachtskommandos wurden meist in kleinsten Verbänden eingesetzt und bewährten sich hervorragend, besonders beim Ausgraben von Verschütteten, Löschen von Bränden und der Bergung von Hausrat. Einzelne Kommandos waren bis zu 18 Stunden ununterbrochen im Einsatz. Ein Kanonier erlitt bei der Hausratbergung tödliche Brandverletzungen.

Der Angriff zeigte aber auch die Schwächen des damaligen Luftschutzes. Dazu Auszüge aus dem Bericht des örtlichen Luftschutzleiters:
„Bei Großangriffen kann der örtliche Luftschutzleiter unmöglich in der bei Bränden erforderlichen Frist die Übersicht gewinnen, die ihm erlaubt, seine Kräfte am zweckmäßigsten einzusetzen und darüber hinaus noch rechtzeitig Wehrmachthilfskommandos anzufordern. Dazu kommt, daß die Fachkräfte des örtlichen Luftschutzleiters sich auf die Erhaltung der Rüstungswirtschaft konzentrieren müssen, Wohngebiete bei Großangriffen daher teilweise ohne Schutz durch die Feuerschutzpolizei bleiben müssen. ... Die dem örtlichen Luftschutzleiter zur Verfügung stehenden Kräfte reichten nicht aus, um bei dem großen Umfang der Schäden sämtliche Schadensgebiete zu erfassen. Nachteilig machte sich bemerkbar, daß Teile der aus dem Umkreis zusammengezogenen Feuerwehren nicht zum Einsatz kommen konnten, weil die Anschlußstücke der Schläuche vielfach nicht an die Hydrantenanschlüsse paßten.

Der Instandsetzungsdienst konnte sich anfänglich nicht überall mit den bei der Bergung Verschütteter anfallenden Arbeiten zurechtfinden.

Geräte, wie Druckluftmeißel, Schneidbrenner und Traktoren zum Abziehen von überlagerndem Gebälk und Mauerwerk waren teilweise nach 24 Stunden noch nicht am Platze. ... Hier bedarf es energischer Maßnahmen des Leiters des Instandsetzungsdienstes, um für die Folgezeit sofortiges wirksames Arbeiten zu ermöglichen. ... Die Bevölkerung ertrug gefaßt die Folgen des Luftangriffes. In vielen Fällen kam es zu aufopferndem Einsatz des Selbstschutzes und bemerkenswerten Erfolgen in der Brandbekämpfung. In vielen Fällen fehlte es am raschen Zugriff während des Angriffes. Das Ergebnis war auf der einen Seite geringfügige Dachstuhlbrände, auf der anderen restloser Verlust der Wohnobjekte. Opferbereitem Einsatz im Rahmen nachbarlicher Hilfe steht Teilnahmslosigkeit der zuschauenden und sofort nach dem Angriff in die Schadengebiete strömenden Bevölkerung gegenüber. ...

Einen besonderen Raum nimmt die Gerüchtebildung im Volke ein. Hier kann nur darüber hinweggeholfen werden, daß man die Gerüchte der Lächerlichkeit preisgibt; so war u.a. das Gerücht, daß ein russischer Offizier 3 Minenbomben entschärft habe, in aller Munde. In einzelnen Stadtgebieten

127

128

129

130

121) 122) Pilatushaus (September 1942).
123) Glockenhofstraße (September 1942).
124) Am Ölberg (September 1942).
125) Eibach (September 1942).
126) Sowjetische Kriegsgefangene in der Oberen Pirckheimerstraße (19. 9. 1942).
127) Obstmarkt (September 1942).
128) Stephanstraße (September 1942).
129) Spittlertormauer (September 1942).
130) Victoriawerk in der Fenitzerstraße (September 1942).

sprach man von einem französischen Offizier. Tatsächlich wurden die 3 Minen von einem Feuerwerker der Luftwaffe entschärft."

Die Großbrände waren spätestens am Nachmittag des 29. August 1942 abgelöscht, die Kräfte des FE-Dienstes konnten bis auf einige Brandwachen noch an diesem Tag in die Unterkünfte zurückkehren. Alle auswärtigen Kräfte der 15-km-Zone wurden ebenfalls am 29. August 1942 wieder entlassen.

In der Nacht vom 29. zum 30. August 1942 flammten mehrere Phosphorbrände wieder auf. Daraufhin blieben 2 Kompanien der LS-Abteilung (mot.) 22 und 3 Kompanien des FSchP Regiments 3 bis zum Vormittag des 30. bzw. 31. August 1942 noch im Einsatz.

Die Technische Nothilfe hatte Kräfte der Ortsgruppen Würzburg, Kitzingen, Schwabach, Laufamholz, Ansbach und Bayreuth noch über den 31. August 1942 hinaus an zwei schwierigen Bergungsstellen im Einsatz.

Ein anderer Feind der Löschkräfte waren die zersplitterten Fensterscheiben: „Es hat sich als notwendig erwiesen, daß die Fahrbahnen sofort von Glassplittern gesäubert werden, da sonst wesentliche Verzögerungen bei Einsatzfahrten durch entstehende Reifenschäden eintreten." – So zumindest der örtliche LS-Leiter in seinem Bericht.

Kein Problem war zu diesem Zeitpunkt die Kraftstoffversorgung: „Die Betriebsstoffversorgung stieß auf keine Schwierigkeit. Die bei der örtlichen LS-Leitung vorhandenen Sonder-Tak für 5000 Liter Vergaserkraftstoff reichten für den ersten Einsatz aus. ... Insgesamt wurden während der Zeit 29. August bis 2. September 1942 verbraucht: 12 800 Liter Vergaser-, 3740 Liter Dieselkraftstoff, 360 Liter Öl."

Ein – zumindest offizieller – Spiegel der Stimmungslage sind die geheimen Berichte des Regierungspräsidenten in Ansbach an die Bayerische Staatskanzlei. Zu dem Angriff vom 28./29. August 1942 heißt es dort: „Der harte Schlag, der die Stadt der Reichsparteitage am 29. August traf, wurde von der Bevölkerung mit Ruhe und Besonnenheit hingenommen. Es ist nicht so, daß die eingetretenen Verluste etwa den Kampfeswillen lähmen, im Gegenteil, sie stärken die Entschlossenheit, den Feind zu schlagen. ... Das Leid, das über die Stadt gekommen ist, ist groß, aber es wird mit Würde getragen. Es herrscht freilich die Besorgnis, daß diesem ersten Schlag noch weitere und sogar noch schwerere folgen werden. ... Gerüchte aller Art beunruhigen die Bevölkerung, sie stellen vor allem auch die eingetretenen Verluste und Schäden viel schwerer hin als sie in Wirklichkeit sind. Die Gerüchtemacherei blühte um so mehr, als in dem Wehrmachtsbericht und auch in der örtlichen Presse aus naheliegenden Gründen keine näheren Angaben über den Umfang der Verluste und Schäden gemacht wurden."

Tatsächlich war die Bericht-

131

132

131) Kriegsverdienstmedaillen für FAUN-Arbeiter in dem teilweise zerstörten Werk an der Waechterstraße (September 1942).
132) Wehrmacht beim Dachdecken in der Schweiggerstraße (September 1942).
133) Güterbahnhof Nürnberg Kohlenhof (29. 8. 1942).
134) Zerstörter Schlafwagen des D 71 in Eibach (29. 8. 1942).

erstattung über den Angriff mehr als dürftig. So berichtete die Nürnberger Zeitung am 31. August 1942 auf der letzten Seite lediglich in einer 21 Zeilenmeldung: „Terrorangriff auf Nürnberg. Das Reichspropagandaamt Franken teilt mit: In der Nacht zum 29. August griffen britische Flugzeuge Wohnviertel der Stadt Nürnberg mit Spreng- und Brandbomben an. Im Stadtgebiet entstanden verschiedene Brände. Außerdem wurden durch Sprengbomben Gebäudeschäden verursacht. Militärische Anlagen wurden nicht getroffen. Die Zivilbevölkerung hatte Verluste an Toten und Verletzten.

Die ganze Art des Angriffes hat erneut bestätigt, daß es den Briten einzig und allein darauf ankam, die Zivilbevölkerung zu zermürben. Besonders verabscheuungswürdig sind die Angriffe auf alte Kulturdenkmäler und auf ein Krankenhaus, die sich weitab von jeder militärischen oder wehrwirtschaftlichen Anlage befanden.

Schon während des Angriffs setzten durchgreifende Hilfsmaßnahmen der Partei und aller im Dienst des Luftschutzes stehender Verbände ein. Im besonderen legten die Selbstschutzkräfte der Bevölkerung durch Disziplin und Hilfsbereitschaft eine vorbildliche Haltung an den Tag.

Auch im übrigen Gaugebiet warf der Feind vereinzelt Spreng- und Brandbomben, wobei in einem Ort Verluste bei der Zivilbevölkerung und Schäden an Wohngebäuden zu verzeichnen sind.“

133

134

135

Kein Wort auch über die Erschießung von fünf „Plünderern“. Schon in den ersten Stunden nach dem Angriff hatte der Polizeipräsident über Lautsprecherwagen „Veröffentlichungen auch bezüglich der Todesstrafe bei Plünderung“ durchsagen lassen. Trotzdem – so der geheime Stimmungsbericht des Ansbacher Regierungspräsidenten – wurden „fünf Ausländer (1 Ungar, 2 Franzosen, 1 Pole, 1 Ukrainer), die sich an fremdem Gut vergriffen, ... zum Tode verurteilt und erschossen“.

20. 9. 1942
Sonntag
0.34 – 1.21 Uhr
„Fliegeralarm“ (Angriff auf München)

24. 10. 1942
Samstag
22.45 – 23.45 Uhr
„Fliegeralarm“

25. 10. 1942
Sonntag
1.20 – 2.05 Uhr
„Fliegeralarm“

21. 12. 1942
Montag
20.52 – 21.36 Uhr
„Fliegeralarm“ (Angriff auf München)

136

137

138

135) Das Gebiet zwischen Hauptbahnhof (oben links) und Luitpold-Arena (unten rechts) auf einem britischen Aufklärerbild vom 11. 9. 1942.

136) Trauerfeier für die Luftkriegstoten vom 28./29. August 1942 auf dem Südfriedhof (2. September 1942).

137) Weihnachtsmarkt auf dem Hans-Sachs-Platz, in Rußland tobte die Schlacht um Stalingrad (Dezember 1942).

138) Arbeiterdienstmaid bei der Straßenbahn (12. 9. 1942).

139

25./26. 2. 1943
Donnerstag/Freitag
22.52 bis 0.40 Uhr
„Fliegeralarm“ Zweiter Großangriff auf Nürnberg.
169 Lancaster, 104 Halifax, 64 Stirling waren zum Angriff auf Nürnberg eingesetzt. Die schlechten Wetterbedingungen – wolkenlos, kein Mondschein, über der Stadt leichter, über dem Land stärkerer Bodennebel mit Sichtweiten von ca. 3 Kilometern – verhinderten, daß die Pfadfinder ihre Markierungen rechtzeitig setzen konnten.

Schon um 22.17 und 22.32 Uhr wurde die örtliche Luftschutzleitung vom Warnkommando darüber informiert, daß eine größere Anzahl von Flugzeugen aus dem Rhein-Neckar Gebiet in Richtung Osten fliege. Um 22.41 Uhr hatten die ersten Maschinen Heilbronn am Neckar erreicht. Weitere Anflüge wurden aus Würzburg und Schweinfurt gemeldet. Da nun mit einem Angriff auf Nürnberg zu rechnen war, wurde um 22.48 Uhr für den internen Betrieb die Warnmeldung „Luftgefahr 15“ gegeben, schon 4 Minuten später heulten die Sirenen.

Kurz nach Mitternacht erreichten die ersten Maschinen Nürnberg. In der örtlichen Luftschutzleitung gingen die Meldungen der Beobachtungsstellen ein:
Motorengeräusch aus südwestlicher Richtung, Einsetzen des Flakfeuers, aus Nordwesten erneut Motorengeräusche, Flakfeuer im Süden der Stadt. Um 23.15 Uhr weitere Bomber aus Richtung Erlangen, die Flak im Norden begann zu feuern, Leuchtbomben über der Stadtmitte, Sprengbomben Richtung Johannis, rote Leuchtbomben am Flughafen, großer Feuerschein im Norden.
23.25 Uhr: Flugzeuge aus Westen und Osten, großer Feuerschein beim Bismarckschulhaus.
23.27 Uhr: starke Angriffe auf Erlangen, am Reichsparteitagsgelände Flugzeuge von Flakscheinwerfern erfaßt, Leuchtbomben Richtung Johannis und im Norden.
23.35 Uhr: 4 Brände in Johannis, Feuerschein Nähe Deutschherrnwiese und hinter der Burg.
23.40 Uhr: Bombenabwurf nördlich Erlangen, neue Flugzeuge aus Richtung Fürth im Anflug, Flakfeuer wird besser, Hauptangriffsschwerpunkt im Norden Nürnbergs. Bei Neumarkt ein Flugzeug abgeschossen, Abflüge nach Westen, Nachlassen des Flakfeuers und der Scheinwerfertätigkeit.
24.00 Uhr: Neuer Anflug aus Norden und Nordwesten, wieder Flakfeuer. 15 Brände sind gemeldet, 4 Flugzeuge im weiteren Umkreis abgeschossen, am Bahnhof Roth ein gefangener englischer Flieger.

0.15 Uhr: Ende des Angriffes. Die Flak hatte 4500 Schuß 8,8 cm-Munition und 1300 Schuß leichter Kaliber verschossen. 9 britische Bomber (2,7 Prozent der eingesetzten Maschinen) gingen verloren, davon stürzte je 1 Flugzeug bei Roth, Waller/Lkr. Hersbruck, Weißendorf und Tennenlohe ab. 4 Besatzungsmitglieder wurden gefangengenommen, 14 tot aufgefunden.

Nach Angaben der örtlichen Luftschutzleitung waren 7 Minenbomben gefallen (davon 3 Blindgänger), 36 schwere, 24 mittlere und 45 leichte Sprengbomben (darunter 14 Langzeitzünderbomben bzw. Blindgänger von denen 9 nach dem Angriff detonierten. Der erste am 26. Februar 1943 um 7.30 Uhr, der letzte am 27. Februar 1943 um 14.16 Uhr). Die Zahl der Brandbomben wurde vom örtlichen Luftschutzleiter auf ca. 10 000 Stabbrandbomben und ca. 3000 Phosphorbrandbomben (14 kg) geschätzt. Nach britischen Quellen waren es 340 Tonnen Spreng- und 369,6 Tonnen Brandbomben. Getroffen wurden bei dem Angriff nur die nördlichen und die nordwestlichen Stadtteile Nürnbergs, der größte Teil der Bomben fiel auf die Felder des Knoblauchlandes.

Getötet wurden 13 Zivilpersonen, 3 Wehrmachtsangehörige und ein russischer Kriegsgefangener, 16 Menschen wurden schwer, 58 leicht verletzt. In Nürnberg registrierte die NSV 914 Obdachlose.

Der Instandsetzungsdienst konnte aus zerstörten Luftschutzkellern in der Moosstraße, Loher Hauptstraße, Erlanger und Johannisstraße 28 Menschen lebend retten. Für 23 Personen kam die Hilfe zu spät. In Mannhof wurden 4, in Großgründlach 3 und in Boxdorf 8 Menschen tot geborgen. In den nördlichen Vororten Kraftshof (11 Wohnhäuser sowie 13 Scheunen mit Nebengebäuden und die historische Wehrkirche völlig abgebrannt), Almoshof, Lohe, Schnepfenreuth, Thon und Buch waren die Gebäude-, Glas- und Dachschäden beachtlich.

An Werkluftschutzbetrieben wurden beschädigt: Kugellagerfabrik Georg Müller, schwere Sprengbombenschäden (die volle Produktion wurde ab 20. März 1943 wieder aufgenommen), Brauhaus Nürnberg, Abteilung Fürth schwerer Brandschaden, bei der Metallwarenfabrik Ehrmann und der Hefefabrik Bast in Buch wurden mittlere Schäden verursacht, sechs andere Betriebe hatten lediglich leichte Schäden. Reichsbahnanlagen wurden nicht getroffen, bei der Post entstanden nur geringfügige Schäden im oberirdischen Ortsnetz. Die Stromversorgung war kaum gestört, lediglich in Wetzendorf wurde eine Trafosäule in Litfaßform vollkommen zerstört, verschiedene Hausanschlüsse wurden wegen Einsturzgefahr abmontiert.

140

141

142

139) Britischer „Stirling“-Bomber.
140) 141) Wehrkirche Kraftshof (18. 3. 1943).
142) Wetzendorfer Straße (26. 2. 1942).
143) Almoshof (26. 2. 1943).

143

144

145

144) Kraftshof (6. 3. 1943).
145) Blindgänger einer Markierungsbombe bei Großgründlach (27. 2. 1943).
146) 147) Schematische Darstellung der britischen Markierungstaktik.
148) Zeitungsinserat (1943).

Im Gaswerk entstand leichter Glasschaden, im Rohrnetz wurden 2 Haupt-, 11 Zuleitungsrohre und 3 Gaslaternen beschädigt. 40 Mann der Technischen Nothilfe begannen unmittelbar nach dem Angriff mit Wiederherstellungsarbeiten. Die Wasserversorgung blieb unversehrt. Das Straßenbahnwerk Johannis erhielt einen Bombenvolltreffer. Ein Mann kam ums Leben, 1 Waggon wurde total zerstört, 20 schwer und 30 leicht beschädigt.

Insgesamt gab es im LS-Ort 44 Groß-, 8 Mittel- und 10 Kleinfeuer. Der FE-Dienst setzte die 10 Nürnberger FE-Bereitschaften, 100 Mann Freiw. Feuerwehr, 24 Angehörige der HJ-Feuerwehr und 23 Löschgruppen der 15 km Löschhilfezone, ferner 2 Bereitschaften der LS-Abteilung (mot.) 22 aus Zirndorf ein. Diese waren geschlossen in der Bucher Straße, in Lohe und in Almoshof eingesetzt.

Bei einer 500 kg Sprengbombe konnte der für Nürnberg zuständige Oberfeuerwerker der Luftwaffe einen bislang unbekannten Langzeitzünder ausbauen und ihn zur weiteren Untersuchung nach Berlin schikken.

Der örtliche Luftschutzleiter war diesmal relativ zufrieden, besonders was den Einsatz des Selbstschutzes anging: „. . . Die dauernde Aufklärungsarbeit der Partei und die durch den Luftangriff vom 29. August 1942 von jedem Volksgenossen gewonnenen Erfahrungen haben dazu beigetragen, daß sich die Bevölkerung, insbesonders in den schwer betroffenen ländlichen Gebieten, diszipliniert und ruhig verhalten hat.

Plünderungen sind im Gegensatz zu dem Angriff am 29. August 1942, bei dem einige Ausländer der Plünderung überführt wurden, nicht vorgekommen. Beigetragen dürfte dazu haben, daß in allen öffentlichen Luftschutzräumen und Schutzräumen der Wohngebäude Plakate aufgehängt sind, in dem die Bevölkerung darauf aufmerksam gemacht wird, daß wer plündert, mit dem Tode bestraft wird.

Abschließend ist festzustellen, daß sich die Organisation des Luftschutzes auch bei diesem Angriff gut bewährt hat und daß alle Schäden von sämtlichen im LS-Ort einschlägigen Stellen schnell und erfolgreich bekämpft wurden . . .“

26. 2. 1943
Freitag
12.42 – 14.16 Uhr
„Öffentliche Luftwarnung“

2. 3. 1943
Dienstag
12.07 – 12.27 Uhr
„Öffentliche Luftwarnung“

8./9. 3. 1943
Montag/Dienstag
22.45 – 1.00 Uhr
„Fliegeralarm“, Großangriff auf Nürnberg.

In dieser Nacht setzte die Royal Air Force 335 Bomber ein: 170 Lancaster, 103 Halifax und 62 Stirling. Da Nürnberg außerhalb der Reichweite des relativ genauen „Oboe“-Funknavigationssystems lag, mußten die Pfadfinder das Ziel mit dem H_2S-Radargerät und mit optischer Hilfe suchen und markieren. Die mondlose Nacht erschwerte dies. Obwohl der Himmel über Nürnberg wolkenlos war, betrug die Sichtweite am Boden nur 500 Meter. Dadurch bedingt fiel fast die Hälfte der Zielmarkierungen und Bomben außerhalb des Stadtgebietes.

Erste Luftlagemeldungen über den Einflug feindlicher Bomber aus dem Raum Pforzheim-Mannheim erhielt die örtliche Luftschutzleitung um 21.55 und 22.15 Uhr vom LS-Warnkommando im Hirsvogelbunker. Daraufhin wurden um 22.05 Uhr die Verdunklungserleichterungen für die Reichsbahn und die kriegswichtigen Betriebe aufgehoben. Um 22.55 Uhr traf die Meldung ein, daß feindliche Flugzeuge mit Flugrichtung Osten nördlich und südlich von Ansbach festgestellt worden seien. Zu dieser Zeit meldeten die Beobachtungsstellen Flugzeuggeräusche aus Richtung Stein.

146

147

Taktische Zeichen eines britischen Terrorangriffs:

A) Fallschirmleuchtbombe zum Aufhellen des Zielraumes; B) Fallschirmleuchtbombe mit Leuchttraube als Markierungszeichen, z. B. für einen Wendepunkt auf dem Flugweg des Bomberstromes; C) Leuchttraube aus langsam fallenden Leuchtstäben (einfarbig rot, grün, gelb oder gemischte Farben) als Luftmarkierung über dem Zielraum; D) Bodenmarkierung des Zieles, bestehend aus am Boden abbrennenden Leuchtstäben (einfarbig oder gemischte Farben).

Links: Nächtlicher britischer Luftangriff mit Zielmarkierung durch Leuchttrauben und dazugehörigen Bodenmarkierungen, z. B. Luftmarkierung: rot, Bodenmarkierung: grün. Der Raum innerhalb der Markierungen gilt als Zielraum.

Nach Fliegerangriffen

keine Privatgespräche am Fernsprecher, damit luftschutzwichtige Gespräche durchkommen!

148

149

150

151

152

153

154

149) Dürer-Haus (16. 3. 1943).
150) Johannistraße (15. 3. 1943).
151) Mauthalle (9. 3. 1943).
152) Maffeiplatz (10. 3. 1943).
153) Reste der Herkules-Arena, dahinter Reichsbahndirektion und Verkehrsmuseum (15. 3. 1943).
154) Königstraße (15. 3. 1943).

Um 23.00 Uhr überflogen zwei Flugzeuge den südlichen und eines den nördlichen Teil von Nürnberg. Sofort setzte schwache Scheinwerfertätigkeit ein, um 23.02 Uhr war eine Maschine in südwestlicher Richtung von den Scheinwerfern erfaßt, eine Minute später eröffnete die Flak das Feuer. Um 23.14 Uhr gingen über Steinbühl die ersten Leuchtbomben nieder, eine Minute später hatten die Scheinwerfer wieder einen Bomber aufgefaßt. Fast gleichzeitig wurden grüne und rote Markierungsbomben in Traubenform gesichtet.

Ab 23.20 Uhr meldeten die Turmbeobachter fast pausenlos Bombeneinschläge, Rauchentwicklung und Feuerschein. Die Angriffshöhe der Briten schätzten sie auf 2000 bis 5000 Meter. Zu Beginn des Angriffes fielen die Bomben fast ausschließlich in der südlichen Altstadt und am Hauptbahnhof. Gegen 23.40 Uhr flogen eine zweite und eine dritte Welle an, ihre Bomben richteten in der Südstadt schwere Schäden an. Schon um 23.57 Uhr meldeten die Luftschutzkräfte: „Im Süden der Stadt mindestens 10 Großbrände."

Die vierte Welle griff vor allem das nördliche Stadtgebiet an.

Ein Bomber stürzte um 0.17 Uhr über der Altstadt ab, die Trümmer fielen gegenüber dem Opernhaus in den Stadtgraben, weitere Teile wurden in der Plobenhofstraße bei der Museumsbrücke gefunden. 13 Minuten später schlug in Fürth an der Ecke Georgen-/Wiesenstraße eine zweite Maschine auf. Die 14 Mann Besatzung der beiden Bomber – vermutlich waren diese noch in der Luft explodiert – kamen ums Leben.

Die Flak gab an, bei dem Angriff rund 700 Schuß leichter und 8000 Schuß schwerer Munition verschossen zu haben. Insgesamt verlor die RAF bei dem Einsatz 8 Flugzeuge, davon 4 im Raum Nürnberg. Das waren 2,4 Prozent der eingesetzten Bomber.

Auf Nürnberg fielen 6 Minenbomben, 484 Sprengbomben, ca. 43 000 Stabbrandbomben und 5000 Phosphorbrandbomben 14 kg, so die Schätzung des örtlichen Luftschutzleiters.

Nach britischen Angaben waren es 358,6 Tonnen Spreng- und 412 Tonnen Brandbomben.

Auch bei diesem Angriff waren wieder Langzeitzünderbomben abgeworfen worden. Die erste von ihnen explodierte am 9. März 1943 um 4.15 Uhr, die letzte erst am 15. März 1943 – eine Woche nach ihrem Abwurf.

Sieben Männer der Technischen Nothilfe wurden beim

155

156

155) Ausbesserungswerk Rangierbahnhof, Güterwagenabteilung (9. 3. 1943).
156) Marientunnel (9. 3. 1943).
157) Ausbesserungswerk Rangierbahnhof, Motoreninstandsetzung (9. 3. 1943).
158) Stellwerk 12 im Hauptbahnhof (9. 3. 1943).

Freilegen einer Rohrleitung in der Pillenreuther Straße (damalige Horst-Wessel-Straße) von einer solchen Langzeitzünderbombe getötet, drei ihrer Kameraden schwer und fünf leicht verletzt. Anscheinend hatten sie die Einschlagröhre des Blindgängers nicht bemerkt.

Auch bei späteren Angriffen kamen durch britische Zeitzünderbomben noch zahlreiche Menschen um.

Die sechs größten Schadenstellen entstanden am Maffeiplatz, in der Krelingstraße, Johannisstraße und am Kirchenweg. In Fürth gab es die schwersten Verwüstungen in der Amalien- und in der Alexanderstraße.

Insgesamt wurden bei dem Angriff 343 Menschen getötet, darunter 151 Zivilpersonen, 121 ausländische Zivilarbeiter, 34 Soldaten (unter ihnen 4 Luftwaffenhelfer) und 28 Kriegsgefangene. Der Sanitätsdienst behandelte 143 Schwer- und 616 Leichtverletzte. Zirka 12 000 Personen meldeten sich in Nürnberg, zirka 1000 in Fürth obdachlos.

Der Instandsetzungsdienst rettete an 23 Schadenstellen 93

157

158

Menschen lebend aus ihren verschütteten Kellern. Eine Person wurde in der Fürther Amalienstraße erst nach 21 Stunden gerettet – als einzige aus diesem Keller. Der letzte Tote konnte dort erst 9 Tage nach dem Angriff ausgegraben werden. Auch für 113 weitere Menschen kam die Hilfe zu spät.

Im gesamten Luftschutzort Nürnberg-Fürth entstanden 2256 Brände, davon 171 Großfeuer und 339 mittlere Brände. Zu ihrer Bekämpfung waren am 9. März 1943 274 Löschgruppen eingesetzt, darunter die Feuerwehren der 15-km-Zone, das Feuerschutzpolizei-Regiment 3 und Löschgruppen der LS-Abteilungen (mot.) 22 aus Zirndorf und (mot.) 25 aus Weinheim/Bergstraße. Im Verlauf des 9. März 1943 trafen dann auch noch 26 weitere Löschgruppen aus Leipzig, Dresden und Chemnitz in Nürnberg ein, am 10. März 1943 auch Kräfte des B.d.O. Prag.

Bis zum Mittag des 9. März 1943 waren alle Feuer soweit gelöscht, daß für die Umgebung keine Gefahr mehr bestand.

Die Reichsbahn registrierte erhebliche Schäden, besonders an den Fahrleitungen. Aber schon am 9. März 1943 konnte der Betrieb teilweise, am 10. März 1943 auf allen Strecken zunächst mit Dampflokomotiven wieder aufgenommen werden.

Der Marientunnel war von einer Sprengbombe voll getroffen worden, sie hatte ein Loch von 14 Metern Durchmesser gerissen. Durch Brand wurden auf dem Rangierbahnhof 204 Güterwagen vernichtet.

Die Post meldete mittlere Schäden, im Ortsnetz waren 2300 Anschlüsse gestört, die Fernkabel nach Wien und Neumarkt durch Volltreffer zerstört.

Auch die Industriebetriebe waren schwer getroffen worden. Im Siemens Trafowerk an der Katzwanger Straße schlug ein Brandbombenteppich durch das Dach der großen mehrschiffigen Werkhalle. Unglücklicherweise wurden die Ölvorräte getroffen und gingen in Flammen auf. Bei dem Brand konnte zwar die Ölkocherei, der wichtigste Werksteil, gerettet werden, doch die Hallen brannten nieder. Der Produktionsausfall betrug mehr als 70 Prozent, drei Viertel der Produktionsfläche des Trafowerks waren zerstört. Erst ein Jahr später war die neue Westhalle soweit fertiggestellt, daß im Trafowerk weitergearbeitet werden konnte. In der Zwischenzeit war ein Großteil der Fertigung ausgelagert worden.

Auch das MAN-Werk war von vielen Brandbomben getroffen worden, doch konnte dort der Werkluftschutz die Brände rasch eindämmen. Am 27. März 1943 betrug der Produktionsausfall noch 22 Prozent, kurze Zeit später wurde wieder voll gearbeitet. Besonders schwer war aber das MAN-Ostarbeiterlager an der Vogelweiherstraße getroffen worden. In ihren Baracken waren 110 „Ostarbeiter" durch Spreng- und Brandbomben getötet worden, das Lager brannte völlig nieder.

Die Stromversorgung funktionierte bereits am 9. März 1943, 13.00 Uhr wieder, die Gasversorgung allerdings erst wieder ab 20. März 1943.

Sprengbomben hatten die Kohlenbeschickungsanlage der Öfen zerstört. Der große Gasbehälter wurde von mehreren Brandbomben getroffen und glatt durchgeschlagen. Ab 16. März 1943 wurde wieder mit verminderter Kraft gearbeitet, vier Tage später wieder voll.

Im Wasserrohrnetz waren 9 Hauptrohre und 61 kleinere Leitungen unterbrochen worden.

Nürnbergs Straßenbahn konnte erst am 11. März 1943 auf 80 Prozent des Streckennetzes den Betrieb wieder aufnehmen. Straßenbahner aus München, Augsburg, Stuttgart, Dresden und Leipzig hatten bei den Instandsetzungsarbeiten geholfen. Durch den Angriff waren 55 Wagen beschädigt worden, davon 3 schwer. Zusammen mit den 54 Ausfällen vom 26. Februar 1943 bedeutete dies einen empfindlichen Schlag. Außerdem wurden 4 Omnibusse und 2 Busanhänger zerstört.

Zum Schutz der Altstadt waren 260 Mann Wehrmachthilfskommandos abgestellt worden. In der Sebalduskirche beseitigten die Soldaten eine Phosphorbrandbombe, in der Frauenkirche löschte sie eine Stabbrandbombe. Auch im Germanischen Nationalmuseum konnten 25 Brandbomben noch rechtzeitig unschädlich gemacht werden. Der Kulissenbau des Schauspielhauses war aber nicht mehr zu retten, weder von den Soldaten, noch später von der Feuerschutzpolizei. Ein anderes Wehrmachthilfskommando mit

159

160

36 Mann versuchte seit 23.45 Uhr die Mauthalle zu retten. Zunächst schien es, als hätten Soldaten und Selbstschutzkräfte die Brände im Griff, doch dann geriet ein Feuer im Westflügel außer Kontrolle. Begünstigt wurde die Ausdehnung des Brandes durch den Zusammenbruch des Wasserdrucks im Rohrnetz.

In der Kaiserburg entstanden Schäden an Türen und Fenstern, eine Sprengbombe durchschlug den Tunnel am Tiergärtner-Tor, Wehrgang und Torhaus stürzten ein. Das Altersheim am Kettensteg, der Wehrgang über dem Neutor, das Herkulesvelodrom und das Kornhaus zwischen Frauengasse und Kohlengasse brannten nieder. Im Nassauer-Haus, in der Lorenz- und Marienkirche konnte durch entschlossenes Zugreifen Schlimmeres verhindert werden.

Schäden gab es auch in der Frauenklinik und im städtischen Krankenhaus, in der Klinik Hallerwiese und dem Cnopf'schen Kinderspital sowie den Hilfskrankenhäusern Alter Tiergarten, Bauleitung Deutsches Stadion, Kolleg und Hallerwiese.

Den Zustrom von Neugierigen nach Nürnberg und Fürth verhinderte die Reichsbahndirektion für die erste Woche nach dem Angriff und den darauf folgenden Samstag und Sonntag durch eine Verkehrssperre innerhalb einer 50 km Zone um Nürnberg.

Der Erfahrungsbericht des örtlichen Luftschutzleiters klang zwar noch immer sehr positiv, an manchen Stellen machte sich aber auch Kritik bemerkbar: „Der Grundsatz, daß die Produktion von Rüstungsgütern wichtiger ist, als alles andere, verliert seine Berechtigung, wenn durch die Luftangriffe Millionen-Werte – insbesondere Produktionsstätten der Industrie – durch Feuer zerstört werden, die bei einer Vervollkommnung des Feuerlöschwesens hätten gerettet werden können." Auch klagte Kuschow über den veralteten Kraftfahrzeugbestand der LS-Polizei. Aus Sachsen herangezogene Einheiten der Feuerschutzpolizei waren während des Marsches nicht verpflegt worden und hatten auch keinen Mundvorrat bei sich. Da in Nürnberg mehrere große Lebensmittellager getroffen waren, verzögerte sich die Ausgabe von Verpflegung. Auch bei der Unterbringung auswärtiger Hilfskräfte gab es Probleme, da diese zum größten Teil keine Decken dabei hatten.

Große Verluste wurden bei Gerät und Ausrüstung registriert: u.a. verschwanden 100 B- und 100 C-Schläuche, 350 Strohsäcke, 1200 Gasplanen und 1000 Scheuertücher.

Reibungslos vonstatten gingen die Obdachlosenbetreuung und die Möbelbergung. Dies war Aufgabe von NSDAP und Stadtverwaltung.

Erstmals klagte der örtliche Luftschutzleiter über Probleme mit der Löschwasserversorgung aus dem Leitungsnetz. Durch die zahlreichen Treffer war der Druck stark zurückgegangen, besonders Selbstschutz und erweiterter Selbstschutz konnten

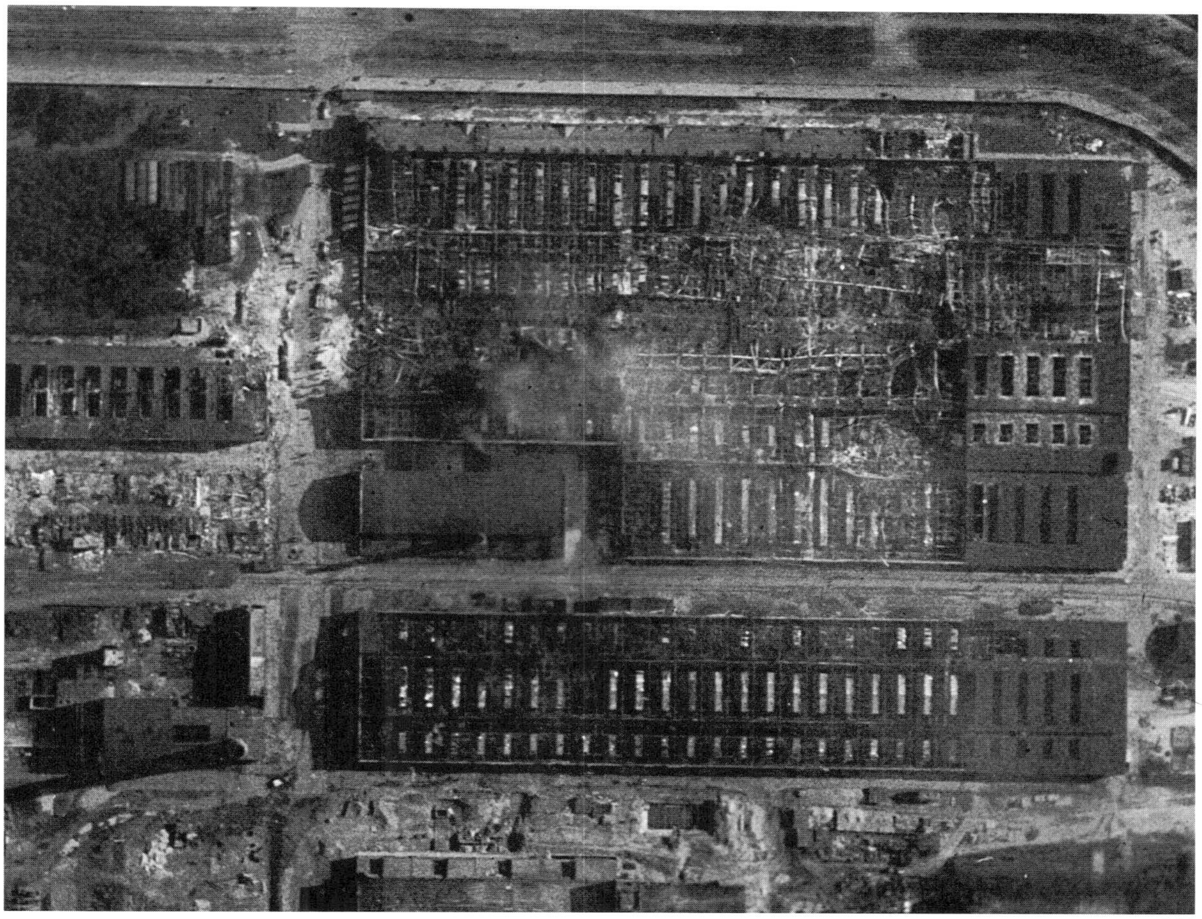

161

159) Krelingstraße 40 (15. 3. 1942).
160) Wehrmachtshilfskommando in der Moosstraße (9. 3. 1943).
161) Britisches Aufklärerbild des Siemens-Trafowerks (9. 3. 1943).
162) Oberleitungsreparatur in der Johannisstraße (März 1943).

162

Dem Terrorangriff britischer Flieger gegen Wohstätten unserer Stadt Nürnberg fielen in der Nacht vom 8. zum 9. März 1943 - soweit bisjetzt festgestellt - zum Opfer:

Ahrens Johannes	Gallermeyer Aax	Neumann Helmut
Amelsbichler Franz	Graser Karolie	Ostländer Arno
Amschler August	Gröger Anna	Pauletti Jolante
Arpino Josefine	Grünbaum Luse Bab.	Philipp Rudolf
Aures Leonhard	Grünbaum Henrich	Philipp Fanny
Bayer Margarete	Grünbaum Lote Elisabeth	Pöhlmann Lorenz
Bayer Hans Andr.	Grünewald Diris	Pöhlmann Wally
Bayer Gertrud	Hasenstein Ervin	Pöhlmann Liselotte
Bayer Anneliese	Heidemann Fanziska	Preisinger Käthe
Bayer Rita Maria	Herbst Christine	Preisinger Konrad
Bayer Paul	Herling Walter	Preisinger Johanna
Bechert Johann	Herold Hilde	Pröbster Wilhelmine
Beier Helga	Höfler Marie	Pröbster Horst
Benker Justine	Hoffmeister Werner	Raab Kurt
Bergholz Heinz	Horndasch Johanna	Rhau Konrad
Bergholz Anni	Horndasch Klaus	Richter Jean
Bickel Johann	Horndasch Ursula	Ringelstetter Georg
Bittner Hans	Huber Adelheid	Ringelstetter Margarete
Bohlender Wilhelm	Huber Luise	Scheh Martin
Bosch Fritz	Hummel Emmi	Scheh Hedwig
Bösl Ria	Joier Benedikt	Schmidbauer Hans
Buck Johann	Juhre Rudolf	Schmidt Heinrich
Buck Marie	Kattler Alois	Schmidtkamp Peter
Büteführ Horst	Kirnberger Otto	Schüchner Karl
Dannowski Marie Luise	Klausecker Marie	Schüchner Elfriede
Deeg Leonhard	König Charlotte	Schüchner Karl (Kind)
Dierauff Rosa	Körzel Willy	Schultheiß Walburga
Diller Grete	Kosin Max	Schwab Lorenz
Dilling Anna Marie	Kühhorn Nikolaus	Schwarz Richard
Edinge Hans-Fritz	Lauerhaß Georg	Seitz Karl
Eiles Regina	Leidig Babette	Seitz Marie
Endrich Arthur	Luber Katharina	Seubert Franz
Engelhardt Betty	Lutz Friedrich	Seubert Stefanie
Engelhardt Johann	Macher Karl	Stauffer Georg
Engelhardt Johann	Macher Elise	Stegbauer Alois
Esser Jakob	Menschel Paul	Steinbrückner Frieda
Eymott Georg	Merkl Franz	Sturm Babette
Fehn Marie	Messingschlager Hans	Tröger Friedrich
Fehn Else	Messingschlager Inge	Walter Josef
Feyerer Christian	Meyer Andreas	Weid Johann
Feyerer Ulrike	Meyer Henriette	Weiher Hans
Fleischmann Michael	Meyer Wilhelm	Weiß Karl
Franke Fritz	Möller Karl	Winter Hans
Franke Johanna	Moritz Anton	Wünsch Wilhelm
Fürst Michael	Müller Fritz	Wünsch Eugenie
Gall Martin	Neufeld Stefan	Zimmermann Ernst

Auch sie sind für Großdeutschland und für die Freiheit unseres Volkes gefallen. Das Gedenken an ihr Opfer wird ewig in uns fortleben. Den Hinterbliebenen aber wendet sich unsere Teilnahme, unsere Sorge und Liebe zu.

Nürnberg, Stadt der Reichsparteitage, am 12. März 1943

Der Oberbürgermeister: *Liebel*

Der Kreisleiter: I. V.: *Reich*

163

163) Offizielle Traueranzeige (13. 3. 1943).

164) Bunker Leyher Straße. In der Nacht vom 10. auf 11. 8. 1943 drängten sich mehr als 4000 Menschen, darunter 1500 Ukrainerinnen aus einem nahegelegenen Lager in den für maximal 1600 Personen gebauten Bunker.

ihren Löschauftrag nicht immer erfüllen.

Positiv registrierte Kuschow „. . . daß die Bergung Verschütteter in der Nacht vom 8. zum 9. März 1943 und an den folgenden Tagen von allen Beteiligten unter Ausnutzung der früheren Erfahrungen mit Umsicht, Energie und Zähigkeit mustergültig durchgeführt worden ist." Das besondere Engagement Kuschows für die Bergung Verschütteter war während des ganzen Krieges mustergültig. Die Arbeiten wurden nicht eher eingestellt bis wenigstens die kleinsten Reste der Umgekommenen gefunden waren. Dies war ungeheuer wichtig für die Moral der Bevölkerung, konnte sie doch sicher sein, daß an allen Schadensstellen bis zuletzt nach den Opfern gesucht wurde, ein Umstand, dem viele Nürnberger ihr Leben verdankten.

Am 15. März 1943 wurden die vom örtlichen Luftschutzleiter geleiteten Notstandsmaßnahmen beendet.

9./10. 3. 1943
Dienstag/Mittwoch
23.46 – 0.45 Uhr
„Fliegeralarm"

10. 3. 1943
Mittwoch
12.15 – 13.00 Uhr
„Öffentliche Luftwarnung"

11. 3. 1943
Donnerstag
12.35 – 13.50 Uhr
„Öffentliche Luftwarnung"

18. 3. 1943
Donnerstag
12.38 – 12.40 Uhr
„Öffentliche Luftwarnung"

14. 4. 1943
Mittwoch
13.05 – 14.45 Uhr
„Öffentliche Luftwarnung"
15.50 – 16.05 Uhr
„Öffentliche Luftwarnung"

17. 4. 1943
Samstag
0.32 – 3.33 Uhr
„Fliegeralarm". Bombenabwurf auf Nürnberg.

327 Bomber der Royal Air Force griffen die Skoda-Werke in Pilsen an. Auf Nürnberg fielen in dieser Nacht 5 Sprengbomben. Sie wurden wohl im Notwurf von einem über der Stadt abgeschossenen Bomber ausgeklinkt. Die Maschine stürzte in den Dutzendteich, über das Schicksal ihrer Besatzung ist nichts bekannt. In Nürnberg starben zwei Frauen und ein Mann „an Herzschlag", ein Mann wurde durch Flaksplitter leicht verletzt. Die Bahnstrecke Nürnberg–Treuchtlingen war am 17. April 1943 zwischen Nürnberg und Eibach nur eingleisig, ab 16.40 Uhr wieder zweigleisig befahrbar.

14. 5. 1943
Freitag
2.00 – 2.35 Uhr
„Fliegeralarm"
(Angriff auf Skoda in Pilsen)

15. 5. 1943
Samstag
12.45 – 14.30 Uhr
„Öffentliche Luftwarnung"

21. 6. 1943
Montag
12.00 – 12.38 Uhr
„Öffentliche Luftwarnung"

164

165

NUREMBERG
K1501
Neg. Nº 21017
1
2
3
4
5
6
7
8
9
10
11
12
13
14
15
16
17
18
19
20
21
22
23
24

166

167

168

165) Britisches Aufklärerbild des Gebietes zwischen MAN (unten) und Ausbesserungswerk Rangierbahnhof (oben rechts) mit eingezeichneten Schäden des Angriffs vom 8./9. 3. 1943. (10. 3. 1943).
166) Britisches Aufklärerbild des Gebietes zwischen Siemens-Trafowerk (oben links) und Gaswerk (unten rechts) mit eingezeichneten Schäden des Angriffs vom 8./9. 3. 1943 (24. 3. 1943).
167) Bau eines Notdachs für die Mauthalle (Mai 1943).
168) Marientunnel (Ende März 1943).

Was lehrt uns der Terrorangriff auf München?

An allen Fronten wird die Entscheidungsschlacht dieses Krieges geschlagen, auch an der Front des Luftkrieges. **Der Luftangriff auf München hat bewiesen, daß unsere Feinde versuchen, unter Anwendung brutalster Mittel die wehrlose Bevölkerung zu terrorisieren. Vor allem hat dieser Angriff gezeigt, daß der Gegner auch am Tage neben Sprengbomben massenhaft Brandbomben abwirft.**

Es ist daher eine sofortige und neuerliche Ueberprüfung aller getroffenen Luftfchutzmaßnahmen erforderlich.

Im einzelnen wird hierzu Folgendes herausgestellt:

1. Die Führer des Selbstschutzes und die Selbstschutzkräfte dürfen ihre Luftschutzgemeinschaften und den Luftfchutzort nur verlassen, wenn sie dazu die Genehmigung gemäß der Polizeianordnung über die Sicherstellung der Luftschutzbereitschaft vom 30. November 1943 haben.

2. Führer der Luftschutzgemeinschaft ist der Luftschutzwart. Seinen Anordnungen ist unbedingt Folge zu leisten.

3. Die Löschgeräte, d. s. **Luftschutzhandspritzen, Einreißhaken,** Feuerpatschen usw. sind einsatzbereit zu halten. Jeder Luftschutzwart muß mit seiner Selbstschutzkräften die Handhabung der Luftschutzhandspritzen nochmals üben und sämtliche vorhandenen Luftschutzhandspritzen **erneut auf ihre Brauchbarkeit erproben.**

4. Die Löschmittel des Selbstschutzes, Wasser und Sand, müssen noch weiter vermehrt werden. Alle Gefäße der Haushaltungen, Badewannen, Bottiche. Wannen und große Töpfe müssen dauernd, nicht bloß für die Nachtzeit, mit Wasser gefüllt bereitstehen.

   Helft alle beim Bau von Klein-Flachteichen im Wege der Selbsthilfe mit!

5. Wasser und Sand müssen auch in den **Luftschutzräumen** und an den Ausgängen von Kellern in ausreichender Menge bereit stehen. Im Luftschutzraum ist nicht nur Löschwasser, sondern auch **Wasser zum Tränken von Decken und Trinkwasser** für einige Tage nötig.

6. **Die Treppen in den Häusern sind freizuhalten.** In den Wohnräumen, besonders der obersten Stockwerke, müssen **brennbare Gegenstände** möglichst **entfernt** werden. Das gilt vor allem für Vorhänge und Teppiche sowie Polstermöbel.

   Das Dachgeschoß muß gänzlich entrümpelt sein.

7. Die Luftschutzräume sind so herzurichten, daß sie auch für längeren Aufenthalt geeignet sind. Mauerdurchbrüche dürfen bei Fliegerangriffen erst geöffnet werden, wenn für die Luftschutzraum-Insassen unmittelbare Gefahr besteht und das Verlassen der Luftschutzräume auf anderem Weg nicht mehr möglich ist.

   Das Befreiungsgerät ist griffbereit neben dem Brandmauerdurchbruch aufzustellen.

8. Im Brandfalle müssen alle Kräfte an den Löscharbeiten mithelfen. **Zuerst löschen, dann bergen!**
   Die Luftschutzwarte haben laufend ihre Selbstschutzkräfte zu **Kontrollgängen** anzuhalten. Sie sind als Führer der Luftschutzgemeinschaften Vorkämpfer ihrer Gefolgschaft. Sie müssen mit gutem Beispiel vorangehen. **Es kommt alles darauf an, daß Brandbomben sofort nach dem Einschlag bekämpft werden.**

9. **Ueberprüft Euer Luftschutzgepäck und stellt es bereit!**
   Im Luftschutzgepäck ist der notwendigste Lebensbedarf für einige Tage unterzubringen, ferner Ausweis und Wertpapiere, Lebensmittelkarten usw.

   Im übrigen sind Wäsche und Kleider, die nicht täglich benötigt werden, außerhalb sicherzustellen.

10. In den Luftschutzraum sind Gasmasken und **Mundtücher** bei jedem Fliegeralarm mitzunehmen, **Mäntel und Decken,** die im Gefahrenfalle mit Wasser getränkt werden können, sind im Schutzraum bereitzuhalten. **Besonders notwendig sind Schutzbrillen zum Schutze der Augen gegen Rauch und Staub.**

169

11. **Haltet bei Fliegeralarm größte Luftschutzdisziplin!**

    Vor allem sind **auch bei Tagesalarm** die Luftschutzräume **unverzüglich aufzusuchen.**

    Um den letzten Volksgenossen von Vorstehendem zu unterrichten, finden am

    Sonntag, dem 16. Juli 1943, 21 Uhr

    in sämtlichen Luftschutzgemeinschaften Appelle statt.

12. Vor allem wende ich mich unter Hinweis auf den Terrorangriff in München an die Eltern der fränkischen Kinder und besonders an die Mütter. Der Gegner kann als nächste Stadt Nürnberg in der gleichen Weise überfallen. In München sind wiederum eine Anzahl Kinder getötet worden. Die meisten Eltern dieser Kinder leben noch. **Sie müssen sich ihr ganzes Leben hindurch den Vorwurf machen, daß sie schuld sind an dem Tod ihres Kindes oder ihrer Kinder.** Sie hätten die Kinder verschicken konnen. Die NSV. oder die Hitler-Jugend hätten diese Kinder auf dem Lande aufgenommen. Nach dem Luftangriff hätten die Eltern zu ihren Kindern eilen können und wenn sie schon Hab und Gut verloren haben, so könnten sie wenigstens das Teuerste, was sie besitzen, ihre Kinder, in die Arme schließen. Liebe Eltern! Hab und Gut kann wieder ersetzt werden. **Niemals aber werdet Ihr Eure Kinder aus den Gräbern holen können. Diese werden für Euch eine ewige Anklage sein.**

    Eine Mutter also, oder ein Vater, die ihre Kinder der Todesgefahr aussetzen, oder der Verstümmelung, handeln **pflichtvergessen und verantwortungslos.** Es ist kein Beweis von Liebe, wenn die Kinder dem Feuertod, dem Erstickungstod oder furchtbaren Verwundungen ausgesetzt werden. Nur dann beweisen Mütter und Väter ihre Liebe zu Kindern,

    wenn sie diese in Sicherheit bringen.

Darum fordere ich noch einmal alle Eltern in Nürnberg und Fürth auf, die Meldebogen auszufüllen, die sie vor kurzem durch die Post erhalten haben und ihre Kinder entweder durch die NSV in Heime oder Quartiere oder durch die Hitler-Jugend in KLV.-Lager auf das Land verschicken zu lassen.

Heil Hitler!

Karl Holz

Reichsverteidigungskommissar

0921

170

10./11. 8. 1943
Dienstag/Mittwoch
0.48 – 2.35 Uhr
„Fliegeralarm“.
Großangriff auf Nürnberg.
653 britische Bomber – 318 Lancaster, 216 Halifax und 119 Stirling mit insgesamt 878,8 Tonnen Spreng- und 861,9 Tonnen Brandbomben an Bord – waren zum Angriff auf die „Stadt der Reichsparteitage“ gestartet. Das Ziel der Flugzeuge blieb dem deutschen Flugmeldedienst vorerst verborgen. Nach den Luftlagemeldungen der LS-Warnzentrale war zunächst nicht mit einem Angriff auf Nürnberg zu rechnen. Ohne große Sorge wurde um 0.38 Uhr die Warnmeldung „Luftgefahr 15“ über Draht an die angeschlossenen Dienststellen und Betriebe gegeben. Dies bedeutete dort u.a. Aufhebung der Verdunklungserleichterung. Lampen und Scheinwerfer in den großen Werken wurden abgeschaltet, Tore geschlossen.

171

172

169) Merkblatt der NSDAP für die Bevölkerung (Juli 1943).
170) Britischer „Lancaster“-Bomber.
171) Wöhrd (Sommer 1943).
172) Obere Zwingergasse, Wöhrd (12. 8. 1943).

173

174

175

176

173) Wollengasse, Wöhrd (12. 8. 1943).
174) Wollentorstraße, Wöhrd (12. 8. 1943).
175) Lorenzkirche (August 1943).
176) 177) Lorenzkirche

Zehn Minuten später, um 0.48 Uhr, heulten alle 130 Sirenen des Luftschutzortes: „Fliegeralarm". Daß der Angriff Nürnberg galt, wurde erst um 0.54 Uhr erkannt, als die ersten Flugzeuge über dem nordwestlichen Stadtgebiet erschienen und Leuchtbomben abwarfen. Im gleichen Augenblick begann die Flak zu feuern. Die britischen Pfadfinder hatten zunächst Schwierigkeiten, den Zielpunkt mit Markierungsbomben zu kennzeichnen, da über Nürnberg eine nur leicht aufgerissene Wolkendecke lag.

0.54 Uhr, nur sechs Minuten nach dem „Fliegeralarm" (er wurde im Normalfall bei „Luftgefahr 10" ausgelöst), fielen die ersten Bomben auf die Lorenzkirche und das Grand-Hotel. Weitere britische Anflüge wurden um 1.11 Uhr, 1.35 Uhr und um 1.51 Uhr registriert. Die Flak stellte das Feuer um 2.03 Uhr ein, 2.13 Uhr kam die Meldung „Angriff momentan vorbei", um 2.35 Uhr wurde das Sirenensignal „Entwarnung" ausgelöst.

Die Engländer verloren bei dem Einsatz 7 Halifax, 6 Lancaster und 3 Stirling – 2,5 Prozent ihrer eingesetzten Maschinen.

Die Schwerpunkte der Einschläge lagen im Norden Nürnbergs und besonders in Wöhrd.

Der örtliche Luftschutzleiter registrierte nach dem Angriff 12 Minenbomben, 298 schwere sowie 318 mittlere und 55 leichte Sprengbomben, ferner 71 000 Stabbrandbomben, 26 Leuchtbomben, 21 Markierungsbomben und 45 Blindgänger, darunter wieder Langzeitzünderbomben, eine davon tötete im Anwesen Mohrengasse 1 vier Männer. Sie explodierte gegen 12.00 Uhr, also 10 Stunden nach dem Angriff. Im Stadtpark tötete eine andere Langzeitzünderbombe ebenfalls gegen Mittag des 11. August 1943 insgesamt 32 Menschen. Das letzte Opfer starb am 4. September 1943 an den Folgen dieser Explosion.

Die Zahl der Brände in Nürnberg wurde in einem Bericht an den Chef der Ordnungspolizei auf 146 Groß-, ca. 500 Mittel- und 800 bis 900 Kleinbrände geschätzt. Die meisten Toten und die schwersten Sachschäden gab es in Wöhrd, dieser Stadtteil wurde fast völlig dem Erdboden gleichgemacht. Dazu aus dem Bericht des örtlichen Luftschutzleiters vom 6. September 1943: „. . . Die meisten Verluste sind im Stadtteil Wöhrd dadurch entstanden, daß neben einer sehr großen Anzahl von Brandbomben viele Sprengbomben abgeworfen worden sind, durch die die Wohngebäude zum Einsturz gebracht wurden. In den meisten Fällen wurden die Gefallenen aus den Schutzräumen der Kellergeschosse geborgen, die völlig mit den Einsturzmassen ausgegossen waren. Vereinzelt ließ jedoch der Befund an den Schadenstellen die Annahme zu, daß die Gefallenen zu lange im Schutzraum verblieben sind und infolge Rauchvergiftung und Sauerstoffmangel den Tod fanden. Es haben sich hier die in anderen Luftschutzorten gemachten Erfahrungen bestätigt, daß die Angehörigen etwaiger vom Feuer bedrohter Luftschutzgemeinschaften gegebenenfalls noch während des Angriffes von den

177

178

179

180

181

182

183

178) Kirche St. Jobst (26. 8. 1943).
179) Winklerstraße 24 (24. 8. 1943).
180) Jakobstor (12. 8. 1943).
181) Nachlöscharbeiten in der Fürther Straße (12. 8. 1943).
182) Leichenbergung aus einem zerstörten Keller (August 1943).
183) Luftkriegstote (August 1943).
184) Oberleitungsreparatur am Hauptbahnhof (12. 8. 1943).

184

Führern im Selbstschutz aus der Gefahrenzone hinausgeführt werden müssen. ..." Bewährt hatte sich in jener Nacht die „Stoßkeilbildung" durch Löschkräfte zur Befreiung Eingeschlossener. Unter dem Schutz einer „Wassergasse" gelang es Feuerwehrmännern der F-Kompanie Pegnitz-Hersbruck, etwa 400 Menschen aus einem vom Feuer eingeschlossenen öffentlichen Luftschutzraum zu retten.

Insgesamt wurden in der Nacht vom 10. zum 11. August 1943 585 Menschen getötet und 2854 verletzt. Von 576 in den Kellern eingeschlossenen und verschütteten Nürnbergern konnte der Instandsetzungsdienst noch 194 lebend retten, 382 nur noch tot bergen.

28 000 Menschen waren obdachlos geworden. 1980 von ihnen langfristig.

Entsprechend die Schäden an Gebäuden: total zerstört 1732, schwerbeschädigt 1156, mittelschwer beschädigt 2386, leicht beschädigt 4679.

Erhebliche Spreng- und Brandbombenschäden meldeten folgende Industriebetriebe: Neumeyer, Metall und Eisen, Chillingworth, Diehl, die Unionwerke, Kugelmüller, Eisenwerk Tafel und die Margarinewerke. Bei TEKADE war ein Teil des Röhrenlaboratoriums zerstört.

Gebäude und Anlagen von Post und Bahn wurden nur geringfügig getroffen, so entstanden in der Westhalle des Hauptbahnhofes schwere Schäden durch Brandbomben, Sprengbomben beschädigten Gleisanlagen im Hauptbahnhof, Bahnhof Dutzendteich, Doos und im Rangierbahnhof. Schwere Schäden meldeten auch die Städtischen Krankenanstalten, die Frauenklinik und das Martha-Krankenhaus.

Wehrmachtsanlagen wurden kaum beschädigt, lediglich das Feldpostpäckchen-Sammellager brannte ab, die Gebäude des Luftgaukommandos in der Schafhofstraße wurden durch Feuer schwer in Mitleidenschaft gezogen.

Große Schäden auch in der Altstadt; hier wurde besonders der südliche Teil der Lorenzer Seite getroffen. Das Germanische Nationalmuseum erlitt schwere Schäden durch einen Mineneinschlag. Eine Sprengbombe traf die Giebelwand des Hallenchores von St. Lorenz, das Gewölbe des Langhauses brach auf einer Länge von 12 Metern zusammen, auf der Chorseite wurde das Dach zerbombt.

Die Hotels „Deutscher Hof", „Württemberger Hof", „Victoria", „Grand-Hotel", „Deutscher Kaiser" und „Kaiserhof" wurden schwer getroffen, ebenso das Opernhaus und die Akademie der schönen Künste. Die mittelalterliche Stadtmauer wurde am Hallertor und am Plärrer durch Sprengbomben schwer beschädigt.

Schlimmer die Treffer auf die Wasserleitungen. Sprengbomben hatten auch den Hochbehälter auf dem Schmausenbuck schwer getroffen, der größte Teil der Anlage lief leer. Zusammen mit zahlreichen Treffern auf Hauptwasserleitungen führte dies zu einem Zusammenbruch der Löschwasserversorgung aus dem städtischen Rohrnetz.

Der Bericht des örtlichen Luftschutzleiters nach diesem Angriff klang gedämpft, die Stimmung im Reich war gesunken, der Chef der Ordnungspolizei hatte am 11. August 1943 noch immer mit den Bombenangriffen auf Hamburg (24. Juli bis 3. August 1943) zu tun. Er

185

186

187

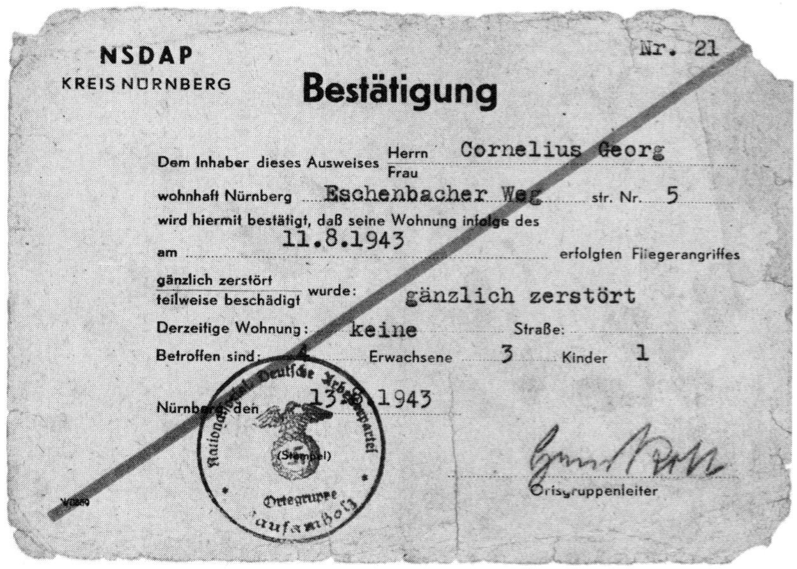

NSDAP
KREIS NÜRNBERG

Bestätigung

Nr. 21

Dem Inhaber dieses Ausweises Herrn / Frau Cornelius Georg
wohnhaft Nürnberg Eschenbacher Weg str. Nr. 5
wird hiermit bestätigt, daß seine Wohnung infolge des
am 11.8.1943 erfolgten Fliegerangriffes
gänzlich zerstört / teilweise beschädigt wurde: gänzlich zerstört
Derzeitige Wohnung: keine Straße:
Betroffen sind: 4 Erwachsene 3 Kinder 1

Nürnberg, den 13.8.1943

(Stempel)
Nationalsozial. Deutsche Arbeiterpartei
Ortsgruppe Laufamholz

Ortsgruppenleiter

188

185) 187) Städtische Kranken-anstalten (12. 8. 1943).
186) Engelhardsgasse (12. 8. 1943).
188) Bestätigung für „Flieger-geschädigte“.

notierte: „Bisher 21 359 Gefallene festgestellt.“ Gerüchte darüber waren schon bis Nürnberg gedrungen, hatten hier ihre Spuren hinterlassen. Das größte Stimmungstief während des ganzen Krieges machte sich bemerkbar. Der örtliche Luftschutzleiter von Nürnberg zum Angriff auf seine Stadt: „... Für die Bevölkerung, die infolge der Kürze der Zeit, die vom Fliegeralarm bis zum Angriffsbeginn zur Verfügung stand, zum großen Teil noch nicht in die Schutzräume gelangt war, machte sich der überraschende Angriffsbeginn nachteilig bemerkbar: es ist ohne Zweifel dadurch eine weitere Einschüchterung des Selbstschutzes verursacht worden, die bereits durch Gerüchte über die Angriffe in Wuppertal, Köln und Hamburg eingeleitet worden war. ...“

Zu den moralischen traten die technischen Schwächen: „... Bei der Schadensbekämpfung am 11. August 1943 hat sich gezeigt, daß nicht überall genügend Luftschutzhandspritzen vorhanden sind und daß Luftschutzhandspritzen neuerer Fertigung der Beanspruchung nicht standhalten. Es fehlt außerdem an Ersatzteilen für Luftschutzhandspritzen. Der Bedarf an Wassereimern und Luftschutzhelmen kann nicht gedeckt werden.“

Aber auch die verfügbaren Löschkräfte waren für Kuschow Grund zur Klage: „... Wie bei früheren Angriffen hat es sich auch im Verlauf des Luftangriffes in der Nacht vom 10. zum 11. August 1943 gezeigt, daß die bodenständigen Löschkräfte und die sonst verfügbaren Löscheinheiten zu schwach sind, um den dringendsten Anforderungen gerecht zu werden. ... Die Erfahrung hat gezeigt, daß die Löscheinheiten der Luftschutz-Polizei um mindestens zwei Bereitschaften erhöht werden müssen, zumal der LS-Ort als einzige Großstadt im Inspekteurbereich nicht, wie die Großstädte des Westens, mit einer sofortigen Zuweisung nennenswerter Hilfe aus anderen Großstädten rechnen kann. ...“

12. 8. 1943
Donnerstag
2.00 – 2.30 Uhr
„Fliegeralarm“
Fehlalarm

16. 8. 1943
Montag
10.00 – 11.00 Uhr
„Fliegeralarm“
Flakabwehr

17. 8. 1943
Dienstag
12.30 – 14.30 Uhr

„Fliegeralarm“
(Bomben auf Regensburg)
16.00 – 17.10 Uhr
„Fliegeralarm“
(Bomben auf Schweinfurt)

18. 8. 1943
Mittwoch
13.30 – 14.00 Uhr
„Fliegeralarm“
(Aufklärer im Raum Ebrach-Schweinfurt)

189) Stumme Nachrichten in der Burgschmietstraße (18. 8. 1943).
190) Nilpferdhaus am Schmausenbuck. Zwei Tiere verbrannten bei dem Angriff (14. 8. 1943).
191) Einwohner von Erlenstegen beim Bau eines Feuerlöschteichs (Sommer 1943).

189

190

191

192

27./28. 8. 1943
Freitag/Samstag
0.43 – 3.28 Uhr
„Fliegeralarm"
Großangriff auf Nürnberg.
349 Lancaster, 211 Halifax und 104 Stirling – insgesamt 674 Bomber waren zu diesem Angriff gestartet. Die Markierung des Ziels sollte in erster Linie auf den Anzeigen der H_2S-Radargeräte der Pfadfinder basieren. Um die Zuverlässigkeit dieser Ausrüstung zu prüfen, erhielten 47 Pfadfinder den Befehl, beim Anflug auf Nürnberg je eine 1000 lb.-Bombe auf Heilbronn abzuwerfen. 28 Besatzungen konnten diesen Auftrag durchführen.

Als die Pfadfinder schließlich über Nürnberg flogen, war der Himmel zwar wolkenlos, die Nacht wegen des Neumondes aber extrem dunkel. Die ersten Maschinen konnten ihre Markierungsbomben genau abwerfen, aber die späteren Abwürfe wanderten vom vorgesehenen Zielpunkt immer weiter nach Süden zurück. Eine Ursache dafür waren die Schwierigkeiten vieler Besatzungen mit ihren Radargeräten, andere Besatzungen lösten ihre Bomben viel zu früh aus. Der über der Stadt kreisende „Masterbomber" (er sollte die anfliegenden Maschinen genau einweisen) konnte wenig tun, um das Zurückweichen der Bombenteppiche zu verhindern: lediglich ein Viertel der anfliegenden Besatzungen konnte seine präzisen Anweisungen empfangen. Auch Flak und Nachtjäger bedrängten die Angreifer massiv – besonders im Raum Nürnberg. Nach britischen Angaben gingen 33 Bomber verloren (das waren 4,9 Prozent der eingesetzten Kräfte), deutsche Berichte sprachen von 31 Abschüssen durch Nachtjäger, davon einem über Nürnberg. Bei Bubenreuth, Neunhof, Baiersdorf und Hilpoltstein stürzte je eine Maschine ab.

Die starke Luftabwehr war wohl auch eine der Ursachen dafür, daß es zu keinem voll konzentrierten Angriff kam, viele Brand- und Sprengbomben fielen bereits südlich von Nürnberg, etwa auf Schwabach und auf die südlichen Vororte. In der Stadt selbst wurden der Osten und die südliche Altstadt schwer getroffen.

Der örtliche Luftschutzleiter war am 27. August 1943 – anders als am 10./11. August 1943 – über die Absichten der Angreifer gut informiert. Aus den Lagemeldungen des LS-Warnkommandos ließ sich schon frühzeitig erkennen, daß die Bomber Nürnberg ansteuerten. Um 0.30 Uhr wurde zur Warnung der Werkluftschutzbetriebe und zur Alarmierung der Luftschutzkräfte „Luftgefahr 30“ ausgelöst, schon 7 Minuten später folgte „Luftgefahr 15“. Um 0.53 Uhr schließlich löste die LS-Warnzentrale im Hirsvogelbunker die Sirenen aus: „Fliegeralarm“.

0.58 Uhr sichtete man erste Leuchtbomben bei Rothenburg o.d.T., um 1.00 Uhr hatte die Nürnberger Flak ein Flugzeug im Schweinwerferkegel und eröffnete das Feuer, zunächst nur im Süden des Stadtgebietes.

0.19 Uhr waren die ersten Bomber über der Stadtmitte, 4 Minuten später schwebte der erste Christbaum über dem Zentrum, dann fielen die ersten Sprengbomben in Richtung Breite Gasse. Ab 1.25 Uhr liefen fast im Minutenabstand die Meldungen „Christbaumabwurf“ oder „Sprengbombenabwurf“ in der Luftschutzleitung ein. Um 1.46 Uhr hatten die Scheinwerfer drei Bomber gleichzeitig erfaßt, 1.48 Uhr gab das Luftgaukommando durch, daß im Raum Nürnberg Nachtjäger eingesetzt seien.

Ein Turmbeobachter meldete um 1.52 Uhr „großen Feuerschein aus Richtung Schwabach“, eine Minute später stürzte ein Flugzeug im Norden

193

194

192) Karolinenstraße (28. 8. 1943).
193) 194) Südstadt (28. 8. 1943).

195

196

195) Karolinenstraße (28. 8. 1943).
196) Königstraße (28. 8. 1943).
197) Trödelmarkt (28. 8. 1943).
198) Adlerstraße (28. 8. 1943).
199) Tucherschloß in der heutigen Elbinger Straße (30. 8. 1943).
200) Württemberger Hof (28. 8. 1943).

Nürnbergs ab, ein weiterer Absturz nordwestlich von Fürth wurde um 2.10 Uhr beobachtet. Um 2.20 Uhr kam die Nachricht: „Bisher 5 Abschüsse durch Nachtjäger beobachtet". Gegen 2.30 Uhr schien der Schwerpunkt des Angriffes im Norden bei der Firma Neumeyer zu liegen. Der letzte Anflug erfolgte 2.33 Uhr aus Richtung Südwest, vier Minuten später schienen die restlichen Bomber in Richtung Süden und nach Ansbach hin abzufliegen. Die Flak schoß nochmals kräftig mit Leuchtspurmunition. Um 3.15 Uhr gaben die restlichen, noch funktionsfähigen Sirenen das Signal „Entwarnung".

56 Nürnberger und Nürnbergerinnen, unter ihnen drei Kinder, ein Polizist, zwei Wehrmachtsangehörige, zwei „Ostarbeiter" und zwölf „Ostarbeiterinnen" waren getötet worden. 203 Personen erlitten Verletzungen. Ein Mann aus einem deutschen Flugzeug wurde vermißt (vermutlich war der fünfte über der Stadt beobachtete Absturz ein deutscher Nachtjäger gewesen).

An 20 Stellen waren 122 Menschen verschüttet, 76 von ihnen konnten lebend, 46 nur noch tot geborgen werden.

Die Royal Air Force hatte nach eigenen Angaben 849,3 Tonnen Spreng- und 849,1 Tonnen Brandbomben abgeworfen (mehr Brandmunition als am 2. Januar 1945).

Der örtliche Luftschutzleiter zählte in seinem Abschlußbericht 12 Luftminen, 1375 Spreng- und 63 000 Stabbrand-

197

198

199

200

201

202

bomben und 9500 Phosphorbrandbomben, außerdem 75 Markierungs- und 55 Leuchtbomben. Ein großer Teil davon fiel in den Reichswald und auf freies Feld ostwärts von Nürnberg. Drei Quadratkilometer Wald wurden dadurch geschädigt, 0,35 km^2 brannten ab.

Im Stadtgebiet wurden 34 Blindgänger festgestellt, 29 von ihnen wurden entschärft. 9 Langzeitzünderbomben explodierten von selbst: nach 4, $9\frac{1}{4}$, $15\frac{1}{2}$, $16\frac{3}{4}$, 17, 19, $57\frac{1}{4}$, $62\frac{3}{4}$ und 103 Stunden.

In Nürnberg wurden 458 Wohngebäude total zerstört, 381 mittelschwer und 1704 leicht beschädigt. 5556 Bürger waren obdachlos gemeldet, davon 2675 „langfristig".

In Laufamholz waren 80 Prozent der Gebäude durch Sprengbomben zerstört. Das Schloß Oberbürg erlitt schwere Sprengschäden.

In der Stadtmitte wurde die Dresdner Bank in der Karolinenstraße total zerstört. Unter „beschädigt" zählte der Luftschutzleiter in seinem Abschlußbericht ferner auf: das Luftwaffenlazarett, eine Wache des Deutschen Roten Kreuzes, eine Lebensmittelgroßhandlung, die Hotels „Wittelsbach" und „Württemberger Hof" sowie das „Pressehotel". Mittelschwer war das „Lu-Li"-Kino getroffen, am Neuen Gymnasium und an zwei Krankenhäusern entstanden Sprengbombenschäden.

Von den Industriebetrieben meldeten das Kabel- und Metallwerk Neumeyer: Totalzerstörung des großen Lagers in der Munitionsfertigung und der Halle für die Hülsenfertigung, des Entwicklungslabors, des technischen Büros, des großen und des kleinen Rohrzuges, ferner ebenfalls total zerstört die Kabelflechterei und die Montage im Kabelwerk. Am Verwaltungsgebäude entstanden mittlere Schäden.

Bei der MAN wurde u.a. eine große Halle mit der Lastwagenmontage zerstört.

Im Siemens-Schuckert-Werk wurde das Labor völlig, einige Fabrikationsgebäude, die Zähler- und die Relaisfertigung schwer beschädigt.

Im Siemens-Trafo-Werk an der Katzwanger Straße entstanden nur leichte Brandschäden.

Schwere Brandschäden auch bei der Bayerischen Milchversorgung. Das Mineralöl-Lager Stahl war total zerstört, im Bolta-Werk in der Äußeren Sulzbacher Straße entstanden schwere Gebäudeschäden. Die Dreherei der Hering AG war total zerstört, 50 Maschinen beschädigt, eine Bürobaracke durch Sprengbomben lädiert. Der Produktionsausfall betrug 80 Prozent für etwa 8 Tage.

Die Reichsbahn meldete Sprengbombentreffer am Hauptbahnhof, mittlere Schäden am Gebäude der Reichsbahndirektion, einen Volltreffer auf den Celtistunnel, Sprengbombenschäden an den Bahnhöfen Dutzendteich und Nürnberg Nordost. Die Strecke nach Amberg war vorübergehend gesperrt.

203

201) Kornmarkt (August 1943).
202) Kornmarkt, Blick nach Westen (August 1943).
203) Hammerwerke (29. 8. 1943).
204) Großreuther Straße 110 (29. 8. 1943).

204

205

206

207

Bei der Reichspost wurde das Fernsprechamt durch Sprengbomben mittelschwer beschädigt, die technischen Einrichtungen blieben aber fast vollständig betriebsbereit. Die LS-Abteilung (mot.) 22 aus Zirndorf rettete das Telegraphenamt vor dem Niederbrennen, richtete dabei aber großen Wasserschaden an. Anlaß für den I.d.O. in seinem Erfahrungsbericht darauf hinzuweisen, daß die Führer der Feuerwehren „ihr besonderes Augenmerk darauf lenken, den Wasserschaden möglichst gering zu halten" – zumindest was Telegraphen- und Fernsprechämter betraf.

Im Wasserrohrnetz beschädigten Sprengbomben eine Hauptwasserleitung zum Hochbehälter Schmausenbuck und eine Fallrohrleitung schwer, die Ringleitung war an mehreren Stellen unterbrochen, ein Wasserwerk durch Sprengbomben beschädigt. Durch alle diese Schäden brach der Wasserdruck im Netz frühzeitig zusammen, „sodaß danach mit Hydrantengeräten nicht gearbeitet werden konnte. Die Anzahl der dem Luftschutzort verfügbaren Löschgeräte reichte daher bei der Vielzahl der Brände bis zum Eintreffen auswärtiger Kräfte bei weitem nicht aus. Es hat sich erneut erwiesen, daß die bodenständigen Kräfte des Feuerlöschdienstes um mindestens 2 Bereitschaften verstärkt werden müssen. Außerdem ist es dringend erforderlich, daß die angekündigte Ausrüstung der Entgiftungszüge mit Tragkraftspritzen auf Anhängern möglichst bald erfolgt." Doch auch dort, wo Tragkraftspritzen vorhanden waren, etwa beim Werkluftschutz, konnten freie Kräfte nicht außerhalb ihrer Betriebe eingesetzt werden, da es an Verlastmöglichkeiten fehlte.

Alles in allem wurden in Nürnberg nach dem Angriff vom 27./28. August 1943 105 Großbrände, 113 mittlere und 517 kleinere Brände gezählt. Zur Schadensbekämpfung setzte der örtliche Luftschutzleiter seine 10 FE-, 5 I- und 3 San-Bereitschaften ein, ferner das Polizeiwachbataillon Nürnberg, 800 Mann Stadtwacht, 400 Männer der Technischen Nothilfe, eine Polizeikompanie aus Würzburg, 20 Löschgruppen der 15-km-Zone, 19 Feuerwehrkompanien, 2 FSchPol.-Abteilungen (mot.), die F-Bereitschaft Bamberg, die LS-Abteilungen (mot.) 17 (Zistersdorf), 22 (Zirndorf) und 38 (Gablingen), 3 Fliegerhorstfeuerwehren, 2000 Mann Wehrmachthilfskommandos aus dem Standort Nürnberg-Fürth und weitere 2000 Mann Wehrmacht aus den Standorten Bamberg, Erlangen, Ansbach, Schwabach, Grafenwöhr, Wien und Piseck (Böhmen und Mähren).

Auf die sogenannte öffentliche Ordnung wirkte sich der Angriff verheerend aus. Der I.d.O klagte in seinem Erfahrungsbericht vom 30. August 1943 : „. . . Auf dem Ring zur Burg–Plärrer–Bahnhof bewegten sich mehrere 1000 Neugierige kurz nach dem Angriff, zum großen Teil vor der Entwarnung. . . . Die Neugierigen haben z.T. in unerhörter Weise die Einsatzgruppen des Luftschutzes in ihrer Arbeit gestört. Von einer Mitarbeit dieser Massen von Männern, zum Teil anscheinend auch Ausländern, habe ich nichts gesehen. Ein derartiger Zustand kann nicht weiter geduldet werden. ... Die Schadenstellen und Gefahrenstellen sind unter allen Umständen vollständig abzusperren. Das Durchbrechen der Absperrung ist zu verhindern. Zuwiderhandlungen sind anzuzeigen bzw. festzumachen, insbesondere dann, wenn es sich lediglich um Neugierige handelt." Auch die ausländischen Arbeiter in Nürnberg sorgten für Aufmerksamkeit: „Jedoch wurden herumstreunende Ausländer noch am 2. Tag nach dem Angriff bemerkt. Sämtliche eingesetzten Kräfte der Ordnungspolizei haben diese Ausländer im gesamten Angriffsgebiet zu beanstanden, wenn sie arbeitslos herumstehen. Die Polizeidienststellen sorgen mit dem Arbeitsamt für einen zweckmäßigen Einsatz dieser Lungerer. Es ist ein unerträgliches Bild, wenn zahlreiche deutsche Männer, Frauen und Kinder in eifriger Tätigkeit sind und ausländische Arbeiter tatenlos herumstehen" – so der Erfahrungsbericht des Inspekteurs der Ordnungspolizei vom 30. August 1943.

Auch der Polizeipräsident meldete in seinem Abschlußbericht wenig Erfreuliches: „... nach dem letzten Angriff ist bei einem Teil der Bevölkerung die Neigung in Erscheinung getreten, die Stadt mit Einbruch der Dunkelheit zu verlassen. Zur Sicherstellung der Luftschutzbereitschaft des Luftschutzortes ist daher eine Verordnung erlassen worden, die die Luftschutzwarte, Führer der Selbstschutztrupps und Führer der Selbstschutzbereiche sowie alle für den Selbstschutz einge-

208

205) Oel-Stahl am Ostbahnhof (30. 8. 1943).
206) Celtistunnel (28. 8. 1943).
207) Schnellzug D 71 im Hauptbahnhof (28. 8. 1943).
208) Trümmerfrauen (Sommer 1943).
209) Schloß Oberbürg (29. 8. 1943).

209

210

211

210) Kornmarkt (10. 9. 1943)
211) Bau eines Notdaches für die Lorenzkirche (Sommer 1943).
212) Britisches Aufklärerbild des Gebietes zwischen Laufer Tor (oben) und Hauptbahnhof (unten) mit den eingezeichneten Schäden der Luftangriffe vom August 1943 (2. 9. 1943).

teilten männlichen Personen zur Anwesenheit im Luftschutzort für die Nachtzeit zu verpflichten . . .".

Noch deutlicher wurde der Regierungspräsident in Ansbach, der in seinem geheimen Stimmungsbericht für August 1943 an die Münchner Staatskanzlei schrieb: „. . . In der Berichtszeit hat sich die Stimmung der Bevölkerung nicht gebessert, sie ist nach wie vor besorgt und gedrückt. In immer weiteren Kreisen und zwar auch in solchen, die bis in die letzte Zeit durchaus zuversichtlich waren, bestehen ernste Sorgen um den Ausgang des Krieges. . . . Große Befürchtungen bereitet nach wie vor der britisch-amerikanische Luftterror. Es herrscht die Besorgnis, daß Deutschland den Krieg nicht gewinnen kann, wenn es dem Feind gelingt, die Zerschlagung der deutschen Rüstungszentren und die Vernichtung des deutschen Wohnraums fortzusetzen. . . . Die englisch-amerikanische Luftherrschaft wurde der Bevölkerung durch die beiden Angriffe auf Nürnberg am 11. und 28. August erneut schmerzlich zum Bewußtsein gebracht. Besonders deprimierend aber wirkte der Einflug mächtiger feindlicher Bombergeschwader am 17. August zum Angriff auf Schweinfurt und auf Regensburg. Es war ein Bild wie in früheren Jahren, als die deutschen Geschwader von allen Seiten zum Reichsparteitag nach Nürnberg flogen. Viele vermochten es kaum zu fassen, daß die wie im Paradeflug daherbrausenden Fliegerverbände nicht deutsche, sondern feindliche waren.

NUREMBERG
K1665
Neg. N° 30402
2
3
4
5
6
7
10
11
13
14
15
16
17
18
19
20
21
22
24
25
26
27
28
29
30

212

213

214

Wie groß die Angst der Bevölkerung vor Luftangriffen ist, zeigt sich derzeit besonders in Nürnberg, wo jeden Abend viele Männer und Frauen mit der Bahn, vereinzelt angeblich mit Kraftfahrzeugen, die Stadt verlassen, um auswärts zu übernachten. Sie geben damit den Volksgenossen, die nicht die Möglichkeit haben, auswärts eine Zufluchtstätte aufzusuchen, ein schlechtes Beispiel, schwächen aber außerdem die Abwehrkraft des Selbstschutzes . . .".

Auf den Tag genau vier Wochen vorher waren in Hamburg in der „Feuersturmnacht" 35 000 bis 40 000 Menschen umgekommen, in den folgenden 24 Stunden wurden 900 000 Hamburger aus dem Stadtgebiet evakuiert.

31. 8. 1943
Dienstag
1.15 – 1.35 Uhr
„Fliegeralarm"

2. 9. 1943
Donnerstag
13.18 – 14.04 Uhr
„Öffentliche Luftwarnung"

5./6. 9. 1943
Sonntag/Montag
23.55 – 1.25 Uhr
„Fliegeralarm"
Flakfeuer

6. 9. 1943
Montag
10.58 – 11.33 Uhr
„Fliegeralarm"

7. 9. 1943
Dienstag
0.12 – 1.50 Uhr
„Fliegeralarm"

8. 9. 1943
Mittwoch
14.05 – 15.00 Uhr
„Öffentliche Luftwarnung"

17. 9. 1943
Freitag
13.43 – 13.59 Uhr
„Öffentliche Luftwarnung"

23. 9. 1943
Donnerstag
22.47 – 23.44 Uhr
„Fliegeralarm"

24. 9. 1943
Freitag
7.00 – 7.30 Uhr
„Fliegeralarm"
13.02 – 14.04 Uhr
„Öffentliche Luftwarnung"

2./3. 10. 1943
Samstag/Sonntag
22.26 – 0.53 Uhr
„Fliegeralarm"
(Angriff auf München)

4. 10. 1943
Montag
21.29 – 22.23 Uhr
„Fliegeralarm"

13. 10. 1943
Mittwoch
11.35 – 12.00 Uhr
„Öffentliche Luftwarnung"

14. 10. 1943
Donnerstag
14.32 – 15.55 Uhr
„Fliegeralarm"
(Angriff auf Schweinfurt)

Deutsche Luftaufnahmen vom Herbst 1943:
213) Jakobsplatz
214) Obstmarkt (oben rechts die beiden Eingangstreppen zum Tiefbunker)
215) Zwischen Pegnitz und St. Sebald.
216) Theresienplatz.

215

216

217

218

219

220

221

Aufräumen nach den Augustangriffen:

217) Blechwalzwerk bei Neumeyer (September 1943).

218) Bombenschutt vor dem Neumeyer-Metallwerk (September 1943).

219) Ruinensprengen in der Südstadt.

220) Die „Panther“-Produktion bei der MAN läuft weiter.

221) 500. „Goliath“ Sprengpanzer bei Zündapp (Sommer 1943).

222) Abnahmefeier bei der MAN (Sommer 1943).

223) Bunker für die Notbesatzung in der Schaltwarte des Großkraftwerks Franken in Gebersdorf (19. 10. 1943).

17. 11. 1943
Mittwoch
20.00 – 20.47 Uhr
„Fliegeralarm“

18. 11. 1943
Donnerstag
20.00 – 21.15 Uhr
„Fliegeralarm“

26. 11. 1943
Freitag
2.45 – 3.51 Uhr
„Fliegeralarm“
19.48 – 21.19 Uhr
„Fliegeralarm“
Starkes Flakfeuer
(Angriff auf Berlin)

3. 12. 1943
Freitag
17.18 – 17.40 Uhr
„Öffentliche Luftwarnung“

4. 12. 1943
Samstag
4.40 – 5.38 Uhr
„Fliegeralarm“
Zeitweise starkes Flakfeuer
(Angriff auf Leipzig)

20. 12. 1943
Montag
19.32 – 20.59 Uhr
„Fliegeralarm“
Zeitweise leichtes Flakfeuer
(Angriff auf Frankfurt)

24. 12. 1943
Freitag
2.55 – 4.23 Uhr, „Fliegeralarm“

29. 12. 1943
Montag
12.58 – 13.18 Uhr
„Öffentliche Luftwarnung“

30. 12. 1943
Donnerstag
13.05 – 13.20 Uhr
„Fliegeralarm“

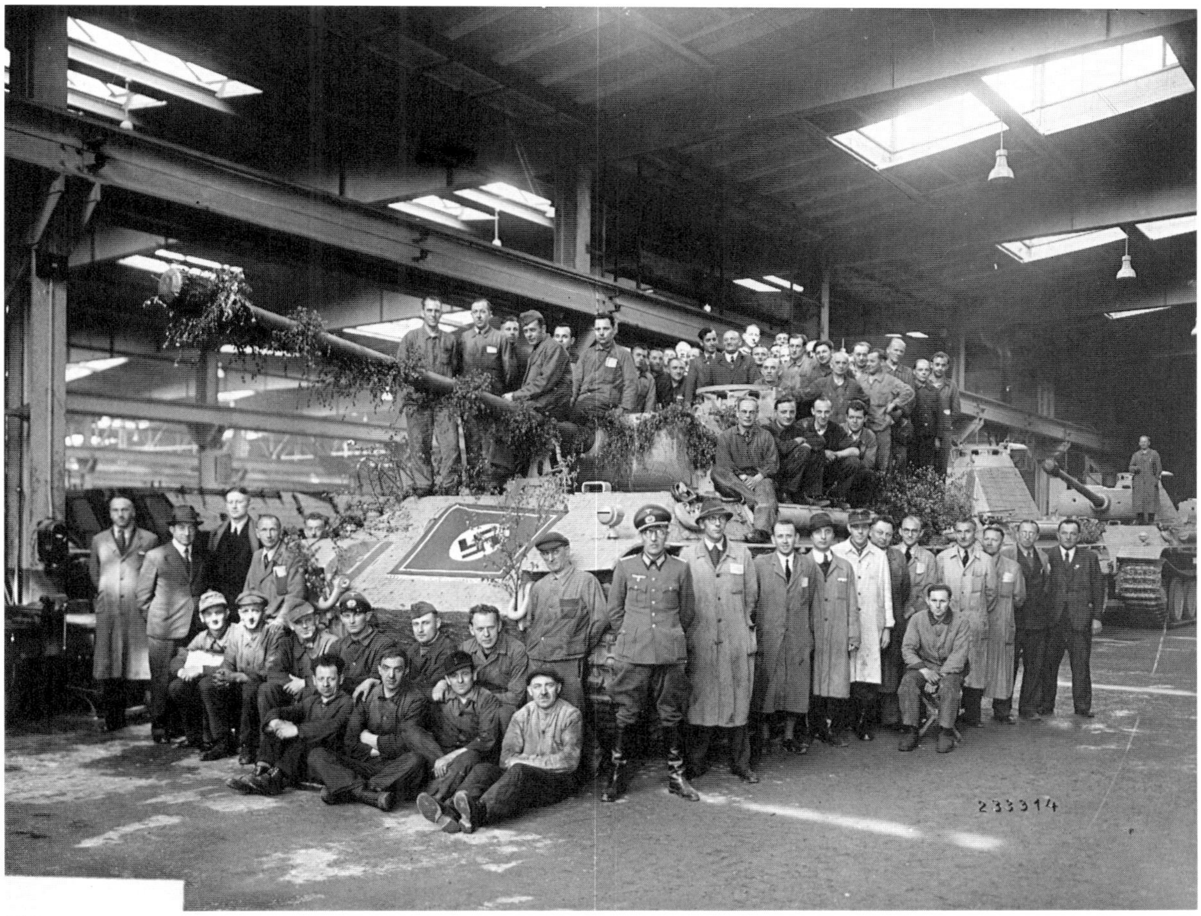

222

223

224

2. 1. 1944
Sonntag
3.55 – 4.44 Uhr
„Öffentliche Luftwarnung“

14. 1. 1944
Freitag
19.39 – 20.25 Uhr
„Fliegeralarm“

24. 1. 1944
Montag
11.15 – 13.04 Uhr
„Fliegeralarm“

27. 1. 1944
Donnerstag
11.15 – 13.04 Uhr
„Fliegeralarm“
21.45 – 22.28 Uhr
„Fliegeralarm“

8. 2. 1944
Dienstag
4.21 – 4.56 Uhr
„Öffentliche Luftwarnung“

20. 2. 1944
Sonntag
4.07 – 4.53 Uhr
„Fliegeralarm“

21. 2. 1944
Montag
3.27 – 4.31 Uhr
„Fliegeralarm“
14.27 – 14.57 Uhr
„Öffentliche Luftwarnung“
21.17 – 21.41 Uhr
„Fliegeralarm“

22. 2. 1944
Dienstag
12.25 – 13.13 Uhr
„Fliegeralarm“
22.04 – 22.32 Uhr
„Fliegeralarm“

23. 2. 1944
Mittwoch
16.04 – 16.15 Uhr
„Öffentliche Luftwarnung“

24. 2. 1944
Donnerstag
13.25 – 14.07 Uhr
„Fliegeralarm“
(Angriff auf Schweinfurt)
21.35 – 0.02 Uhr
„Fliegeralarm“

25. 2. 1944
Freitag
0.31 – 1.41 Uhr
„Fliegeralarm“
12.47 – 14.49 Uhr
„Fliegeralarm“
Erster Tagangriff auf Fürth.

196 viermotorige B-24 „Liberator“-Bomber der 2. Bomb Division der 8. US Luftflotte starteten in Großbritannien zum Angriff auf die Fürther Flugzeugfabrik Bachmann, v. Blumenthal & Co., 172 davon erreichten das Ziel.

Ab 12.20 Uhr übermittelte das LS-Warnkommando Luftlagemeldungen an den örtlichen Luftschutzleiter, nach denen ein amerikanischer Verband aus südöstlicher Richtung Regensburg anflog, ein zweiter Pulk flog zwischen Karlsruhe und Mannheim nach Süddeutschland ein. Um 13.58 Uhr bewegten sich Teile beider Verbände ungefähr 80 Kilometer südlich von Nürnberg. Durch dauernden Kurswechsel des westlichen Verbandes war zunächst das Ziel nicht klar zu erkennen. Erst um 13.57 Uhr wurde dann der Anflug auf den LS-Ort Nürnberg-Fürth gemeldet, die Warnzentrale löste „Fliegeralarm“ aus.

Einige Minuten später warf der in vier Wellen anfliegende Verband (die deutsche Schätzung lag bei 150 Maschinen) Bomben auf die Flugzeugfabrik und auf den westlichen Teil von Fürth. Andere Bomben trafen die Eisenbahnlinien Fürth–Bamberg und Fürth–Würzburg. Heftiges Flakfeuer drängte einen Teil der anfliegenden B-24 nach Norden, ihre Bomben fielen nördlich von Nürnberg auf freies Feld.

Der Flak gelang es bei wolkenlosem Himmel, eine der in 4000 Metern Höhe fliegenden B-24 abzuschießen. Um 14.12 Uhr schlug der Bomber bei Buch auf, die neunköpfige Besatzung kam ums Leben.

Abgeworfen wurden nach amerikanischen Angaben 993 Sprengbomben (250 kg), 1192 Flüssigkeitsbrandbomben (50 kg) und ca. 6000 Splitterbomben, außerdem Staniolstreifen zur Störung der deutschen Funkmeßgeräte.

Nach Angaben des für den Luftschutzort zuständigen Oberfeuerwerkers der Luftwaffe wurden die ca. 9 kg schweren Splitterbomben bei diesem Angriff zum ersten Mal auf deutsches Gebiet abgeworfen: „Die Bombe besitzt einen sehr empfindlichen Aufschlagzünder. Auf dem Zünder befindet sich eine Kapsel mit einer Sprengstoffüllung. Bei Zündern, die von den Bomben abgerissen werden und frei umherliegen, ist deshalb äußerste Vorsicht geboten. ... durch Berühren dieser Zünder wurden zwei Jungen im Alter von 16 und 13 Jahren und ein 44jähriger Mann getötet. 4 weitere Jungen wurden erheblich verletzt. 4 Angehörige der Waffen-SS wurden bei einer Suchaktion ebenfalls durch Zünder verletzt. Wenn feststeht, daß nach einem Luftangriff derartige Bomben gefallen sind, ist es unbedingt geboten, die Bevölkerung sofort über die Gefährlichkeit der Zünder in Kenntnis zu setzen. ...“

Bei dem Angriff wurden 138 Menschen getötet, davon 124 außerhalb der Schutzräume, auch von den 122 Verletzten hatten sich nur 17 in Luftschutzräumen befunden.

Nach Ansicht des örtlichen LS-Leiters waren die Ursachen dafür klar: „Verluste, die anläßlich von Tagesangriffen auf Werke der Luftwaffenindustrie (Schweinfurt, Regensburg) eingetreten sind, haben bewirkt, daß Angehörige der Gefolgschaft der Fa. Bachmann, von Blumenthal & Co. nicht mehr die Schutzräume aufgesucht haben, sondern auf das freie Feld geflüchtet sind. Dadurch sind bei den Flüchtenden Verluste eingetreten. Zur Vermeidung von Verlusten ist es angebracht, für freiliegende wichtige Werke der Luftfahrtindustrie Dekkungsgräben außerhalb der Werksanlagen ... zu erstellen."

Die Sachschäden dieses ersten Tagangriffes waren beachtlich. Beim Flugzeugwerk waren die Einflughalle, die Lagerhalle und die Trafostation total, die Befundhalle zu 90 Prozent zerstört. Die Heizkesselanlage war bis auf einen Kessel explodiert, 20 Prozent Schaden wurden von der Montagehalle, von der Dreherei und vom Metallbau gemeldet. Das „Gefolgschaftshaus" war zu 80 Prozent beschädigt, das Verwaltungsgebäude hatte einen Teilschaden erlitten, der östliche Teil der Rollbahn war von den Sprengbomben umgepflügt worden. Der Produktionsausfall betrug in der ersten Woche nach dem Angriff 100 Prozent, für die Wiederherstellung wurden zwei Wochen veranschlagt, danach „bis auf weiteres noch etwa 40 Prozent" Produktionsausfall.

In Fürth waren 31 Wohngebäude total zerstört, 62 schwer, 44 mittelschwer und 363 leicht beschädigt.

Mittelschwere Sprengbombentreffer erhielten auch das Gerichtsgefängnis Fürth, die Brauerei Geismann, eine Unterkunft des LS-Instandsetzungsdienstes und das Wasserleitungsnetz der Stadtwerke Fürth.

225

226

224) Amerikanischer B-24 „Liberator"-Bomber.
225) Bahnhof Burgfarrnbach (26. 2. 1944).
226) Straßenbrücke Hardtstraße in Fürth (26. 2. 1944).

Leichte Sprengbombenschäden wurden gemeldet vom Stadttheater und vom Krankenhaus Fürth, von zwei Schulen, einem Kinder- und einem Wöchnerinnenheim, vom Waisenhaus und von der Burgfarrnbacher Kirche.

Das Bahnhofsgebäude Burgfarrnbach war schwer getroffen, die Strecken nach Würzburg und nach Erlangen durch Sprengbombentreffer unterbrochen. D-Züge wurden über Ansbach und Bayreuth umgeleitet, der Personennahverkehr durch Omnibusse aufrechterhalten.

Am 27. Februar konnte der Verkehr auf beiden Strecken wieder eingleisig aufgenommen werden. Die Erlanger Strecke war ab 28. Februar, 23.00 Uhr, die Würzburger ab 29. Februar, 18.00 Uhr, wieder doppelgleisig befahrbar.

Das Verhalten der Bevölkerung gab aus Sicht der örtlichen Luftschutzleitung Anlaß zur Kritik: „Anläßlich der letzten Fliegeralarme während des Tages und während der Verdunklungszeit wurde eine Lockerung der Luftschutzdisziplin festgestellt. Die Lockerung ist erst seit Verständigung der Bevölkerung über die Luftlage durch den Draht- und Rundfunk eingetreten. Ein Teil der Bevölkerung sucht seit dieser Zeit erst dann die Luftschutzräume auf, wenn aus den durchgegebenen Lagemeldungen eine unmittelbare Gefahr für den LS-Ort zu erkennen ist. Bisher konnte trotz wiederholter Aufforderung ... der frühere gute Stand der Luftschutzdisziplin noch nicht wieder erreicht werden."

Auch der Regierungspräsident in Ansbach hatte Grund zur Klage: „... Mit tiefer Sorge sieht das Volk allerdings, wie deutsche Städte, insbesondere wichtige Rüstungsstätten, schwere Schläge hinnehmen müssen. ... So erlebte die Stadt Fürth mit tiefem Schmerz, wie in den Mittagsstunden bei guter Sicht über 100 feindliche Bomber die Flugzeugfabrik Bachmann u.v. Blumenthal angriffen und die beiden ersten Wellen ihr verderbliches Werk vollendeten, ohne daß ihnen irgendeine Abwehr Einhalt gebot. Immer mehr setzt sich die Meinung durch, daß der Luftkrieg in ein entscheidendes Stadium getreten ist und daß, wer ihn gewinnt, auch der Sieger in diesem gewaltigsten Ringen aller Seiten sein wird ...".

noch
25. 2. 1944
Freitag
16.10 – 16.30 Uhr
„Öffentliche Luftwarnung"
21.42 – 23.32 Uhr
„Fliegeralarm"

26. 2. 1944
Samstag
0.12 – 1.07 Uhr
„Fliegeralarm"

2. 3. 1944
Donnerstag
3.01 – 3.51 Uhr
„Fliegeralarm"
12.06 – 12.56 Uhr
„Fliegeralarm"
Aufklärer

4. 3. 1944
Samstag
14.09 – 14.39 Uhr
„Fliegeralarm"

5. 3. 1944
Sonntag
16.00 – 16.12 Uhr
„Öffentliche Luftwarnung"

15. 3. 1944
Mittwoch
22.56 – 23.39 Uhr
„Fliegeralarm"

16. 3. 1944
Donnerstag
11.53 – 12.40 Uhr
„Fliegeralarm"

18. 3. 1944
Samstag
13.36 – 14.55 Uhr
„Fliegeralarm"
21.45 – 22.50 Uhr
„Fliegeralarm"

20. 3. 1944
Montag
11.53 – 12.17 Uhr
„Fliegeralarm"

23. 3. 1944
Donnerstag
22.18 – 22.55 Uhr
„Öffentliche Luftwarnung"

24. 3. 1944
Freitag
9.40 – 10.21 Uhr, „Fliegeralarm"
22.56 – 0.03 Uhr, „Fliegeralarm"

25. 3. 1944
Samstag
16.24 – 16.59 Uhr
„Öffentliche Luftwarnung"

26. 3. 1944
Sonntag
22.40 – 23.11 Uhr
„Öffentliche Luftwarnung"

28. 3. 1944
Dienstag
14.20 – 14.38 Uhr
„Öffentliche Luftwarnung"

31. 3. 1944
Freitag
0.35 – 2.52 Uhr
„Fliegeralarm"
Großangriff auf Nürnberg.

795 Bomber der Royal Air Force – 572 Lancaster, 214 Halifax und 9 Mosquitos – starteten zu dem größten Nachtangriff, der während des Zweiten Weltkrieges gegen Nürnberg ausgeführt wurde.

Ab 23.20 Uhr erfaßte der deutsche Flugmeldedienst den Einflug starker Verbände an der Schelde und bei Brüssel. 23.29 Uhr wurden die Flugzeuge zwischen Luxemburg und Siegen mit Ostkurs gemeldet. Schon kurz vor dem Überfliegen der belgischen Küste waren deutsche Nachtjäger auf den Bomberstrom gestoßen und bekämpften ihn in der mondhellen Nacht. 82 Bomber wurden beim Anflug auf Nürnberg und in der Nähe der Stadt abgeschossen.

Die örtliche Luftschutzleitung erhielt gegen 24.00 Uhr die Meldung, daß die Spitzen auf der Linie Bad Orb–Aschaffenburg angelangt waren, weitere Bomber flogen aus dem Raum Traben-Trarbach–Bacherach in das Rhein-Main-Gebiet ein. Östlich von Frankfurt drehte der größte Teil dieser Kräfte nach Nordosten in Richtung Eisenach–Erfurt, um dann aus dem Raum Weiden-Bayreuth zum erwarteten Großangriff auf Nürnberg vorzustoßen.

Ziel der Engländer war in dieser Nacht der Hauptgüterbahnhof. Durch das übliche „Zurückkriechen" der Bombenabwürfe sollte die Masse der Abwürfe genau das Stadtzentrum erfassen. Bedingt durch das Wetter (bedeckt, dunstig und starker Wind quer zur Anflugrichtung der Bomber) warfen viele der Pfadfindermaschinen ihre Markierungen zu weit östlich ab. Die für Nürnberg vorgesehenen Bomben (970 Tonnen Spreng- und 1176 Tonnen Brandbomben) fielen fast zur Hälfte auf die im Osten gelegenen Landkreise. Nach deutschen Schätzungen überflogen nur 200 Maschinen Nürnberg. Zwei der drei Wellen kamen aus Norden und Nordosten, eine aus Süden und Südosten.

Die 21. Flakbrigade im Raum Nürnberg meldete „starke" Gefechtstätigkeit. Durch Rohrkrepierer in einem 10,5 cm-Geschütz verunglückten ein Soldat und ein Luftwaffenhelfer tödlich, ein weiterer Luftwaffenhelfer und zwei Flakwehrmänner wurden durch „Feindeinwirkung" getötet. Beim An- und Abflug auf Nürnberg verlor die RAF 21 viermotorige Bomber: bei Bamberg 1, über den Landkreisen Coburg 1, Ebermannstadt 1, Erlangen 1, Forchheim 5, Ebern 2, Gerolzhofen 3, Königshofen 1, Mellrichstadt 2, Neustadt/S. 2 und Würzburg

227

228

227) Zerstörter Wehrmachtstransport bei Behringersdorf (31. 3. 1944).

228) Östlicher Teil des Hauptbahnhofs (31. 3. 1944).

229

230

1 Maschine. Ein weiterer Bomber stürzte bei dem Autobahnkleeblatt in der Nähe von Schwaig ab. 98 Besatzungsmitglieder dieser Maschinen wurden in den Tagen nach dem Angriff tot aufgefunden, 16 Mann gefangengenommen, nach weiteren lief die Fahndung noch am 5. April 1944.

Zwischen 1.39 und 3.15 Uhr verfolgte der Flugmeldedienst den Abflug der Bomber zwischen Schlettstadt und der Schnee-Eifel.

Insgesamt hatte das Bomberkommando bei diesem Angriff 95 Bomber und deren Besatzungen verloren – 64 Lancaster und 31 Halifax. Mit 11,9 Prozent der eingesetzten Maschinen der verlustreichste Angriff des ganzen Zweiten Weltkrieges.

In Nürnberg wurde der Angriff als „mittelschwer" eingestuft. 18 Luftminen, etwa 550 schwere und mittlere Sprengbomben, ca. 5000 Phosphorbrandbomben, ca. 28 800 Stabbrandbomben, 60 rote Markierungs- und 50 Leuchtbomben wurden gezählt. 74 Menschen verloren ihr Leben, 122 waren verletzt worden. Der Instandsetzungsdienst barg an 7 Stellen 54 Verschüttete, davon 7 lebend. 2400 Nürnberger meldeten sich obdachlos, 700 von ihnen mußten „langfristig" umquartiert werden.

130 Gebäude waren total, 1243 schwer, 879 mittelschwer und 2505 leicht beschädigt. Von den öffentlichen Gebäuden schwer getroffen: Landesgewerbeanstalt, Maximiliansaugenklinik, Hauswirtschaftliche Mittelschule, Norishalle und die Reichsbank. Leichte Brandschäden am Opernhaus und am Bismarckschulhaus.

Von den Firmen meldeten: Victoriawerke: Schäden in einigen Fertigungsabteilungen, größere Gebäudeschäden durch Brandbomben. Neumeyer: Blechwalzwerk durch Sprengbomben zu 50 Prozent zerstört. Margarinewerke: größere Gebäude- und Lagerschäden durch Brand und Sprengbomben. Kugel-Müller: leichte Sprengbombenschäden. Drahtwarenfabrik Rebhahn: Totalschaden durch Brand. Benzolverband: Mittlere Gebäudeschäden durch Sprengbomben.

Die städtischen Werke registrierten im Osten der Stadt 10 Gas- und 15 Wasserrohrbrüche. Die Gasversorgung war schon nach kurzer Zeit wiederhergestellt, die Wasserversorgung in den getroffenen Stadtteilen ab dem 4. April 1944. Der Straßenbahnbetrieb in zwei Vororten war unterbrochen.

Bei der Reichsbahn waren die Linien nach Eger, Regensburg und Amberg durch Sprengbombentreffer unterbrochen. Der Verkehr nach Amberg wurde am 31. März 1944 ab 15.00 Uhr, der nach Eger am 1. April 1944 ab 13.00 Uhr, der Verkehr nach Regensburg am 1. April 1944 ab 20.00 Uhr wieder doppelgleisig aufgenommen.

Das Postscheckamt wurde durch Sprengbomben schwer, das Paketpostamt und der Postladebahnhof am Hauptbahnhof mittelschwer beschädigt.

231

232

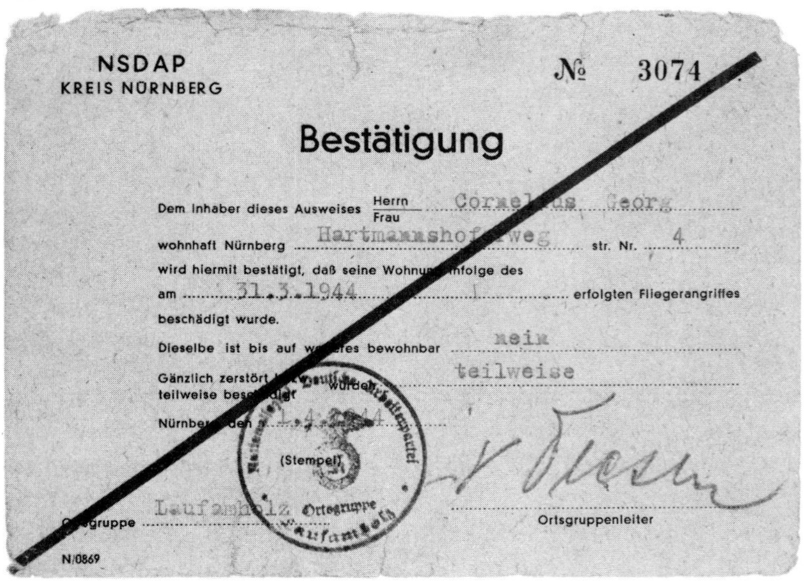

NSDAP
KREIS NÜRNBERG

№ 3074

Bestätigung

Dem Inhaber dieses Ausweises Herrn / Frau Cornelius Georg
wohnhaft Nürnberg Hartmannshoferweg str. Nr. 4
wird hiermit bestätigt, daß seine Wohnung infolge des
am 31.3.1944 erfolgten Fliegerangriffes
beschädigt wurde.
Dieselbe ist bis auf weiteres bewohnbar nein
Gänzlich zerstört / teilweise beschädigt wurde teilweise
Nürnberg, den 1.4.1944

(Stempel)

Ortsgruppe Laufamholz

Ortsgruppenleiter

N/0869

233

234

229) Baggereinsatz in der Keßlerstraße (1. 4. 1944).

230) Wöhrder Hauptstraße, hinten der Bunker Hirsvogelstraße. Rechts oben war die LS-Warnzentrale Nürnberg untergebracht (31. 3. 1944).

231) Buchenbühl (13. 4. 1944).

232) Deckungsgraben in der K. d. F.-Stadt (31. 3. 1944).

233) Wieder „fliegergeschädigt“.

234) Postladebahnhof (31. 3. 1944).

235

236

Verschiedene Wehrmachts- und Polizeigebäude erlitten Spreng- und Brandbombentreffer.

Im alten Tiergarten an der Bayernstraße wurde die Unterkunft der 3. Feuerlösch- und Entgiftungsabteilung durch Minen schwer beschädigt. 7 schwere Löschfahrzeuge LF 25, 2 leichte Löschfahrzeuge LF 8, 3 Schlauchwagen S 3 und eine Drehleiter fielen durch Sprengbombenwirkung aus.

Große Schäden gab es auch im Landkreis Nürnberg: 145 total zerstörte Gebäude. Im Landkreis Lauf wurden 59 Wohngebäude total zerstört, das Ausweichlager der FAUN-Werke in Schnaittach ging verloren. Bei Behringersdorf explodierte ein Munitionszug, die Gleisanlagen wurden zerstört.

In Röthenbach a.d. Pegnitz kamen 22 Menschen ums Leben, 29 Wohngebäude waren zerstört, die Elektroden-Fabrik C. Conradty meldete schwere Brandschäden, so war das Unterkunftslager für 2100 Mann abgebrannt. Die Produktion war jedoch nicht gestört. Im Werk III der Firma Diehl kam ein französischer Arbeiter ums Leben, einige Baracken brannten ab, die Strangpreßhalle wurde durch Sprengbomben erheblich beschädigt.

Eine genaue Beschreibung des britischen Luftangriffs vom 31. März 1944 findet sich in: Martin Middlebrook, Die Nacht in der die Bomber starben, Frankfurt-Berlin-Wien 1979.

In Lauf waren 17 Wohngebäude total beschädigt, eine ausländische Arbeiterin wurde getötet. Bei der Steatit-Magnesia A.G. brannten Dach und Lagerhallen ab, ebenso die Versilberei und die Kapseltaucherei.

noch 31. 3. 1944
Freitag
8.28 – 9.09 Uhr
„Fliegeralarm"
22.19 – 23.02 Uhr
„Fliegeralarm"

1. 4. 1944
Samstag
9.22 – 10.48 Uhr
„Fliegeralarm"

5. 4. 1944
Mittwoch
14.40 – 16.05 Uhr
„Fliegeralarm"

9. 4. 1944
Sonntag (Ostern)
23.10 – 23.37 Uhr
„Fliegeralarm"

11. 4. 1944
Dienstag
10.04 – 10.47 Uhr
„Fliegeralarm"

12. 4. 1944
Mittwoch
1.50 – 2.20 Uhr
„Öffentliche Luftwarnung"
10.47 – 11.41 Uhr
„Fliegeralarm"
13.51 – 14.21 Uhr
„Fliegeralarm"
17.26 – 18.06 Uhr
„Fliegeralarm"

13. 4. 1944
Donnerstag
0.00 – 1.20 Uhr
„Öffentliche Luftwarnung"
11.05 – 11.26 Uhr
„Öffentliche Luftwarnung"
13.41 – 15.53 Uhr
„Fliegeralarm"

19. 4. 1944
Mittwoch
11.18 – 11.54 Uhr
„Fliegeralarm"

20. 4. 1944
Donnerstag
10.45 – 11.25 Uhr
„Öffentliche Luftwarnung"

23. 4. 1944
Sonntag
1.24 – 1.57 Uhr
„Fliegeralarm"
8.46 – 9.46 Uhr
„Öffentliche Luftwarnung"

24. 4. 1944
Montag
12.58 – 14.33 Uhr
„Fliegeralarm"

25. 4. 1944
Dienstag
0.34 – 2.23 Uhr
„Fliegeralarm"
(Angriff auf München).
8.48 – 10.30 Uhr
„Öffentliche Luftwarnung"

27. 4. 1944
Donnerstag
1.29 – 3.25 Uhr, „Fliegeralarm"
12.05 – 12.37 Uhr
„Öffentliche Luftwarnung"
18.14 – 18.37 Uhr
„Öffentliche Luftwarnung"

235) Unterkunft „Alter Tiergarten" der LS-Polizei mit beschädigten Löschfahrzeugen (31. 3. 1943).
236) Behelfsheimsiedlung Bismarckstraße (2. 4. 1944).
237) 1944 ein Titelblatt wert: LS-Soldaten mit Horchgerät bei der Suche nach Verschütteten.
238) Hochbunker Bleiweißstraße (1944).

Der Adler
HEFT 12 / BERLIN, 6. JUNI 1944
PREIS 20 Pf.
frei Haus 22 Pfennig
HERAUSGEGEBEN UNTER MITWIRKUNG DES REICHSLUFTFAHRTMINISTERIUMS

Horchstelle 7 gibt Klopfzeichen
Der LS-Soldat am Horchgerät fordert die Kameraden zu äußerster Ruhe auf. Er hat ein Geräusch aufgefangen — leises Wimmern und Stöhnen. Hier regt sich also noch Leben unter den Trümmern, das nun bestimmt gerettet werden wird. Weitere Bilder vom Einsatz der LS-Regimenter auf den folgenden Seiten
PK-Aufnahme Kriegsberichter

237

238

239

239) Feuerleitbereich einer Flakstellung bei Ronhof (Sommer 1944).
240) Amerikanische Zielkarte vom Bahnbetriebswerk und Ausbesserungswerk Nürnberg Hauptbahnhof zwischen Fürther Straße (oben) und Ludwigskanal (unten) vom Sommer 1944.

28. 4. 1944
Freitag
1.43 – 2.45 Uhr
„Fliegeralarm"

8. 5. 1944
Montag
0.28 – 1.42 Uhr
„Öffentliche Luftwarnung"

9. 5. 1944
Dienstag
1.05 – 1.45 Uhr
„Öffentliche Luftwarnung"

10. 5. 1944
Mittwoch
11.35 – 11.48 Uhr
„Öffentliche Luftwarnung"

12. 5. 1944
Freitag
13.00 – 14.02 Uhr
„Fliegeralarm"

21. 5. 1944
Samstag
13.56 – 14.17 Uhr
„Fliegeralarm"

24. 5. 1944
Mittwoch
17.43 – 18.19 Uhr
„Öffentliche Luftwarnung"

25. 5. 1944
Donnerstag
9.07 – 9.47 Uhr
„Öffentliche Luftwarnung"

27. 5. 1944
Samstag
0.39 – 1.05 Uhr
„Öffentliche Luftwarnung"

28. 5. 1944
Sonntag (Pfingsten)
14.13 – 15.41 Uhr
„Fliegeralarm"

29. 5. 1944
Montag
13.03 – 13.48 Uhr
„Fliegeralarm"

31. 5. 1944
Mittwoch
1.38 – 3.06 Uhr
„Öffentliche Luftwarnung"
16.15 – 16.35 Uhr
„Fliegeralarm"

9. 6. 1944
Freitag
9.53 – 10.37 Uhr
„Fliegeralarm"

13. 6. 1944
Dienstag
9.46 – 10.37 Uhr
„Fliegeralarm"

14. 6. 1944
Mittwoch
0.30 – 0.48 Uhr
„Fliegeralarm"

24. 6. 1944
Samstag
11.25 – 11.55 Uhr
„Öffentliche Luftwarnung"

25. 6. 1944
Sonntag
23.48 – 0.15 Uhr
„Öffentliche Luftwarnung"

27. 6. 1944
Dienstag
1.08 – 1.28 Uhr
„Fliegeralarm"

8. 7. 1944
Samstag
1.55 – 2.15 Uhr
„Öffentliche Luftwarnung"

11. 7. 1944
Dienstag
1.55 – 2.15 Uhr
„Öffentliche Luftwarnung"
11.41 – 12.58 Uhr
„Fliegeralarm"
(Angriff auf München)

12. 7. 1944
Mittwoch
12.19 – 13.14 Uhr
„Fliegeralarm"
(Angriff auf München)

13. 7. 1944
Donnerstag
9.06 – 9.49 Uhr
„Fliegeralarm"
(Angriff auf München)

240

16. 7. 1944
Sonntag
0.30 – 0.45 Uhr
„Öffentliche Luftwarnung“
9.12 – 10.59 Uhr
„Fliegeralarm“
(Angriff auf München)

Um 9.36 Uhr eröffnete die Nürnberger Flak das Feuer auf einen feindlichen Verband, der bei dicht bewölktem Himmel über den Wolken von Südosten und Osten die Stadt mit Westkurs überflog, ohne Bomben zu werfen. Gegen 9.50 Uhr wurde das Flakfeuer eingestellt. Von 10.25 bis 10.45 Uhr setzten dann Rückflüge aus dem Raum Regensburg ein. Mehrere Feindflugzeuge überflogen wieder Nürnberg und wurden unter Feuer genommen. Auch diesmal setzte die Flak wieder Funkmeßgeräte ein (so das damalige deutsche Wort für Radar), die Ziele wurden „elektrisch“ bekämpft. Gegen 10.30 Uhr wurde ein Einzelziel vom Funkmeßgerät einer schweren Flakeinheit am Zollhaus in 18 km Entfernung aufgefaßt. Die in 1800 Metern Höhe fliegende Maschine wurde „auf Grund von Folienabwurf (Staniolstreifen zur Störung des deutschen Radars d. Verf.) als feindlich erkannt“ und von der Batterie am Zollhaus mit 65 Schuß 8,8-cm-Munition bekämpft.

Um 10.35 Uhr stellte diese Batterie das Feuer ein, der Bomber war nun im Bereich der schweren Batterie am Lindestadion. Auch sie schoß zunächst nach Radarangaben. Als der Bomber in einem Wolkenloch auftauchte – mit brennendem linken Außenmotor – wurde optisch auf ihn angerichtet. Die schwere Flakbatterie am Lindestadion und eine leichte Batterie Heimatflak eröffneten nun das Feuer. Der äußere rechte Motor erhielt einen Volltreffer, riß aus seiner Verankerung und die B-17 kippte über den rechten Flügel ab.

Um 10.36 Uhr schlug sie am Südostrand des Flughafens auf. Hohe Flammen und ein weithin sichtbarer Rauchpilz kennzeichneten den Absturzort.

Insgesamt waren auf die B-17 von der Nürnberger Flak 187 Schuß 8,8-cm-Munition und 92 Schuß 2-cm-Munition abgefeuert worden. In den Trümmern der Maschine lag die Leiche eines amerikanischen Fliegers. Wie sich später herausstellte, war die B-17 schon südlich von München von einem deutschen Jäger angeschossen worden. Sieben Mann der Besatzung sprangen in der Nähe von Allersberg aus dem beschädigten Flugzeug ab und wurden gefangengenommen.

Außerdem fanden sich nach dem Alarm beim Großkraftwerk Franken drei, bei Deutenbach und Weihersbuch je ein zerstörter amerikanischer Kraftstoffzusatzbehälter.

17. 7. 1944
Montag
0.45 – 0.55 Uhr
„Öffentliche Luftwarnung“

18. 7. 1944
Dienstag
11.11 – 11.42 Uhr „Fliegeralarm“.

Von 11.28 bis 11.35 Uhr Flakfeuer auf einen aus Italien kommenden Verband, der in ungefähr 1000 Metern Höhe von Süden nach Norden den östlichen Teil Nürnbergs überflog. Bombenabwürfe erfolgten dabei nicht. Der Verband flog bis Bamberg und drehte dann nach Südwesten ab, ohne noch einmal den LS-Ort Nürnberg-Fürth zu überfliegen.

19. 7. 1944
Mittwoch
1.35 – 2.15 Uhr
„Öffentliche Luftwarnung“
9.17 – 10.14 Uhr
„Fliegeralarm“
11.02 – 12.10 Uhr
„Fliegeralarm“

20. 7. 1944
Donnerstag
10.20 – 11.33 Uhr
„Fliegeralarm“

21. 7. 1944
Freitag
10.09 – 12.06 Uhr
„Fliegeralarm“ (Angriff auf Regensburg).

10.55 bis 11.03 Uhr Flakfeuer auf einige feindliche Pulks, die Nürnberg aus west- und nordwestlicher Richtung anflogen, bei Erreichen der Stadtgrenze aber nach Nordosten abdrehten. Von 11.20 bis 11.50 Uhr überflogen weitere feindliche Flugzeuge von Osten und Südosten nach Westen den südlichen Rand Nürnbergs. Flakfeuer von 11.30 Uhr bis 11.33 Uhr, keine Bombenabwürfe.

24. 7. 1944
Montag
11.50 – 12.20 Uhr
„Fliegeralarm“

25. 7. 1944
Dienstag
1.36–2.32 Uhr, „Fliegeralarm“

26. 7. 1944
Mittwoch
1.50 – 2.47 Uhr
„Fliegeralarm“
15.52 – 16.10 Uhr
„Öffentliche Luftwarnung“

28. 7. 1944
Freitag
8.44 – 9.19 Uhr
„Fliegeralarm“

31. 7. 1944
Montag
12.34 – 12.55 Uhr
„Fliegeralarm“
13.12 – 14.02 Uhr
„Fliegeralarm“

6. 8. 1944
Sonntag
0.40 – 1.25 Uhr
„Öffentliche Luftwarnung“

9. 8. 1944
Mittwoch
10.47 – 11.31 Uhr
„Fliegeralarm“

12. 8. 1944
Samstag
0.40 – 1.25 Uhr
„Öffentliche Luftwarnung“

13. 8. 1944
Sonntag
0.20 – 0.43 Uhr
„Fliegeralarm“

14. 8. 1944
Montag
11.03 – 11.44 Uhr
„Öffentliche Luftwarnung“

15. 8. 1944
Dienstag
10.56 – 11.20 Uhr
„Fliegeralarm“

16. 8. 1944
Mittwoch
1.03 – 1.22 Uhr
„Öffentliche Luftwarnung“
10.54 – 11.09 Uhr
„Fliegeralarm“

26. 8. 1944
Samstag
0.40 – 1.18 Uhr
„Fliegeralarm“

5. 9. 1944
Dienstag
2.20 – 2.43 Uhr
„Fliegeralarm“
11.29 – 11.52 Uhr
„Fliegeralarm“

8. 9. 1944
Freitag
9.56 – 10.16 Uhr
„Öffentliche Luftwarnung“
14.57 – 15.22 Uhr
„Fliegeralarm“
22.42 – 23.32 Uhr
„Fliegeralarm“
Erster Störangriff.
45 Mosquitos der Royal Air Force eingesetzt.

Ab 22.48 Uhr Flugzeuge über dem LS-Ort, um 22.53 Uhr erste Leuchtbomben, 22.54 Uhr Bomben auf Schweinau. Ab 23.25 Uhr Rückflüge.

Die Maschinen – die Flakgruppe schätzte ihre Zahl auf etwa 50 – warfen eine Minenbombe 1800 kg, vier Minenbomben 900 kg, 10 Sprengbomben 500 kg und 70 Sprengbomben verschiedener Kaliber: Ferner 8 Zielmarkierungsbomben an Fallschirmen mit je 30 Leuchtstäben.

Die Bomben fielen hauptsächlich auf die Siedlung Ziegelstein, die nördlichen Vororte und auf den Südrand von Fürth.

Fünf Menschen wurden getötet, neun verletzt. An vier Stellen wurden 13 Personen lebend, zwei tot geborgen. Von 356 Obdachlosen mußten 42 langfristig umquartiert werden.

51 Gebäude wurden total, 138 schwer, 75 mittelschwer und 720 leicht beschädigt. Das Schloß in Kraftshof (als „historisch sehr wertvoll“ gekennzeichnet) wurde völlig zerstört.

9. 9. 1944
Samstag
10.40 – 11.17 Uhr
„Fliegeralarm“

10. 9. 1944
Sonntag
11.02 – 12.07 Uhr
„Fliegeralarm“.

Erster Tagangriff auf das Stadtgebiet von Nürnberg.

Gegen 9.50 Uhr flogen amerikanische Verbände von der Scheldemündung aus nach Süddeutschland. 60 B-17 Flying Fortress sollten die Flugzeugwerke Bachmann, v. Blumenthal & Co. in Fürth angreifen, 173 B-17 die MAN in Nürnberg. Nach amerikanischen Schätzungen wurden dort 40 Prozent aller in Deutschland gebauten „Panther“-Kampfpanzer hergestellt. Die Jahresproduktion des Nürnberger Werkes wurde auf 1 200 geschätzt.

Um 10.47 Uhr wurde die nicht öffentliche Warnmeldung „Luftgefahr 15“ ausgelöst, schon eine Minute später das Sirenensignal „Fliegeralarm“.

Bei fast geschlossener Haufenbewölkung (Untergrenze 1600 Meter), Südwind, teilweisem Dunst und einer Sicht von ca. 10 km, griffen die B-17-Bomber und ihre Begleitjäger (35 P-47 „Thunderbold“ und 206 P-51 „Mustang“) in 8 Wellen an. Ihre Flughöhen lagen zwischen 4500 und 7000 Metern.

Die Flakgruppe schätzte die Zahl der angreifenden Flugzeuge auf 450 viermotorige Bomber und 150 Jäger. Um 11.02 Uhr begann die Flak zu schießen. Zwei B-17 wurden über Nürnberg abgeschossen, 8 mit dem Fallschirm abgesprungene Amerikaner (damals „Fallschirmabspringer“ genannt) später festgenommen.

Die ersten Bomben fielen 11.11 Uhr auf Fürth, 11.13 Uhr auf Nürnberg. Hier lag der Angriffsschwerpunkt in der Südstadt: Frankenstraße, Wodanstraße, Schweigger- und Allersbergerstraße, MAN. Auf die Altstadt fiel keine Bombe. Die Bomber konnten ihre Ziele mit optischen Mitteln anvisieren. Ab 11.13 Uhr warfen sie 347 Sprengbomben 500 kg, 509 Sprengbomben 250 kg, 439 Brandbomben 500 kg und 35 Splitterbomben 130 kg.

Eine P-51 des Begleitschutzes ging verloren, als sie beim Tiefangriff auf den Flugplatz Herzogenaurach in eine Flugzeughalle raste.

82 Menschen wurden getötet, 24 von ihnen außerhalb von Luftschutzräumen. Auch 244 der 366 Verletzten hatten sich nicht in Schutzräumen befunden.

An 16 Stellen waren LS-Keller verschüttet worden. Dort konnten die Bergungstrupps des Instandsetzungsdienstes von 103 eingeschlossenen Personen noch 52 retten, für 51 Menschen kam die Hilfe zu spät.

5856 Nürnberger waren nach dem Angriff obdachlos, 1850 von ihnen mußten langfristig umquartiert werden.

211 Wohngebäude waren total, 214 schwer, 1365 mittelschwer und etwa 1800 leicht beschädigt.

Von den öffentlichen Gebäuden waren das Hallerschlößchen und die Notkirche in Fürth total zerstört, die Peterskirche

241

241) B-17G „Flying Fortress" der 486. Bomber Group.
242) Flakvolltreffer auf eine B-17 der 486. Bomber Group.

242

243

244

hatte schwere, das Sebastiansspital in Nürnberg und das Krankenhaus in Fürth mittlere Sprengbombenschäden. Zwei Schulen waren schwer, sieben leicht beschädigt.

Von den Industriebetrieben wurden gemeldet:

MAN: schwere Spreng- und mittlere Brandschäden. Lastwagenbau zerstört, Sonderfertigung auf drei Tage unterbrochen, 30 Prozent Produktionsausfall für eine Woche.

TeKaDe: schwere Spreng- und Brandschäden, Radioröhrenproduktion zerstört, übriger Betrieb zu 65 Prozent. 80 Prozent der Gesamtproduktion auf unbestimmte Zeit stillgelegt, darunter die Kabelherstellung.

SSW-Trafowerk: mittlere Sprengschäden, Produktionsausfall 2 bis 3 Tage.

Bachmann, v. Blumenthal: Flugzeugwerk in Fürth durch Spreng- und Brandbomben zu 60 Prozent zerstört, Produktionsausfall für die nächsten 3 Wochen 50 Prozent. Werk II in Burgfarrnbach leichte Luftdruckschäden, kein Ausfall.

Eisenwerk Tafel: schwere Sprengschäden, 2 Werkstätten zerstört, 100 Prozent Produktionsausfall, nach einer Woche noch 50 Prozent Ausfall.

Muschi & Co Elektrokohle: schwere Brandschäden, 80 Prozent Produktionsausfall voraussichtlich auf längere Zeit.

Süddeutsche Apparatefabrik (Selenscheiben für Gleichrichter): leichte Brandschäden. Nach Wiederherstellung der Stromversorgung voll arbeitsfähig.

FAUN, Hintere Bleiweisstraße: mittlere Spreng- und Brandschäden. 100 Prozent Produktionsausfall, nach einigen Tagen Teilefertigung.

Chillingworth: leichter Brandschaden. Für drei Tage 100 Prozent Ausfall, dann bis auf unbestimmte Zeit 5 bis 10 Prozent.

Kabel- und Metallwerk Neumeyer: leichte Brandschäden, Produktion unbehindert.

Lumophon-Werke (Radiofabrik): mittlere Spreng- und Brandschäden, für einen Teil der Werkstätten 2 bis 4 Wochen Produktionsausfall.

Metall-, Guß- und Preßwerk Diehl, Stephanstraße: leichte Luftdruckschäden, kein Produktionsausfall.

Leistritz: nur Luftdruckschäden, Produktionsausfall zwei Nachtschichten.

Telefunken (im Lumophon-Werk): mittlere Luftdruckschäden, Produktionsaufall 100 Prozent für 2 bis 3 Wochen. Ferner zahlreiche Schäden in kleineren Betrieben.

243) Störungstrupp der Städtischen Werke an der Wodan-/Ecke Brunhildstraße (10. 9. 1944).
244) Nibelungenstraße 3–13 (10. 9. 1944).
245) Brennende Gasleitung auf der Südseite des Dürrenhoftunnels (10. 9. 1944).
246) „Freiwilliger Arbeitseinsatz“ (17. 9. 1944).

245

246

247

248

Versorgungseinrichtungen: 45 Wasserrohrbrüche, darunter zwei Großrohre, Versorgung in den Schadensgebieten durch Wasserwagen sichergestellt. Schäden im Wasserrohrnetz in 7 Tagen, im Gasrohrnetz (42 Brüche) in voraussichtlich 14 Tagen behoben.

Reichsbahn: Güterabfertigung Süd mittelschwer beschädigt. Fahrleitung und Strecken durch Sprengbomben stark beschädigt. Bahnverkehr nach Regensburg, Bamberg und Amberg nicht gestört, da Umleitung über Vorortbahnhöfe möglich. Einige Güterwagen verbrannt.

Reichspost: Bezirkswerkstatt für Kraftwagen schwer beschädigt, 17 Fahrzeuge total beschädigt, an 40 Teilschäden, Telegraphenbauamt Kleestraße starke Luftdruck- und Brandschäden.

Straßenbahn: Depots St. Peter und Schweinau durch Sprengbomben beschädigt, 7 km Oberleitung beschädigt, 63 Schäden am Gleisnetz, 62 Straßenbahnwagen und 32 Omnibusse mit Anhängern beschädigt.

Polizei: u.a. eine LS-Sanitätsstelle durch Sprengbomben total, 3 leicht beschädigt.

Wehrmacht: SS-Kaserne mittlere Sprengbombenschäden.

Insgesamt wurden 127 Groß-, 135 Mittel- und 285 Kleinbrände registriert. Alle waren am 10. September 1944 gelöscht.

Zur Wirkung des Angriffes auf die Moral der Bevölkerung

249

250

251

252

247) Gotenstraße (10. 9. 1944).
248) MAN-Werk von der Frankenstraße (10. 9. 1944).
249) Bombenteppich auf den LS-Deckungsgraben am Hasenbuck (11. 9. 1944).
250) Burg (September 1944).
251) Getroffener LS-Deckungsgraben Hasenbuck (11. 9. 1944).
252) Hallerschloß (10. 9. 1944).

253

253) Gugelstraße 149 (10. 9. 1944).
254) Gaußstraße 7–11 (10. 9. 1944).
255) Harsdörfferstraße (10. 9. 1944).
256) Lumophonwerke Gleißhammer-/Ecke Schloßstraße (10. 9. 1944).
257) Technische Nothilfe in der Allersberger Straße (17. 9. 1944).

meldete der Regierungsbericht in Ansbach am 10. Oktober 1944 nach München: „. . . Die Stadt der Reichsparteitage Nürnberg wurde am 8./9. und 10. September . . . schwer von anglo-amerikanischen Bombenfliegern heimgesucht. Auf die Bevölkerung machten die feindlichen Einflüge einen recht deprimierenden Eindruck, weil außer Flak in Nürnberg keine deutsche Abwehr in Erscheinung trat."

noch
10. 9. 1944
Sonntag
14.32 – 15.40 Uhr
„Öffentliche Luftwarnung"

11. 9. 1944
Montag
11.30 – 12.25 Uhr
„Fliegeralarm"

11./12. 9. 1944
Montag/Dienstag
23.44 – 0.09 Uhr
„Fliegeralarm"

12. 9. 1944
Dienstag
12.03 – 13.26
„Fliegeralarm".

Rückflüge nach dem Westen, Einflüge aus dem Süden. Um 12.52 Uhr überflogen 9 amerikanische Bomber die Stadt von Südosten nach Südwesten. Flakfeuer.
22.43 – 23.24 Uhr
„Fliegeralarm"

13. 9. 1944
Mittwoch
10.40 – 11.46 Uhr
„Fliegeralarm"
23.46 – 0.20 Uhr
„Fliegeralarm"

254

255

256

257

258) Am Morgen vor dem Angriff (3. 10. 1944).

259

260

259) Friedenskirche (3. 10. 1944).
260) Hintere Sterngasse (3. 10. 1944).
261) Brennende Südstadt (3. 10. 1944).

261

262

263

264

265

266

267

268

262) Hintere Sterngasse (3. 10. 1944).
263) Sebalduskirche (3. 10. 1944).
264) Weißgerbergasse (3. 10. 1944).
265) Albrecht-Dürer-Platz (3. 10. 1944).
266) Albrecht-Dürer-Haus (3. 10. 1944).
267) Burg (3. 10. 1944).
268) „Panther"-Panzer mit Räumpflug in der Hochstraße (Oktober 1944).
269) Mauthalle (3. 10. 1944).

269

270

271

19. 9. 1944
Dienstag
12.29 – 12.41 Uhr
„Öffentliche Luftwarnung"

21. 9. 1944
Donnerstag
13.49 – 14.06 Uhr
„Öffentliche Luftwarnung"

28. 9. 1944
Donnerstag
18.45 – 19.10 Uhr
„Öffentliche Luftwarnung"

29. 9. 1944
Freitag
18.10 – 18.27 Uhr
„Öffentliche Luftwarnung"

1. 10. 1944
Sonntag
21.42 – 22.09 Uhr
„Öffentliche Luftwarnung"

2. 10. 1944
Montag
10.47 – 11.33 Uhr
„Öffentliche Luftwarnung"

3. 10. 1944
Dienstag
10.53 – 12.46 Uhr
„Fliegeralarm".

454 B-17 „Flying Fortress" mit vollem Geleitschutz flogen den LS-Ort an. Um 10.35 Uhr wurde „Luftgefahr 15" ausgelöst, um 10.53 Uhr „Fliegeralarm". Der Himmel war dicht bewölkt mit 10/10, später 9/10 Haufenwolken in ca. 1000 Metern Höhe, der Wind kam aus Südwest.

Die Flak eröffnete das Feuer auf die Amerikaner um 11.15 Uhr. Die Flughöhe der Angreifer wurde auf 7000 bis 8000 Meter geschätzt. Nach amerikanischen Angaben flogen die Bomber zwischen 24 500 und 27 000 Fuß hoch. Durch die fast geschlossene Wolkendecke bedingt, konnten die Ziele in Nürnberg (MAN) nicht optisch anvisiert werden. Die B-17 wendeten daher das sogenannte „PFF"-Verfahren an. Dabei flogen mit H2X-Radar ausgerüstete Bomber den einzelnen Pulks voraus.

Sobald sie – nach Auswertung des Radarbildes – kurz vor dem Ziel waren, schossen sie am „Initial Point" gelbe Leuchtmunition ab, am Bombenabwurfpunkt wurden rote Leuchtkörper abgefeuert und zwei Rauchmarkierungsbomben von dem Pfadfinder abgeworfen. Die dieser Führungsmaschine zugeteilten Bomber warfen ihre Bomben dann auf die Rauchspur der Markierungsbomben.

Die erste Welle bombardierte Nürnberg zwischen 11.17 und 11.35 Uhr, die zweite zwischen 11.48 und 11.56 Uhr. Um 12.08 Uhr gab die LS-Warnzentrale das Signal „Vorentwarnung". Als jedoch zwischen 12.09 und 12.11 Uhr nochmals Bomben fielen, wurde „Fliegeralarm" ausgelöst. Die zweite „Vorentwarnung" kam um 12.28 Uhr, die „Entwarnung" um 12.46 Uhr.

Abgeworfen hatten die Amerikaner 615 Sprengbomben (500 kg), 1257 Sprengbomben (250 kg) und 1526 Brandbomben (250 kg). Die meisten Bomben fielen in die Industriegebiete der Südstadt und die nördliche Altstadt. Dort wurde die Gegend um den Albrecht-Dürer-Platz und um den Egidienberg, der Plärrer und die südwestliche

272

270) Moritzkapelle (3. 10.1944).
271) Theresienplatz mit Blick auf den Egidienberg (Oktober 1944).
272) Münzgasse (3. 10. 1944).
273) Plärrer (3. 10. 1944).

273

274

275

Altstadt getroffen. Auf Fürth fielen keine Bomben.

Nürnberg war schwer getroffen: 353 Menschen wurden getötet, davon 291 in Luftschutzräumen. Dagegen hatten sich von den 1033 Verwundeten (195 schwer, 838 leicht) 792 außerhalb von LS-Räumen aufgehalten.

An 46 Stellen grub der Instandsetzungsdienst 206 Menschen lebend und 223 tot aus den Trümmern.

Da 518 Wohngebäude total, 738 schwer, 1097 mittelschwer und 4109 leicht beschädigt waren, registrierte man 19 286 Obdachlose. 7500 von ihnen mußten langfristig umquartiert werden.

Von den „historisch wertvollsten Gebäuden" gingen folgende Schadensmeldungen ein: Kaiserburg: schwere Sprengschäden, Otmarskapelle und Burgverwaltung total zerstört. Altes Rathaus: schwere Luftdruckschäden an der Westfassade. Sebalduskirche: schwere Sprengbombenschäden im Chor und an der Nordseite des Kirchenschiffes, schwere Luftdruckschäden auch am Pfarrhaus St. Sebald. Durch Sprengbomben total zerstört: die Moritzkapelle und das Bratwurstglöcklein. Am Albrecht-Dürer-Haus verursachte ein Nahtreffer schwere Sprengschäden, ebenso im Pellerhaus, dessen Rückgebäude einen Volltreffer erhielt. Am Laufer Schlagturm brannte der Dachstuhl ab. Leichte Brandschäden gab es auch an der Lorenz-, Klara-, Marthakirche, der Mauthalle und dem

Königstorturm. Schwere oder mittelschwere Sprengbombenschäden auch an der Egidienkirche, am Weinstadel, Viatishaus, der Jakobskirche und der Kapelle am Rochusfriedhof. Das Vestnertor erhielt am östlichen Torbogen einen Sprengbombenvolltreffer, die Stadtmauer und die Wehrgänge wurden an vielen Stellen durch Druck oder Feuer schwer beschädigt. 62 „historisch wertvoll(e)“ Patrizierhäuser waren total zerstört, 50 schwer beschädigt.

Auf dem Reichsparteitagsgelände gab es Sprengbombenschäden, das Hilfskrankenhaus am Märzfeld wurde total zerstört. Schwere Schäden entstanden auch an der Klinik Hallerwiese und der Städtischen Frauenklinik.

Bei den „Kulturstätten“ entstanden am Schauspielhaus schwere, am Opernhaus leichte Schäden.

Auch die Werkluftschutzbetriebe meldeten große Schäden: MAN: erhebliche Spreng- und Brandschäden. Siemens-Schukkert-Werke: mittlere Spreng- und Brandschäden, Trafowerk umfangreiche Sprengschäden. Schwere Spreng- und Brandschäden auch bei der Dynamit AG, Werk Nürnberg, bei den Zündapp-Werken, der Bayer. Milchversorgung, dem städt. Schlachthof, der Lyra-Bleistiftfabrik und dem Brauhaus Nürnberg.

Mittelschwere Schäden durch Spreng- oder Brandbomben meldeten: Noris-Zündlicht, Victoria-Werke Werk II, VDM, Häberlein & Metzger, TeKaDe und Sandoz AG, Pharmazeutische Präparate.

„Außerordentlich umfangreiche“ Zerstörungen erlitt die Stromversorgung. 30 Trafostationen wurden zerstört oder stark beschädigt, Hunderte von Kabelschäden registriert. Bis zum 13. Oktober 1944 konnten die 20 kV-Strecken soweit wieder hergestellt werden, daß ein Teil der Industrie wieder ans Netz gehen konnte.

Das Gaswerk wurde von 15 Sprengbomben getroffen, erlitt aber keine großen Schäden. Dagegen wurde die Gasversorgung durch Volltreffer auf die Hauptzuleitungen schwer getroffen. Die 115 Gasrohrbrüche konnten im Laufe einer Woche größtenteils wieder behoben werden, am 8. Oktober wurde die Gasversorgung teilweise wieder aufgenommen.

Im Wasserrohrnetz entstanden 110 Rohrbrüche, davon fünf an den großen Hauptwasserleitungen. Zunächst wurde die Bevölkerung mit Wasserwagen versorgt, ab 8. Oktober 1944 war der Hauptteil der Wasserrohrbrüche behoben.

Schwerste Schäden verzeichnete auch die Reichsbahn: Am Hauptbahnhof brannten die Gepäck- und die Expreßguthalle sowie das Reisebüro aus. Zwei Züge wurden vernichtet, eine Sprengbombe traf die Strecke zwischen dem Hauptbahnhof und Schweinau, dazu kamen umfangreiche Fahrleitungsschäden. Die Güterhalle in Nürnberg Süd brannte völlig ab, wegen Sprengbombentreffern und Fahrleitungsschäden wurden in

A b s c h r i f t .

Polizeipräsidium Nürnberg-Fürth
S c h u t z p o l i z e i
1.L.S.Revier
Befehlswagen.

Nürnberg, den 8.Oktober 1944

Betrifft: Bergung von Verschütteten im Haus Füll Nr. 4.

Durch den Luftangriff am 3.Oktober 1944 wurde das Haus Füll Nr. 4 durch eine Sprengbombe völlig zerstört und die Schuttmassen durch abgeworfene Brandbomben in Brand gesetzt, wodurch die Schuttmassen größtenteils durchglüht waren.

Sämtliche sich im Schutzraum befindlichen Hausbewohner konnten sich durch den Mauerdurchbruch zum Haus Füll Nr. 6 retten. Nach Angabe des L.S.Hauswartes Heinrich Gottal, nun Kappengasse Nr. 2 wohnhaft, gingen die im 1.Stock des Hauses Füll Nr. 4 wohnhafte ledige Rentnerin Berta B e c k h ,geb. 6.9.60 und die bei ihr bedienstete ledige Stütze Elise Henneck,geb. 11.3.78 grundsätzlich nicht in den LS.Raum und auch bei diesem Angriff nicht. Beckh und Henneck hielten sich während eines Fliegeralarms stets in ihrer Wohnung unter einem bogenartig gebauten Raum auf.

Zur Bergung der Verschütteten wurde am 4.10.44 um 13,00 Uhr ein Befehlsstand in einem Befehlswagen in der Nähe der Bergungsstelle am Weinmarkt errichtet und zu dessen Führung RevOlt.d.SchP. Schmidt des 19.Pol.Reviers und als Vertreter RevLtn.d.SchP. Weber des S.AK.West bestimmt. Um 14,00 Uhr wurden die Bergungsarbeiten duch die 3.Komp. der TN in Stärke von 1/15 unter Zugführer Betzel begonnen. Die Bergungsarbeiten wurden nun durch Einsatz von verschiedenen technischen Nothilfseinheiten und der 4.J.Bereitschaft in durchschnittlicher Stärke von 2/25 Tag und Nacht (nachts unter Einsatz eines Stromagregates der Feuerwache West) laufend durchgeführt. Die glühenden Schuttmassen mußten durch Bespritzen mit Wasser immer wieder abgekühlt werden, was die Bergungsarbeiten verzögerte. Bis zum 8.Okt.44 blieben die Bergungsarbeiten zunächst ohne positives Ergebnis. Am 8.Okt.44 um 0,15 Uhr wurden 2 größere Teile einer menschlichen Leiche und ein kleines verkohltes menschliches Knochenstück in der nordwestlichen Ecke des vorderen Teiles des Hauses gefunden. Die Bergungsarbeiten wurden trotzdem weiter fortgesetzt, weitere Teile aber nicht mehr vorgefunden.

Der leitende Arzt der Rettungsstelle 1 Dr.. Schmiedt besichtigte um 9,30 Uhr die Leichenteile und stellte dabei fest, daß es sich um Teile einer menschlichen Leiche handelt.

Die verständigte Krim.Pol.-O.Sekr. Schneider - besichtigte evenfallls die Leichenteile. Der gleichzeitig anwesende Major der Schutzpol. Wendtland, ordnete im Einvernehmen mit Krim.O.Sekr. Schneider an, daß die Bergungsarbeiten durch die 4.J.Bereitschaft noch bis 18,00 Uhr fortgesetzt werden und bei nicht mehr weiterem Auffinden von Leichenteilen die Bergungsarbeiten dann einzustellen sind.

Die geborgenen Leichenteile wurden durch das Städt.Bestattungsamt in den Südfriedhof verbracht.

Nachdem weitere Leichenteile nicht mehr aufgefunden wurden, wurden die Bergungsarbeiten um 18,00 Uhr eingestellt und der Befehlsstand aufgehoben.

gez. Schmidt

RevOlt.d.SchP.

276

277

274) Albrecht-Dürer-Platz. Im Vordergrund die Häuserruinen Füll 2 und 4 (Oktober 1944).
275) Gostenhofer Hauptstraße 9 (Anfang Oktober 1944).
276) Protokoll eines Bergungseinsatzes.
277) Werkshallen bei Zündapp in der Dieselstraße (Anfang Oktober 1944).

278

280

281

279

278) Innenhof des Pellerhauses (4. 10. 1944).
279) Innenhof Burgstraße 21 (3. 10. 1944)
280) Blindgängerbergung bei der Reichsbahn (3. 10. 1944).
281) Geißlerstraße 12 (3. 10. 1944).

Eibach sämtliche Gleise gesperrt. Am Bahnhof Mögeldorf schlugen 9 Sprengbomben in die Gleisanlagen, der Betrieb konnte aber aufrechterhalten werden. Am Rangierbahnhof wurde der ausfahrende Güterzug 9585 von einer Sprengbombe getroffen, 6 Waggons wurden beschädigt und entgleisten. Sämtliche Ein- und Ausfahrten mußten gesperrt werden, ebenso das Verbindungsgleis zum Hbf-Güterbf. Das Ostarbeiterlager der Umladestelle wurde durch Brand vernichtet, 270 Männer waren obdachlos. An 68 Waggons entstand Totalschaden, 87 wurden beschädigt. Im Güterbahnhof am Hauptbahnhof steckten 3, im Gelände des Bahnhofes Schweinau 2 Sprengbombenblindgänger. Der Reisezugverkehr wurde in Richtung Regensburg ab Nürnberg-Dutzendteich, in Richtung Bamberg und Würzburg ab Fürth, in Richtung Crailsheim ab Stein und in Richtung Treuchtlingen ab Reichelsdorf aufrechterhalten. Zwischen Reichelsdorf und Nürnberg-Hbf wurden Omnibusse eingesetzt.
Wieder aufgenommen wurde der Zugverkehr von Nürnberg-Hbf – zumindest eingleisig – nach Crailsheim ab 4. Oktober 18.00 Uhr, nach Fürth ab 3. Oktober 18.30 Uhr, nach Dutzendteich ab 3. Oktober 19.10 Uhr, nach Eibach ab 4. Oktober 19.00 Uhr, von Nürnberg-Rbf nach Stein ab 3. Oktober 19.10 Uhr, nach Eibach ab 4. Oktober 18.00 Uhr, nach Nürnberg-Hgbf ab 6. Oktober 16.30 Uhr und nach Fürth ab 3. Oktober 21.00 Uhr (zweigleisig). Die meisten Strekken waren wenige Stunden später auch wieder zweigleisig befahrbar. Die Schnellzüge der

282

283

284

285

Nordsüdrichtung wurden ab 3. Oktober 1944 21.00 Uhr über Fürth – Großreuth – Nürnberg – Eibach umgeleitet.

Die Reichspost hatte folgende Schäden zu verzeichnen: Bahnhofpostamt: Briefzustellgebäude total ausgebrannt, Postladebahnhof schwere Brandschäden, Paketförderanlagen unbrauchbar. Schwere Spreng- und Luftdruckschäden an den Postämtern 1 und 5, in der Feldpostpäckchenstelle verbrannten 16 Bahnpostwagen und drei Elektrokarren.

Im Fernsprechamt Nürnberg beschädigte eine Sprengbombe alle Durchgangs- und 15 Fernschränke, der Selbstwählferndienst fiel aus. An 8 Stellen wurden 17 Fern- und 2 Bezirkskabel beschädigt, im ober- und unterirdischen Ortsnetz entstanden umfangreiche Schäden. Das Telegraphenamt fiel wegen Leitungsstörungen vorübergehend aus. Ab 6. Oktober 1944 waren drei Viertel aller Postleitungen wieder in Betrieb.

Polizei und Wehrmacht verzeichneten schwere Spreng- und Brandbombenschäden, besonders in Unterkünften und Barakkenlagern. Das Rüstungskommando brannte bis zum 1. Stock ab, im Ostblock der SS-Kaserne verbrannten 150 Meter Dachstuhl, es entstanden im ganzen Komplex Luftdruckschäden.

Bei den Sirenenanlagen (zu diesem Zeitpunkt ca. 200 Sirenen im LS-Ort) waren 124 Alarmstellen wegen Zerstörung der Fernmeldeschleifen ausgefallen. Bis 10. Oktober waren davon 82 Anlagen wieder an die

Fernsteuerung angeschlossen. Die restlichen Sirenen wurden per Hand von den Sirenenwarten ausgelöst. Diese wurden von der Flakgruppe Nürnberg über den Rundfunksender Nürnberg verständigt. Die Fernschreibanlage der Polizei war durch Zerstörung der Fernkabel bis 4. Oktober 1944 außer Betrieb.

Insgesamt waren im LS-Ort 266 Großbrände, 317 Mittel- und 760 Kleinbrände gezählt worden. Alle waren am 3. Oktober 1944 wieder gelöscht. Neben den Kräften des örtlichen Luftschutzleiters waren 2066 Mann der Technischen Nothilfe, 4890 Mann Wehrmachthilfskommandos, 23 Löschgruppen der Wehrmacht und die LS-Abteilungen (mot.) 15 (Bamberg), 22 (Zirndorf) und 37 (Forbach) eingesetzt, außerdem Hilfseinheiten von Reichsbahn und -post, RAD, RLB, SA, SS, HJ, NSKK, NSV (mit Frauenschaft und BDM) sowie Eingreiftrupps und Kraftspritzentrupps der NSDAP.

282) Blindgängerbergung im Bahnhof Schweinau (3. 10. 1944).
283) LS-Deckungsgraben am Plärrer. Sprengbomben zerfetzten hier 60 Menschen (3. 10. 1944).
284) Paketzustellhalle am Postamt Nürnberg 3, Bahnhofstraße (Anfang Oktober 1944).
285) Jakobstor (Anfang Oktober 1944).
286) Bombenteppich über die Markgrafenstraße, Ecke Schwabenstraße (3. 10. 1944).

286

287

287) Tafelfeldstraße (20. 10. 1944).
288) Peter-Henlein-Straße, Ecke Tafelfeldstraße (20. 10. 1944).
289) Steinheilstraße (20. 10. 1944).

8. 10. 1944
Sonntag
12.11 – 12.47 Uhr
„Fliegeralarm“
16.40 – 17.30 Uhr
„Öffentliche Luftwarnung“

9. 10. 1944
Montag
13.44 – 15.21 Uhr
„Fliegeralarm“

12. 10. 1944
Donnerstag
3.18 – 4.07 Uhr
„Fliegeralarm“
15.35 – 15.58 Uhr
„Öffentliche Luftwarnung“

13. 10. 1944
Freitag
11.25 – 11.40 Uhr
„Öffentliche Luftwarnung“

14. 10. 1944
Samstag
8.10 – 8.34 Uhr
„Öffentliche Luftwarnung“

15. 10. 1944
Sonntag
1.48 – 2.36 Uhr
„Öffentliche Luftwarnung“
10.13 – 10.54 Uhr
„Öffentliche Luftwarnung“

16. 10. 1944
Montag
11.51 – 12.17 Uhr
„Öffentliche Luftwarnung“

19. 10. 1944
Donnerstag
12.38 – 13.56 Uhr
„Fliegeralarm“
20.25 – 22.31 Uhr
„Fliegeralarm“
Großangriff auf Nürnberg.

263 Lancaster und 7 Mosquitos waren gestartet, um 895 Tonnen Bomben über Nürnberg abzuwerfen, ein genau ausgeklügeltes Mix aus 39 Prozent Spreng- und 61 Prozent Brandbomben (545 Tonnen; davon wiederum 61 Prozent 1,7 kg-Stabbrandbomben). Erschwert wurde der Angriff durch das Wetter. 10/10 Haufenwolken mit Untergrenzen von ca. 2000 Metern verdeckten die Sicht auf die

Stadt. Der Anflug erfolgte aus dem Raum Bad Mergentheim-Schwäbisch Hall in Höhen zwischen 4500 und 5500 Metern. Da die Angreifer schon rechtzeitig erkannt worden waren, löste die LS-Warnzentrale um 19.46 Uhr „Luftgefahr 15" aus, um 20.25 Uhr „Fliegeralarm". Die Flak eröffnete ihr Abwehrfeuer um 20.41 Uhr, der erste Bombenabwurf erfolgte um 20.46 Uhr.

Schwerpunkt des Angriffes war die Südstadt mit ihren Industrieanlagen, außerdem der LS-Abschnitt Mitte mit der Altstadt.

Nach dem Bericht des örtlichen LS-Leiters wurden 237 Menschen getötet, davon 65 russische Kriegsgefangene und deren 5 Wachsoldaten, 158 Personen erlitten schwere, 307 leichte Verletzungen. An 14 Stellen konnten von 282 Verschütteten 176 lebend geborgen werden.

Obdachlos geworden waren 10 383 Menschen, davon 8500 längerfristig. 579 Wohngebäude waren total zerstört, 551 schwer, 1373 mittel und etwa 2500 leicht beschädigt.

Die Gustav-Adolf-Kirche brannte völlig nieder, die alte Rochuskapelle wurde als „totaler Sprengschaden" registriert. Die Theresienkirche wurde durch Brandbomben schwer, die Christuskirche leicht beschädigt.

Schwere Bombenschäden – vor allem durch Brand – waren auf dem Reichsparteitagsgelände zu verzeichnen.

Ähnlich die Schadensliste der Industrie. MAN und das Sie-

288

289

290

291

mens-Trafowerk in der Katzwangerstraße meldeten schwere Spreng- und Brandschäden, ebenso die Süddeutsche Apparate-Fabrik in der Platenstraße. Schwere Brandschäden bei der Metallwarenfabrik Leistritz und der Fränkischen Schuhfabrik. TeKaDe in der Schwaben- und in der Nornenstraße hatten leichte Schäden durch Sprengbomben am Bürogebäude und an den Lagerhallen. Daneben wurden 24 andere Firmen mehr oder weniger stark getroffen.

In den Versorgungsnetzen entstanden diesmal nur unwesentliche Schäden, die Straßenbahn meldete in der Südstadt zahlreiche Gleis- und Oberleitungsschäden.

Schwerste Schäden hatte diesmal die Reichsbahn hinzunehmen. Im Hauptbahnhof hatten zwei Sprengbomben auf der Ostseite die Gleise 17 und 18 getroffen und dabei den Bahnsteigtunnel durchschlagen, außerdem war die Fahrleitung auf der Ostseite des Hbf und an der Lokomotivverbindungsbahn zum Betriebswerk beschädigt. Die Gleisschäden waren am 21. Oktober 14.00 Uhr, die Fahrleitungsschäden am 23. Oktober 1944 wieder behoben. Am Rangierbahnhof gab es große Fahrleitungsschäden und umfangreiche Brände an Güterwagen. Die Stellwerke 2, 14, 16, 20 und 27 erlitten Luftdruckschäden, das Stellwerk 26 wurde zerstört. Die Gleisanlagen wurden von 24 Sprengbomben getroffen. In den Verbindungsgleisen vor dem Einfahrsignal zum Einfahrbahnhof wurden die dort haltenden Züge 6808 und 8909 von Sprengbomben getroffen, meh-

292

rere Waggons stürzten um oder brannten aus.

Von den Angehörigen eines Wehrmachttransportes wurden 6 Soldaten der 3./le. Flakabt. 952 getötet, unter ihnen der Abteilungskommandeur, Major Prinz Karl von Auersperg. 60 weitere Soldaten wurden verletzt, 30 von ihnen schwer.

Im zweiten Waggon eines aus Richtung Fürth in den Rangierbahnhof einfahrenden Güterzuges wurden 23 lettische Flüchtlinge von einem Volltreffer getötet, fast ausnahmslos jüngere

293

290) MAN-Wehrmachtslager (20. 10. 1944).
291) MAN-Werk (20. 10. 1944).
292) MAN-Werk (20. 10. 1944).
293) MAN-Großmotorenbau (20. 10. 1944).

294

295

294) Getroffene Güterzug-Lokomotive der Baureihe 42 (20. 10. 1944).
295) Kriegsgefangene beim Aufräumen (20. 10. 1944).
296) Zerstörte Güterwagen mit Granatrohlingen (20. 10. 1944).
297) Möbelbergung in der Peter-Henlein-Straße (20. 10. 1944).
298) Behelfskrankenwagen der LS-Polizei in der Voltastraße (20. 10. 1944).

Frauen mit ihren Kindern. In der Angriffsnacht wurden im Rangierbahnhof etwa 200 Wagen zerstört, davon 17 mit Munition oder Munitionsteilen. Der Betrieb im Rbf. wurde bis zum 25. Oktober 1944 wieder mit etwa 50 Prozent aufgenommen.

Im Bahnbetriebswerk des Rbf gab es Luftdruckschäden im Verwaltungsgebäude, im Lok- und E-Lokschuppen, dem Stofflager und der Schmiede entstanden Fenster- und Dachschäden, in der Lokrichthalle ein kleinerer Brandschaden. Starke Luftdruckschäden im Bahnkraftwerk Rbf. Nür, Totalschäden durch Brand im Luftschutzgerätelager und im Wagenaufstellungswerk Brunecker Straße. Brandschäden in der Güterwagenabteilung Rbf. Nür, dem Kraftwagenbetriebswerk und der Umladestelle im Rbf. Sie wurden von Flammstrahlbomben getroffen. Die Halle brannte zu zwei Dritteln ab, 80 Wagen mit Gut verbrannten, 50 wurden beschädigt. Ab 25. Oktober 1944 wurde dort der Betrieb in kleinem Umfang wieder aufgenommen.

Im Bahnhof Nürnberg-Dutzendteich wurde eine Brücke beim Stellwerk 2 durch einen Langzeitzünder leicht angeschlagen. Der Luftdruck beschädigte Kabel und das Stellwerk. Weichen und Signale waren deshalb nicht bedienbar. Der Lokführer einer Rangierlok wurde getötet, 2 Zugmelderinnen leicht verletzt. Der Betrieb konnte in beschränktem Maß aufrechterhalten werden, alle Schäden sollten bis 29. Oktober 1944 beseitigt sein.

Im Bahnhof Eibach wurde ein Wohngebäude zerstört, sämtliche Fahrleitungen abgerissen.

Im allgemeinen lief der Bahnbetrieb am 19. Oktober 1944 wieder, länger gesperrt waren die Strecke von Nür-Hbf. nach Fürth (bis 20. Oktober 1944 um 3.21 Uhr), das Gleis Reichelsdorf–Nürnberg (bis 20. Oktober 1944 um 19.50 Uhr) und das Gleis Nürnberg–Reichelsdorf (bis 21. Oktober 1944 um 16.45 Uhr).

Bei der Post erhielt die Betriebswerkstatt der Kraftpostwagen schwere Spreng- und Brandbombentreffer, nur wenige Fahrzeuge wurden gerettet. Die Behelfspaketzustellung brannte aus, ein Zweigpostamt wurde durch Sprengbomben zerstört, das Ortskabelnetz an verschiedenen Stellen beschädigt.

Viele Wehrmachtbaracken im Süden der Stadt wurden schwer beschädigt, die SS-Kaserne verzeichnete wieder schwere Spreng- und Brandschäden.

54 Sirenen fielen wegen Zerstörung der Meldeleitungen aus, bis 26. Oktober 1944 konnten 41 davon wieder an die Fernsteuerung angeschlossen werden. Alle anderen wurden vorläufig mit Sirenenwarten besetzt und durch Hand ausgelöst.

Insgesamt löste der Angriff 680 Großbrände, 420 Mittelbrände und 946 Kleinbrände aus.

296

297

298

299

300

noch:
19. 10. 1944
Donnerstag
23.06 – 23.16 Uhr
„Öffentliche Luftwarnung“

20. 10. 1944
Freitag
0.53 – 1.38 Uhr
„Fliegeralarm“
12.27 – 13.39 Uhr
„Fliegeralarm“

22. 10. 1944
Sonntag
10.23 – 10.44 Uhr
„Öffentliche Luftwarnung“

23. 10. 1944
Montag
11.41 Uhr
„Öffentliche Luftwarnung“
11.45 – 13.49 Uhr
„Fliegeralarm“
15.10 – 15.21 Uhr
„Öffentliche Luftwarnung“

24. 10. 1944
Dienstag
20.47 – 21.21 Uhr
„Öffentliche Luftwarnung“

29. 10. 1944
Sonntag
11.42 – 13.14 Uhr
„Fliegeralarm“
19.24 – 19.49 Uhr
„Öffentliche Luftwarnung“
20.13 – 21.06 Uhr
„Öffentliche Luftwarnung“

30. 10. 1944
Montag
16.55 – 17.11 Uhr
„Öffentliche Luftwarnung“
17.41 – 18.02 Uhr
„Öffentliche Luftwarnung“
20.27 – 20.50 Uhr
„Öffentliche Luftwarnung“
21.04 – 21.17 Uhr
„Öffentliche Luftwarnung“

31. 10. 1944
Dienstag
19.33 – 20.20 Uhr
„Öffentliche Luftwarnung“
21.22 – 21.51 Uhr
„Öffentliche Luftwarnung“
22.19 – 22.49 Uhr
„Öffentliche Luftwarnung“

1. 11. 1944
Mittwoch
11.52 – 12.12 Uhr
„Öffentliche Luftwarnung“
15.22 – 16.17 Uhr
„Öffentliche Luftwarnung“
16.23 – 16.33 Uhr
„Öffentliche Luftwarnung“
17.15 – 17.33 Uhr
„Öffentliche Luftwarnung“
20.04 – 21.35 Uhr
„Öffentliche Luftwarnung“
23.36 – 23.53 Uhr
„Öffentliche Luftwarnung“

2. 11. 1944
Donnerstag
16.01 – 16.15 Uhr
„Öffentliche Luftwarnung“

4. 11. 1944
Samstag
1.14 – 2.40 Uhr
„Öffentliche Luftwarnung“
11.45 – 12.39 Uhr
„Fliegeralarm“
19.23 – 21.03 Uhr
„Öffentliche Luftwarnung“

5. 11. 1944
Sonntag
3.35 – 4.06 Uhr
„Öffentliche Luftwarnung“
11.27 – 13.20 Uhr
„Fliegeralarm“
20.41 – 20.50 Uhr
„Öffentliche Luftwarnung“

6. 11. 1944
Montag
19.45 – 20.21 Uhr
„Öffentliche Luftwarnung“

301

303

302

304

299) Gustav-Adolf-Kirche (Oktober 1944).
300) Rochusfriedhof (20. 10. 1944).
301) Resedenweg (20. 10. 1944).
302) Löschwasserteich am Hasenbuck (20. 10. 1944).
303) Kriegsgefangene beim Straßenräumen in der Frankenstraße (20. 10. 1944).
304) Platenstraße (Oktober 1944).
305) TEKADE-Werk in der Landgrabenstraße (Oktober 1944).

305

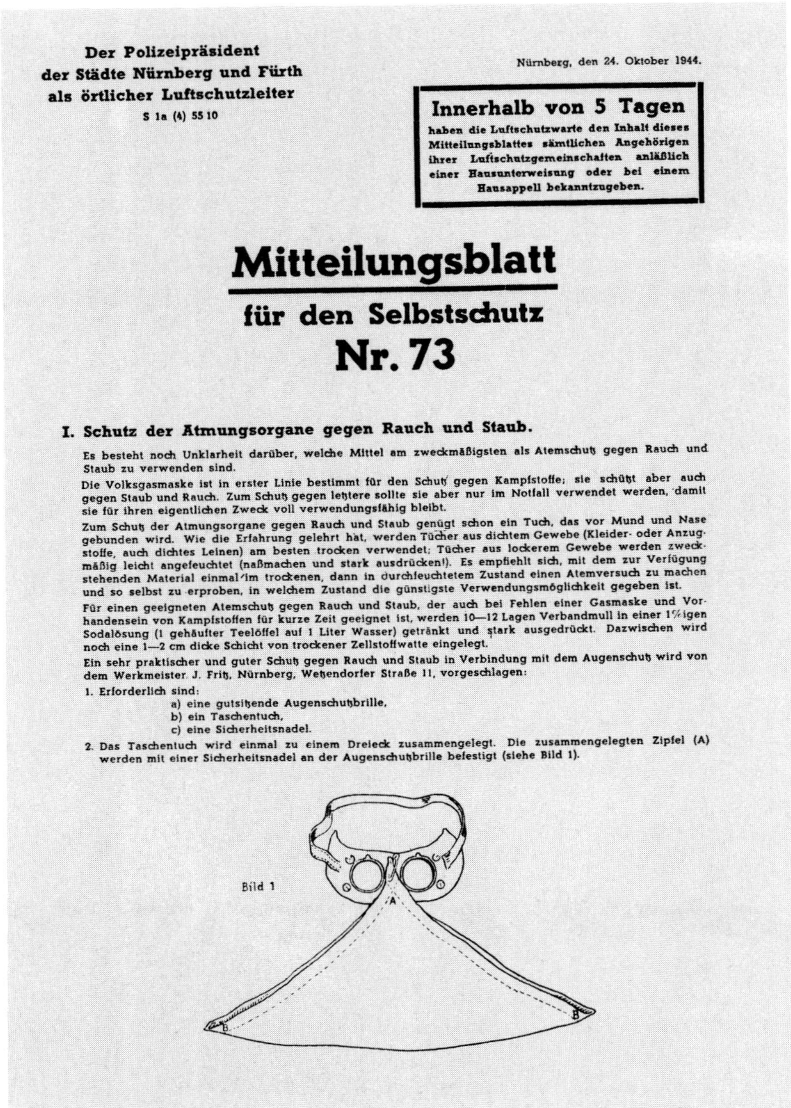

Der Polizeipräsident
der Städte Nürnberg und Fürth
als örtlicher Luftschutzleiter
S 1a (4) 55 10

Nürnberg, den 24. Oktober 1944.

Innerhalb von 5 Tagen
haben die Luftschutzwarte den Inhalt dieses Mitteilungsblattes sämtlichen Angehörigen ihrer Luftschutzgemeinschaften anläßlich einer Hausunterweisung oder bei einem Hausappell bekanntzugeben.

Mitteilungsblatt
für den Selbstschutz
Nr. 73

I. Schutz der Atmungsorgane gegen Rauch und Staub.

Es besteht noch Unklarheit darüber, welche Mittel am zweckmäßigsten als Atemschutz gegen Rauch und Staub zu verwenden sind.

Die Volksgasmaske ist in erster Linie bestimmt für den Schutz gegen Kampfstoffe; sie schützt aber auch gegen Staub und Rauch. Zum Schutz gegen letztere sollte sie aber nur im Notfall verwendet werden, damit sie für ihren eigentlichen Zweck voll verwendungsfähig bleibt.

Zum Schutz der Atmungsorgane gegen Rauch und Staub genügt schon ein Tuch, das vor Mund und Nase gebunden wird. Wie die Erfahrung gelehrt hat, werden Tücher aus dichtem Gewebe (Kleider- oder Anzugstoffe, auch dichtes Leinen) am besten trocken verwendet; Tücher aus lockerem Gewebe werden zweckmäßig leicht angefeuchtet (naßmachen und stark ausdrücken!). Es empfiehlt sich, mit dem zur Verfügung stehenden Material einmal im trockenen, dann in durchfeuchtetem Zustand einen Atemversuch zu machen und so selbst zu erproben, in welchem Zustand die günstigste Verwendungsmöglichkeit gegeben ist.

Für einen geeigneten Atemschutz gegen Rauch und Staub, der auch bei Fehlen einer Gasmaske und Vorhandensein von Kampfstoffen für kurze Zeit geeignet ist, werden 10—12 Lagen Verbandmull in einer 1%igen Sodalösung (1 gehäufter Teelöffel auf 1 Liter Wasser) getränkt und stark ausgedrückt. Dazwischen wird noch eine 1—2 cm dicke Schicht von trockener Zellstoffwatte eingelegt.

Ein sehr praktischer und guter Schutz gegen Rauch und Staub in Verbindung mit dem Augenschutz wird von dem Werkmeister J. Fritz, Nürnberg, Wetzendorfer Straße 11, vorgeschlagen:

1. Erforderlich sind:
   a) eine gutsitzende Augenschutzbrille,
   b) ein Taschentuch,
   c) eine Sicherheitsnadel.
2. Das Taschentuch wird einmal zu einem Dreieck zusammengelegt. Die zusammengelegten Zipfel (A) werden mit einer Sicherheitsnadel an der Augenschutzbrille befestigt (siehe Bild 1).

Bild 1

306

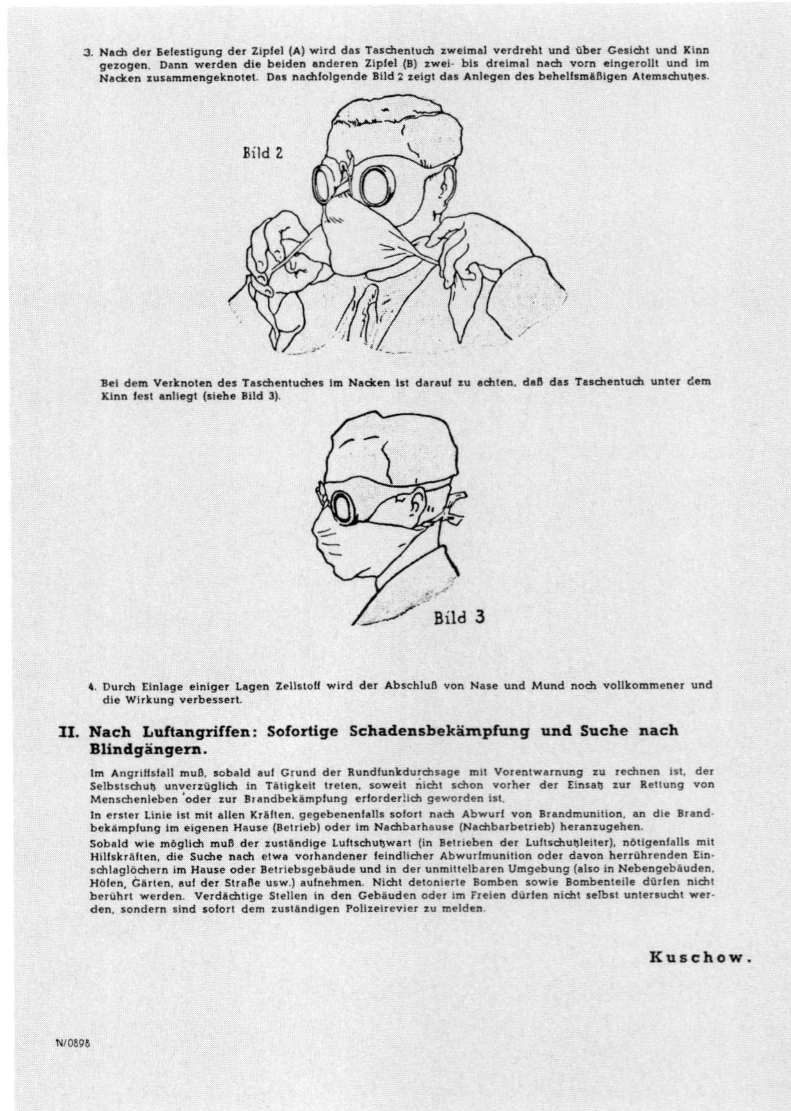

3. Nach der Befestigung der Zipfel (A) wird das Taschentuch zweimal verdreht und über Gesicht und Kinn gezogen. Dann werden die beiden anderen Zipfel (B) zwei- bis dreimal nach vorn eingerollt und im Nacken zusammengeknotet. Das nachfolgende Bild 2 zeigt das Anlegen des behelfsmäßigen Atemschutzes.

Bild 2

Bei dem Verknoten des Taschentuches im Nacken ist darauf zu achten, daß das Taschentuch unter dem Kinn fest anliegt (siehe Bild 3).

Bild 3

4. Durch Einlage einiger Lagen Zellstoff wird der Abschluß von Nase und Mund noch vollkommener und die Wirkung verbessert.

II. Nach Luftangriffen: Sofortige Schadensbekämpfung und Suche nach Blindgängern.

Im Angriffsfall muß, sobald auf Grund der Rundfunkdurchsage mit Vorentwarnung zu rechnen ist, der Selbstschutz unverzüglich in Tätigkeit treten, soweit nicht schon vorher der Einsatz zur Rettung von Menschenleben oder zur Brandbekämpfung erforderlich geworden ist.

In erster Linie ist mit allen Kräften, gegebenenfalls sofort nach Abwurf von Brandmunition, an die Brandbekämpfung im eigenen Hause (Betrieb) oder im Nachbarhause (Nachbarbetrieb) heranzugehen.

Sobald wie möglich muß der zuständige Luftschutzwart (in Betrieben der Luftschutzleiter), nötigenfalls mit Hilfskräften, die Suche nach etwa vorhandener feindlicher Abwurfmunition oder davon herrührenden Einschlaglöchern im Hause oder Betriebsgebäude und in der unmittelbaren Umgebung (also in Nebengebäuden, Höfen, Gärten, auf der Straße usw.) aufnehmen. Nicht detonierte Bomben sowie Bombenteile dürfen nicht berührt werden. Verdächtige Stellen in den Gebäuden oder im Freien dürfen nicht selbst untersucht werden, sondern sind sofort dem zuständigen Polizeirevier zu melden.

Kuschow.

N/0898

21.32 – 21.48 Uhr
„Öffentliche Luftwarnung“

7. 11. 1944
Dienstag
14.55 – 15.12 Uhr
„Öffentliche Luftwarnung“

8. 11. 1944
Mittwoch
11.16 Uhr
„Öffentliche Luftwarnung“
12.08 – 13.00 Uhr
„Fliegeralarm“

9. 11. 1944
Donnerstag
9.32 – 10.35 Uhr
„Öffentliche Luftwarnung“

10. 11. 1944
Freitag
2.17 – 2.58 Uhr
„Öffentliche Luftwarnung“
12.17 – 12.27 Uhr
„Öffentliche Luftwarnung“
19.57 – 20.43 Uhr
„Öffentliche Luftwarnung“
21.09 – 21.45 Uhr
„Öffentliche Luftwarnung“

11. 11. 1944
Samstag
12.59 – 13.09 Uhr
„Öffentliche Luftwarnung“

15. 11. 1944
Mittwoch
5.51 – 6.01 Uhr
„Öffentliche Luftwarnung“
13.20 – 13.47 Uhr
„Öffentliche Luftwarnung“
17.10 – 17.33 Uhr
„Öffentliche Luftwarnung“

16. 11. 1944
Donnerstag
11.33 – 11.47 Uhr
„Öffentliche Luftwarnung“
13.14 – 13.31 Uhr
„Öffentliche Luftwarnung“

18. 11. 1944
Samstag
18.47 – 20.13 Uhr
„Öffentliche Luftwarnung“
21.14 – 23.31 Uhr
„Öffentliche Luftwarnung“
23.43 – 0.18 Uhr
„Öffentliche Luftwarnung“

19. 11. 1944
Sonntag
1.43 – 1.58 Uhr
„Öffentliche Luftwarnung“
11.01 – 12.15 Uhr
„Öffentliche Luftwarnung“
13.25 – 14.03 Uhr
„Öffentliche Luftwarnung“

21. 11. 1944
Dienstag
12.16 Uhr
„Öffentliche Luftwarnung“
12.35 – 13.04 Uhr
„Fliegeralarm“
19.10 – 20.20 Uhr
„Fliegeralarm“

22. 11. 1944
Mittwoch
12.08 Uhr
„Öffentliche Luftwarnung“
12.25–13.32 Uhr, „Fliegeralarm“

24. 11. 1944
Freitag
13.16 – 13.42 Uhr
„Öffentliche Luftwarnung“

307

308

25. 11. 1944
Samstag
20.31 – 21.30 Uhr
„Öffentliche Luftwarnung"
23.47 Uhr
„Öffentliche Luftwarnung"
23.52 – 0.38 Uhr
„Fliegeralarm"
Luftangriff auf Nürnberg.

Nach britischen Angaben waren in dieser Nacht 68 Mosquitos zum Angriff auf Nürnberg eingesetzt, sie flogen zwei Störangriffe.

Um 23.38 Uhr – so das Kriegstagebuch des Luftgaukommandos VII – flogen 15 bis 20 schnelle Kampfflugzeuge stark aufgelockert zwischen Rothenburg und Bamberg mit Kurs Nürnberg in 7000 bis 7600 Metern Höhe. Ihre Geschwindigkeit betrug 120 bis 130 m/sek (also rund 430 bis 470 km/h), so die Meldungen von den Funkmeßgeräten. Das Wetter war günstig, wolkenloser Himmel, leichter Südwestwind und Mondschein.

Die LS-Warnzentrale gab um 23.47 Uhr die Warnmeldung „Luftgefahr 15" heraus, gleichzeitig das Sirenensignal „Öffentliche Luftwarnung". Nur 5 Minuten später wurde „Fliegeralarm" ausgelöst. Von 23.56 bis 24.00 Uhr bekämpfte die Flak mit 51 Geschützen von 9 Batterien aus die vereinzelt bis auf 2000 Meter herunterkommenden Angreifer mit 239 Schuß.

Der Bombenabwurf begann um 23.57 Uhr. Nach dem Setzen von roten Bodenmarkierungen und roten „Christbäumen" warfen die Mosquitos etwa 60 Sprengbomben. Um 24.00 Uhr endete der Bombenabwurf, die Engländer gingen auf Heimatkurs und flogen zwischen 0.03 und 0.13 Uhr zwischen Bad Mergentheim und Bamberg ab.

Um 0.27 Uhr wurde „Vorentwarnung" gegeben, um 0.38 Uhr „Entwarnung".

In Nürnberg waren unterdessen sämtliche Einsatzkräfte des LS-Abschnittes Nord unterwegs zu den Schadenstellen.

26. 11. 1944
Sonntag
2.02 Uhr
„Öffentliche Luftwarnung"
2.41 – 3.48 Uhr
„Fliegeralarm"
Luftangriff.

Das Wetter hatte sich seit Mitternacht leicht verschlechtert, die Luftwaffe meldete nun $^4/_{10}$ mittelhohe Bewölkung, Untergrenzen bei 3000 m, Obergrenze bei 5000 m.

Auf Grund der Durchsagen des Flugmeldedienstes wurden um 1.58 Uhr „Luftgefahr 15" und um 2.41 Uhr „Öffentliche Luftwarnung" ausgelöst.

Ab 2.41 Uhr wurden bei Rothenburg 30 bis 50 schnelle Flugzeuge aufgefaßt, „stark aufgelockert und in kleinen Verbänden zum konzentrischen Angriff auf Nürnberg". Nun wurde in Nürnberg „Fliegeralarm" gegeben.

Von 2.55 bis 3.14 Uhr feuerten nun 23 Flakbatterien aus 135 Rohren auf die Mosquitos. Diese griffen meist in 6000 bis 7000 m Höhe an, einzelne Bomber wurden aber auch in 7600 m, 5000 m und sogar in nur 200 m Höhe gemessen. Trotz 2002 abgefeuerter Flakgranaten wurde keine Maschine abgeschossen, vielleicht eine Folge der abgeworfenen Staniolstreifen. Die Funkmeßgeräte meldeten nämlich „mittelschwere Düppelstörungen".

Zwischen 3.00 und 3.26 Uhr flogen die Mosquitos zwischen Ansbach und Bamberg wieder ab.

Bei diesem zweiten Angriff waren ca. 150 Sprengbomben gefallen. Nach britischen Angaben waren bei den beiden Angriffen 76,1 Tonnen Spreng- und eine Tonne Brandmunition abgeworfen worden. Von 28 Blindgängern waren bis zum 29. November 1944 14 beseitigt, 4 detonierten von selbst (Langzeitzünderbomben).

In Nürnberg und Umgebung starben 74 Menschen. Ein Mann wurde vor dem Eingang zum Bunker Westtorbastei von einer Sprengbombe regelrecht zerfleischt. Die meisten Toten gab es an der Ringbahn zwischen dem Nord- und dem Nordostbahnhof. Vor dessen östlichem Einfahrtsignal erhielt gegen 3 Uhr der Wehrmachttransportzug 90 106 einen Volltreffer. Aus den Trümmern von 2 Waggons zerrten Soldaten und Hilfskräfte 55 Tote und 60 Verletzte. 6 von ihnen starben noch in den nächsten Stunden im Hilfslazarett Theresienkrankenhaus an ihren schweren Schädel- und Lungenverletzungen bzw. an Verbrennungen. Wegen der Bergungsarbeiten blieb die Ringbahn für 24 Stunden gesperrt.

Auf den Fliegerhorst Fürth fielen 2 Bomben, sie töteten zwei Menschen und beschädigten die neue Werft leicht. Auf den Nürnberger Flughafen, er war mit 19 Flugzeugen belegt, fielen 6 Bomben, davon 2 Blindgänger. Ein Flugzeug wurde zerstört, die Dächer und Fenster der Abstellhallen beschädigt, Unterkünfte für 200 Soldaten zerstört. In einer Flakstellung wurden drei Mann, davon „2 Ausländer" verwundet, eine 8,8-cm-Kanone leicht beschädigt.

Der örtliche LS-Leiter meldete 5 total zerstörte, 14 schwer- und 45 mittelschwer beschädigte Wohngebäude. 40 Personen mußten langfristig umquartiert werden. Das städtische Altersheim in der Veilhofstraße wurde durch Sprengbomben schwer beschädigt. Im Kabelwerk Neu-

309

306) Information des örtlichen Luftschutzleiters für die Bevölkerung (24. 10. 1944).
307) Britisches Aufklärerphoto des Gebiets zwischen Webersplatz (oben) und Hauptbahnhof (unten) vom 19. November 1944.
308) Britischer „Mosquito"-Bomber.
309) Blick von der Oberen Kreuzgasse zur Burg (November 1944).

meyer brannten 2, im Eisenwerk Tafel 1 Wohnbaracke ab.

noch:
26. 11. 1944
Sonntag
7.04 – 7.14 Uhr
„Öffentliche Luftwarnung“
10.44 Uhr
„Öffentliche Luftwarnung“
10.47 – 12.11 Uhr
„Fliegeralarm“.

5 bis 15 amerikanische Jagdbomber vom Typ „Thunderbolt“ flogen in 3400 bis 4000 Metern Höhe und mit einer Geschwindigkeit von 450 bis 500 km/h von Westen her an. Um 10.56 Uhr eröffnete die Flak das Feuer auf etwa 20 Mosquitos. 120 Geschütze von 21 Batterien verschossen 829 Granaten, auf das Stadtgebiet von Fürth fielen 28 Sprengbomben. Die Folgen: 1 Toter durch Herzschlag, 3 Leichtverletzte, 9 Obdachlose, 2 Wohngebäude total zerstört, 9 schwer, 6 mittel und 107 leicht beschädigt.

Zwischen 11.04 und 11.07 Uhr griffen etwa 6 amerikanische Thunderbolts den Fliegerhorst Fürth im Sturzflug aus 3500 bis 2000 m Höhe an und warfen 2 Sprengbomben. Erst als die Amerikaner in 1200 m Höhe abfingen, kamen sie in den Wirkungsbereich der mittleren Flak. Drei 3,7-cm-Geschütze eröffneten das Feuer. Ihre 18 Schuß erzielten keine Wirkung.

Auf dem Fliegerhorst war ein Soldat verwundet worden, es entstand mittlerer Gebäudeschaden, die Stromzufuhr war gestört.

21.48 – 22.05 Uhr
„Öffentliche Luftwarnung“

27. 11. 1944
Montag
1.14 – 2.03 Uhr
„Öffentliche Luftwarnung“
4.52 – 5.55 Uhr
„Fliegeralarm“
18.45 Uhr
„Öffentliche Luftwarnung“
19.08 – 20.26 Uhr
„Fliegeralarm“.

Ab 19.10 Uhr warfen 5 Mosquitos über der Alt- und Südstadt ihre Bomben ab. Eine schwere Sprengbombe verschüttete im Anwesen Peter-Henlein-Straße 2 zwei ältere Ehepaare, sie erstickten unter den Schuttmassen. Sechs Personen wurden verletzt. Zwei Wohngebäude waren schwer, eines mittel und 3 leicht beschädigt worden. 18 Personen waren langfristig obdachlos.

Zwei schwere Langzeitzünderbomben explodierten 6 bzw. 6 ½ Stunden nach dem Angriff, ohne Schaden anzurichten.

28. 11. 1944
Dienstag
19.06 – 20.07 Uhr
„Fliegeralarm“
Luftangriff
19.11 – 19.43 Uhr

Einflug von 75 Mosquitos zwischen Rothenburg und Bamberg in 6000 bis 8000 Metern Höhe.

Zwischen 19.20 und 19.32 Uhr sowie 20.37 und 20.38 Uhr meldete das Kriegstagebuch des Luftgaukommandos VII „mittelstarke Gefechtstätigkeit in Nürnberg“. Bei zahlreichen Düppelstörungen verschossen 131 Geschütze von 29 Batterien 2524 Granaten. Unter „Erfolge“ steht: „1 Zweimot. sicher, 1 wahrscheinlich“ abgeschossen. Ein Flaksoldat kam bei dem Angriff ums Leben.

Verstreut über das ganze Stadtgebiet fielen etwa 160 Sprengbomben, eine Luftmine 1800 kg und eine Luftmine 950 kg, die aber nicht detonierte. 22 Menschen wurden getötet, 8 schwer und 27 leicht verletzt. Von den 56 Verschütteten konnten sich 35 selbst befreien, 9 wurden lebend, 12 tot ausgegraben. Von 1090 Obdachlosen mußten 596 langfristig umquartiert werden.

Der Celtistunnel war teilweise eingestürzt, acht Gleise unbefahrbar, die Strecke nach Fürth wegen Fahrleitungsschäden nicht benutzbar. Die MAN und das Siemens Trafowerk meldeten leichte Schäden. Das Fürther Krankenhaus hatte schwere Glasschäden, im Fürther Gaswerk war der kleine Gaskessel ausgebrannt, aus dem großen strömte Gas.

Einzelne Bomben waren im Nürnberger Westen, der nördlichen Innenstadt von Fürth und in Doos eingeschlagen. 42 Häuser waren total, 67 schwer, 138 mittel und 655 leicht beschädigt. Die Bayerische Metallwarenfabrik meldete wegen Sprengschäden einen Produktionsausfall von 70 Prozent für ca. 4 Wochen.

noch:
28. 11. 1944
Dienstag
20.12 – 20.49 Uhr
„Öffentliche Luftwarnung“
29. 11. 1944
Mittwoch
2.37 – 3.10 Uhr
„Öffentliche Luftwarnung“

30. 11. 1944
Donnerstag
12.40 – 14.44 Uhr
„Öffentliche Luftwarnung“
18.50 – 19.42 Uhr
„Öffentliche Luftwarnung“
20.51 – 22.04 Uhr
„Öffentliche Luftwarnung“

1. 12. 1944
Freitag
13.48–15.01 Uhr, „Fliegeralarm“
21.24 – 21.41 Uhr
„Öffentliche Luftwarnung“

2. 12. 1944
Samstag
12.54 – 13.26 Uhr
„Öffentliche Luftwarnung“
21.51 – 22.06 Uhr
„Fliegeralarm“

3. 12. 1944
Sonntag
13.00 – 13.22 Uhr
„Öffentliche Luftwarnung“

4. 12. 1944
Montag
6.20 – 6.55 Uhr
„Öffentliche Luftwarnung“
12.12 – 13.33 Uhr
„Fliegeralarm“
19.13 – 20.41 Uhr
„Fliegeralarm“

5. 12. 1944
Dienstag
10.11 – 10.39 Uhr
„Öffentliche Luftwarnung“
13.20 – 13.48 Uhr
„Fliegeralarm“
21.08 – 22.50 Uhr
„Fliegeralarm“
Luftangriff.

32 Mosquitos flogen Nürnberg aus dem Raum Bamberg-Würzburg an. Der Himmel war zu $^{5}/_{10}$ mit Haufenwolken bedeckt, der Wind kam aus Südwest.

Um 21.20 Uhr eröffnete die Flak das Feuer auf die in ca. 4500 Metern fliegenden Maschinen. Zwischen 21.20 und 21.55 Uhr überflogen die ersten beiden Wellen das Stadtgebiet, der Bombenabwurf begann um 21.25 Uhr. Die dritte und die vierte Welle überflog Nürnberg von 21.50 bis 21.55 Uhr, warf aber keine Bomben. Die meisten der 51 Sprengbomben fielen in die Süd- und die Nordstadt. Von 31 Blindgängern detonierten 4 von selbst, 21 waren bis zum 8. Dezember 1944 entschärft.

In dem Haus Schweinauer Hauptstraße 3/5 und in der Bennostraße kamen sieben Menschen um. Zwei wurden schwer und einer leicht verletzt. Fünf Verschüttete konnten lebend geborgen werden. Vier Wohngebäude waren total beschädigt, 3 schwer, eines mittel und 16 leicht.

Im Kabel- und Metallwerk Neumeyer entstanden leichte Sprengschäden am Kabelwerk und an der Schreinerei, die Firma Metall und Eisen meldete leichte Luftdruckschäden.

Das Rollfeld des Nürnberger Flughafens war durch Sprengbomben beschädigt, ebenso ein Stromkabel an der Oedenberger und Schafhofstraße. Eine Gaszuleitung war durch Sprengbombentreffer unterbrochen.

noch:
5. 12. 1944
Dienstag
22.50 – 23.22 Uhr
„Öffentliche Luftwarnung“

6. 12. 1944
Mittwoch
14.23 – 14.42 Uhr
„Öffentliche Luftwarnung“
19.52 – 21.13 Uhr
„Fliegeralarm“
21.13 – 21.43 Uhr
„Fliegeralarm“
21.20 Uhr starkes Flakfeuer
(Angriff auf Leuna).

7. 12. 1944
Donnerstag
5.15 – 6.02 Uhr
„Fliegeralarm“
19.05 – 19.26 Uhr
„Öffentliche Luftwarnung“

8. 12. 1944
Freitag
15.48 – 16.14 Uhr
„Öffentliche Luftwarnung“

9. 12. 1944
Samstag
11.39 – 13.49 Uhr
„Fliegeralarm“
19.44 – 20.56 Uhr
„Fliegeralarm“
Starkes Flakfeuer

10. 12. 1944
Sonntag
10.08 – 12.28 Uhr
„Fliegeralarm“

11. 12. 1944
Montag
11.30 – 12.54 Uhr
„Fliegeralarm“

12. 12. 1944
Dienstag
0.33 – 1.09 Uhr
„Öffentliche Luftwarnung“
3.18 – 3.37 Uhr
„Öffentliche Luftwarnung“
12.25 – 13.45 Uhr
„Fliegeralarm“
20.52 – 21.01 Uhr
„Öffentliche Luftwarnung“

13. 12. 1944
Mittwoch
12.48 – 13.57 Uhr
„Öffentliche Luftwarnung“

14. 12. 1944
Donnerstag
1.21 – 2.09 Uhr
„Öffentliche Luftwarnung“
12.45 – 13.09 Uhr
„Öffentliche Luftwarnung“

15. 12. 1944
Freitag
17.39 Uhr
„Öffentliche Luftwarnung“
18.26 – 18.58 Uhr
„Fliegeralarm“
19.53 – 20.29 Uhr
„Öffentliche Luftwarnung“

16. 12. 1944
Samstag
7.54 – 8.10 Uhr
„Öffentliche Luftwarnung“
11.34 – 12.15 Uhr
„Öffentliche Luftwarnung“
12.34 Uhr
„Öffentliche Luftwarnung“
13.07 – 13.53 Uhr
„Fliegeralarm“

17. 12. 1944
Sonntag
10.46 – 13.17 Uhr
„Öffentliche Luftwarnung“
13.29 Uhr
„Öffentliche Luftwarnung“
13.33 – 14.04 Uhr
„Fliegeralarm“
15.22 – 15.35 Uhr
„Öffentliche Luftwarnung“
18.42 Uhr
„Öffentliche Luftwarnung“
19.20 – 20.29 Uhr
„Fliegeralarm“
Starkes Flakfeuer
(Angriffe auf
Ulm und München)
21.30 – 23. 47 Uhr
„Fliegeralarm“

18. 12. 1944
Montag
6.23 – 6.29 Uhr
„Öffentliche Luftwarnung“
10.27 – 10.43 Uhr
„Öffentliche Luftwarnung“
18.26 – 20.09 Uhr
„Fliegeralarm“.

Störangriff von 40 britischen Mosquitos, 3 Luftminen und ca. 70 Sprengbomben nach deutschen, nach Angaben der RAF 43,5 Tonnen Spreng- und 2,6 Tonnen Brandbomben. Sie fielen ohne klar erkennbaren Schwerpunkt verstreut im Stadtgebiet. Alle 14 registrierten Blindgänger wurden beseitigt. Zwei Menschen kamen ums Leben (davon eine Person im Haus Gabelsbergerstr. 31). Eine Person wurde schwer, 6 wurden leicht verletzt. An einer Schadenstelle konnten alle 20 Verschütteten lebend geborgen werden. Von den 1070 Obdachlosen waren 408 langfristig umzuquartieren, 33 Wohngebäude waren total, 31 schwer, 123 mittel und 204 leicht beschädigt.

19. 12. 1944
Dienstag
19.58 Uhr
„Öffentliche Luftwarnung“
19.58 – 21.04 Uhr
„Fliegeralarm“

20. 12. 1944
Mittwoch
12.03 – 13.31 Uhr
„Fliegeralarm“

22. 12. 1944
Freitag
12.07 – 13.13 Uhr
„Fliegeralarm“
13.27 – 13.35 Uhr
„Öffentliche Luftwarnung“
21.30 – 21.42 Uhr
„Öffentliche Luftwarnung“

310

311

312

310) Obere Kreuzgasse (29. 11. 1944).
311) Westtormauer (29. 11. 1944).
312) Celtistunnel (29. 11. 1944).
313) Neujahrswünsche für 1945.
314) Gauleiter Karl Holz, hier bei der Auszeichnung von Hitlerjungen (4. 10. 1942).

23. 12. 1944
Samstag
6.37 – 6.48 Uhr
„Öffentliche Luftwarnung“
12.17 – 13.43 Uhr
„Öffentliche Luftwarnung“
13.48 – 14.03 Uhr
„Öffentliche Luftwarnung“
18.26 – 18.51 Uhr
„Öffentliche Luftwarnung“
20.22 – 20.54 Uhr
„Öffentliche Luftwarnung“

24. 12. 1944
Sonntag (Weihnachten)
4.55 – 5.18 Uhr
„Öffentliche Luftwarnung“
12.51 Uhr
„Öffentliche Luftwarnung“
12.57 – 14.11 Uhr
„Fliegeralarm“
14.11 – 15.27 Uhr
„Fliegeralarm“
15.27 – 15.38 Uhr
„Fliegeralarm“
15.45 – 16.02 Uhr
„Öffentliche Luftwarnung“
18.10 – 18.43 Uhr
„Öffentliche Luftwarnung“
21.23 – 21.54 Uhr
„Öffentliche Luftwarnung“

25. 12. 1944
Montag
12.15 – 13.00 Uhr
„Öffentliche Luftwarnung“
13.19 – 13.39 Uhr
„Öffentliche Luftwarnung“
15.15 – 15.25 Uhr
„Öffentliche Luftwarnung“
19.43 – 19.55 Uhr
„Öffentliche Luftwarnung“

26. 12. 1944
Dienstag
11.13 – 11.50 Uhr
„Öffentliche Luftwarnung“
12.30 – 12.50 Uhr
„Öffentliche Luftwarnung“
13.21 – 13.41 Uhr
„Öffentliche Luftwarnung“

27. 12. 1944
Mittwoch
11.30 – 11.52 Uhr
„Öffentliche Luftwarnung“
12.29 – 12.39 Uhr
„Öffentliche Luftwarnung“

13.42 – 13.59 Uhr
„Öffentliche Luftwarnung“
14.52 – 15.16 Uhr
„Öffentliche Luftwarnung“

28. 12. 1944
Donnerstag
5.45 – 6.30 Uhr
„Öffentliche Luftwarnung“
11.53 – 12.45 Uhr
„Fliegeralarm“
13.21 – 13.57 Uhr
„Öffentliche Luftwarnung“

29. 12. 1944
Freitag
11.48 – 13.11 Uhr
„Fliegeralarm“
13.11 – 13.36 Uhr
„Fliegeralarm“

30. 12. 1944
Samstag
12.29 – 13.19 Uhr
„Fliegeralarm“
13.54 – 14.20 Uhr
„Öffentliche Luftwarnung“
20.50 – 21.24 Uhr
„Öffentliche Luftwarnung“

1. 1. 1945
Montag
12.39 Uhr
„Öffentliche Luftwarnung“
12.57 – 13.29 Uhr
„Fliegeralarm“

2. 1. 1945
Dienstag
9.56 – 10.24 Uhr
„Öffentliche Luftwarnung“
13.03 – 13.30 Uhr
„Öffentliche Luftwarnung“
15.50 – 16.07 Uhr
„Öffentliche Luftwarnung“
18.33 Uhr
„Öffentliche Luftwarnung“
18.43 – 21.40 Uhr
„Fliegeralarm“
Großangriff.
514 Lancaster und 7 Mosquitos der 1., 3., 6. und 8. Gruppe waren von ihren Flugplätzen in Großbritannien zum Angriff auf Nürnberg gestartet. Die Bedingungen für sie waren gut. Nürnberg lag nach der Rückeroberung Frankreichs durch die Alliierten nun in Reichweite des OBOE Funknavigationssystems.

Damit ließen sich die Markierungen der Pfadfinder sehr präzise abwerfen. Begünstigt wurden sie auch durch wolkenlosen Himmel und den aufgehenden Vollmond. Der Wind kam aus Süden, Windstärke 1, die Temperatur lag bei minus 8° Celsius.

Zur Angriffstaktik meldete drei Wochen später der örtliche Luftschutzleiter in seiner Abschlußmeldung: „Westeinflug. Anflug im wesentlichen von Süden und Südwesten, vereinzelt auch aus anderen Richtungen. Frontbreite von Windsheim bis Weißenburg. . . .“

„Angriffshöhe in verschiedenen Höhen zwischen 4000 und 8000 m, teilweise jedoch auch 1000 m und darunter.“

Die ersten Bomben fielen um 19.20 Uhr. Zunächst warfen die Pfadfinder nach deutschen Angaben 110 Leucht- und Markierungsbomben. Auf das abgesteckte Ziel (der örtliche Luftschutzleiter schätzte die Stärke des Feindes auf 1000 viermotorige Flugzeuge mit Jagdschutz) fielen 2304 Tonnen Bomben. Ein genau vorbereitetes Mix aus 1825 Tonnen Sprengbomben und 479 Tonnen Brandbomben (21 Prozent der abgeworfenen Menge). Die gesamte Brandmunition bestand aus 1,7 kg Stabbrandbomben, in der Masse mit

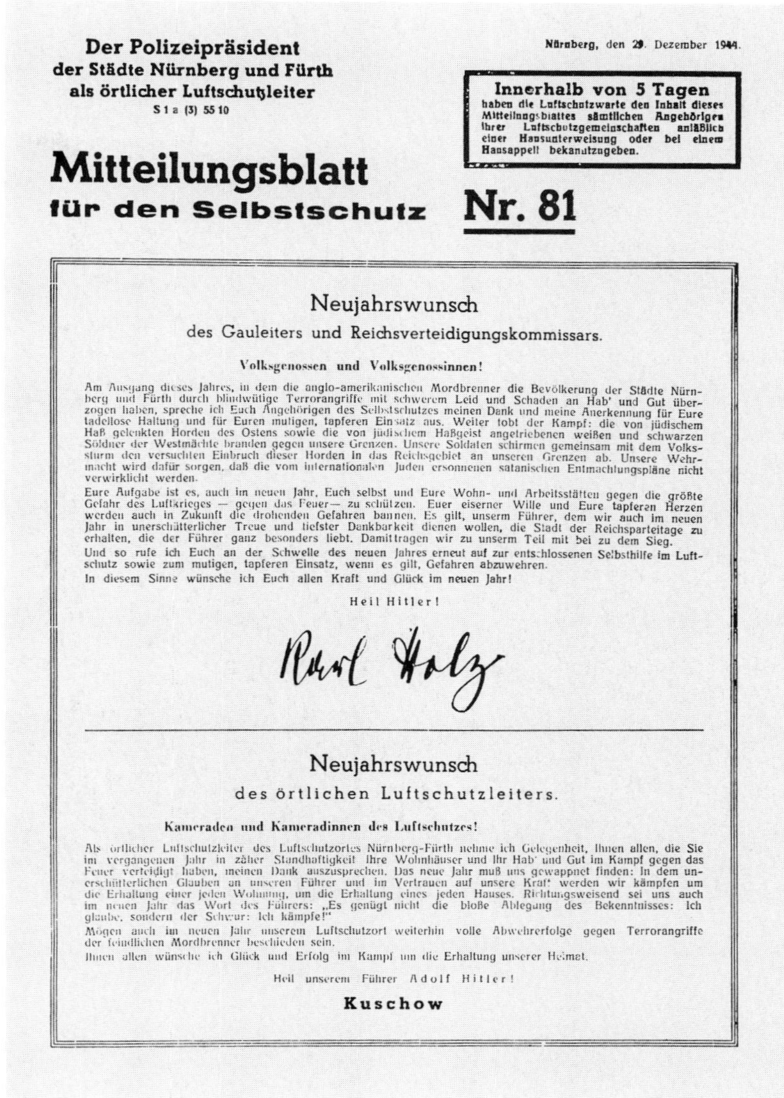

Der Polizeipräsident
der Städte Nürnberg und Fürth
als örtlicher Luftschutzleiter
S 1 a (3) 55 10

Nürnberg, den 29. Dezember 1944.

Innerhalb von 5 Tagen
haben die Luftschutzwarte den Inhalt dieses Mitteilungsblattes sämtlichen Angehörigen ihrer Luftschutzgemeinschaften anläßlich einer Hausunterweisung oder bei einem Hausappell bekanntzugeben.

Mitteilungsblatt
für den Selbstschutz **Nr. 81**

Neujahrswunsch
des Gauleiters und Reichsverteidigungskommissars.

Volksgenossen und Volksgenossinnen!

Am Ausgang dieses Jahres, in dem die anglo-amerikanischen Mordbrenner die Bevölkerung der Städte Nürnberg und Fürth durch blindwütige Terrorangriffe mit schwerem Leid und Schaden an Hab' und Gut überzogen haben, spreche ich Euch Angehörigen des Selbstschutzes meinen Dank und meine Anerkennung für Eure tadellose Haltung und für Euren mutigen, tapferen Einsatz aus. Weiter tobt der Kampf: die von jüdischem Haß gelenkten Horden des Ostens sowie die von jüdischem Haßgeist angetriebenen weißen und schwarzen Söldner der Westmächte branden gegen unsere Grenzen. Unsere Soldaten schirmen gemeinsam mit dem Volkssturm den versuchten Einbruch dieser Horden in das Reichsgebiet an unseren Grenzen ab. Unsere Wehrmacht wird dafür sorgen, daß die vom internationalen Juden ersonnenen satanischen Entmachtungspläne nicht verwirklicht werden.

Eure Aufgabe ist es, auch im neuen Jahr, Euch selbst und Eure Wohn- und Arbeitsstätten gegen die größte Gefahr des Luftkrieges — gegen das Feuer — zu schützen. Euer eiserner Wille und Eure tapferen Herzen werden auch in Zukunft die drohenden Gefahren bannen. Es gilt, unserm Führer, dem wir auch im neuen Jahr in unerschütterlicher Treue und tiefster Dankbarkeit dienen wollen, die Stadt der Reichsparteitage zu erhalten, die der Führer ganz besonders liebt. Damit tragen wir zu unserm Teil mit bei zu dem Sieg.

Und so rufe ich Euch an der Schwelle des neuen Jahres erneut auf zur entschlossenen Selbsthilfe im Luftschutz sowie zum mutigen, tapferen Einsatz, wenn es gilt, Gefahren abzuwehren.

In diesem Sinne wünsche ich Euch allen Kraft und Glück im neuen Jahr!

Heil Hitler!

Karl Holz

Neujahrswunsch
des örtlichen Luftschutzleiters.

Kameraden und Kameradinnen des Luftschutzes!

Als örtlicher Luftschutzleiter des Luftschutzortes Nürnberg-Fürth nehme ich Gelegenheit, Ihnen allen, die Sie im vergangenen Jahr in zäher Standhaftigkeit Ihre Wohnhäuser und Ihr Hab' und Gut im Kampf gegen das Feuer verteidigt haben, meinen Dank auszusprechen. Das neue Jahr muß uns gewappnet finden: In dem unerschütterlichen Glauben an unseren Führer und im Vertrauen auf unsere Kraft werden wir kämpfen um die Erhaltung einer jeden Wohnung, um die Erhaltung eines jeden Hauses. Richtungsweisend sei uns auch im neuen Jahr das Wort des Führers: „Es genügt nicht die bloße Ablegung des Bekenntnisses: Ich glaube, sondern der Schwur: Ich kämpfe!“

Mögen auch im neuen Jahr unserem Luftschutzort weiterhin volle Abwehrerfolge gegen Terrorangriffe der feindlichen Mordbrenner beschieden sein.

Ihnen allen wünsche ich Glück und Erfolg im Kampf um die Erhaltung unserer Heimat.

Heil unserem Führer Adolf Hitler!

Kuschow

313

314

315

316

Zerleger. Nach deutschen Schätzungen wurden an Sprengbomben abgeworfen: etwa 100 Luftminen, 6000 Sprengbomben, darunter 423 Blindgänger oder Langzeitzünderbomben.

Den Feuerwerkern von Luftwaffe und Luftschutz gelang es bis 25. Januar 1945, 415 von ihnen zu entschärfen, nur zwei detonierten von selbst und töteten sieben Menschen, darunter einen Mann am 3. Februar 1945 in der Karlstraße 8, als er Reste seines Hausrats bergen wollte.

Der Angriff galt bewußt den Wohngebieten in der Stadtmitte. Entsprechend hoch auch die dort abgeworfene Bombenmenge. Nach einem britischen Bericht vom 7. Juni 1945 fielen in dem Gebiet unmittelbar nordöstlich der Stadtmitte pro Quadratmeile 350 Tonnen Spreng- und Brandbomben, in der Stadtmitte 100 Tonnen pro Quadratmeile. In den Wohngebieten südlich des Zentrums lag die Bombenkonzentration bei 80 bis 120 Tonnen je Quadratmeile.

Bis 25. Januar 1945 hatte die örtliche Luftschutzleitung 1794 Tote registriert, darunter 869 Frauen, 173 Kinder, 32 Kriegsgefangene sowie 66 ausländische Arbeiter und Arbeiterinnen.

3333 Verletzte behandelte der LS-Sanitätsdienst. An 316 Bergungsstellen im Stadtgebiet konnten die Bergungsdienste der verschiedensten Organisationen 652 Menschen noch lebend ausgraben. Für 1608 kam diese Hilfe zu spät.

Die Zahl der total vernichteten Wohngebäude wurde mit 4553 angegeben. Dazu 2047 schwer, 2993 mittel und über 7000 leicht beschädigt.

Total zerstört wurden dazu: Das alte Rathaus, das Verwaltungsgebäude der städt. Werke und Bahnen, das Stadtarchiv, das Finanzamt Augustinerstraße, das städt. Versicherungs-, Jugend-, Wohnungs-, Markt- und Meßamt, das Wasserstraßen- und das Landratsamt, Stadtgarten-, Kriegsschädenamt, die chemische Untersuchungsstelle in der Schildgasse, die Kartenstelle, das Steuer- und Quartieramt, die Bezirksfürsorgestelle und eine Reihe weiterer Ämter.

Totalschäden auch an folgenden Schulhäusern: Bartholomäusschulhaus, Schulhaus am Maxfeld und an der Rollnerstraße, die Oberrealschulen Landauergasse und Egidienplatz, die Berufsoberschule Laufertormauer, die Berufsschule Königstraße und die Landesmusikschule am Maxplatz. 14 weitere Schulen wurden schwer beschädigt.

317

318

315) Königstorturm (2. 1. 1945).
316) Königstraße (2. 1. 1945).
317) Königstraße (2. 1. 1945).
318) Altstadt (2. 1. 1945).

319

320

321

Zu den Totalschäden gehörten ferner: Schauspielhaus, Musikhistorisches Museum, Apollotheater und Kino am Maxfeld, Herz-Jesu-, Christus- und Matthäuskirche, die gesamte Burganlage mit Kaiserburg, Kaiserstallung, Luginsland und Fünfeckigem Turm; der alte Rathaussaal, der Kaisersaal in der Winklerstraße, die Frauenkirche, die Heilig-Geist-, Egidien- und Meistersingerkirche (Katharinenbau), die Kirche zum Heiligen Kreuz, das Nassauer Haus, das Tucherpalais am Egidienberg, das Tucherschloß in der Hirschelgasse, Zeughaus, Mauthalle, Marstall, Alte Waage, Alte Schau und Peststadel.

Vernichtet wurden fast alle berühmten Bürgerhäuser der Altstadt: Pellerhaus, Imhoff'sches Haus, Grolandshaus, Toplerhaus, Viatishaus, der Plobenhof, Hans-Sachs-Haus, Behaim-Haus, Hirsvogelsaal, Peter-Vischer-Haus, Veit-Stoß-Haus, Scheurlhaus, Kutscherhof, Fleischhaus usw. Auch die alte Stadtbefestigung wurde schwer getroffen: Weißer Turm, Laufer Schlagturm, Schuldturm, Kasemattentor und Hübnerstor.

322

323

319) Königstorturm und Künstlerhaus (2. 1. 1945).
320) Königstraße, Ecke Luitpoldstraße (3. 1. 1945).
321) Leykauf (3. 1. 1945).
322) Königstraße, im Hintergrund die Klarakirche (3. 1. 1945).
323) Königstraße vor dem Künstlerhaus (3. 1. 1945).

324

325

Das Altersheim im Heilig-Geist-Spital und das Norisstift waren ebenfalls total zerstört.

Schwer getroffen auch die Krankenhäuser und der Sanitätsdienst. Totalschäden: Poliklinik Marientormauer und DRK Sanitätswache am Hallplatz. Schwer beschädigt: Klinik Hallerwiese, einige Gebäude des Städt. Krankenhauses, das Martha-Maria-Krankenhaus in der Fenitzerstraße. Mittlere Schäden hatten die Frauenklinik und das Theresienkrankenhaus erlitten, auch einige Gebäude des Städt. Krankenhauses.

Auf dem Reichsparteitagsgelände wurde der nördliche Teil der neuen Kongreßhalle stark beschädigt, das Baugerüst völlig zerstört, auf einer Länge von 150 Metern brannte die Fassade.

12 Industriebetriebe waren total zerstört, 39 schwer und 19 mittelschwer beschädigt.

Zu den Totalschäden gehörten u.a. das Siemens-Schuckert-Werk in der Landgrabenstraße 100. Es war zu 80 Prozent total zerstört, der Rest schwer beschädigt. Ferner die Dynamit AG, Kirchenweg 5, und die Süddeutsche Apparatefabrik.

Schwer beschädigt waren: das Siemens-Trafo-Werk in der Katzwanger Straße, die MAN, das Kabel- und Metallwerk Neumeyer, TeKaDe in der Nornenstraße und Schwabenstraße. Der Apparatebau stand bis Kriegsende still. Nüral Nopitschstraße, Amag Hilpert Pegnitzhütte, die Nürnberger Schraubenfabrik, Brauhaus Nürnberg und Tucherbrauerei,

VDM, die Bleistiftfabriken J. S. Staedtler und Schwan, die Maschinenfabrik Leistritz, Viktoria-Werke, Bolta-Werk, Lackfabrik Wiederhold & Reich, Aufzugwerke Schmitt & Sohn, Flugzeugzubehör Autoflug, Verbandstoffe Lohmann und die pharmazeutische Fabrik Heumann und die Bayer. Reißzeugfabrik.

Mittlere Schäden meldeten: Dynamit AG, Kirchenweg 56, Eisenwerk Nürnberg, Stanz- und Ziehwerke Chillingworth, Böttcher und Renner, Mammut-Werke, Bayerische Metallwarenfabrik, Frühwald & Jäger, Lumophon, Elektrokohle Muschi & Co., Ölgasanstalt Tullnau, Nürnberger Lederwaren, Fränkische Schuhfabriken, TeKaDe Schwabenstraße, Metall-, Guß- und Preßwerk Heinrich Diehl Stephanstraße, Victoria-Werke Nopitschstraße, Noris-Zündlicht A.G., Reichsmonopolverwaltung, Spielwarenfabrik Trix, Benzin-Benzol-Verband, Seitenwagenbau Josef Steib, Elektromotoren Adam Baumüller, Schrottag A.G., Maschinenfabrik Joh. Wilh. Späth, Sauerstoffwerk Vogelweiherstraße usw.

326

327

324) Blick vom Bahnhofsplatz auf den Königstorturm (3. 1. 1945).
325) Königstraße, Ecke Frauentormauer (2. 1. 1945).
326) Ausgebrannter Krankenwagen in der Königstraße (3. 1. 1945).
327) Ludwigstraße (3. 1. 1945).

328

329

328) Instandsetzungsarbeiten im Hauptbahnhof (3. 1. 1945).
329) Hauptbahnhof (3. 1. 1945).
330) Kulturverein in der Sandstraße (3. 1. 1945).
331) Reparatur von Erdkabeln vor dem Künstlerhaus (3. 1. 1945).
332) Wieder „bombengeschädigt".
333) Leykaufeck (Januar 1945).
334) Mit Luftschutzgepäck vor dem Bunker Königstorturm (Januar 1945).

330

331

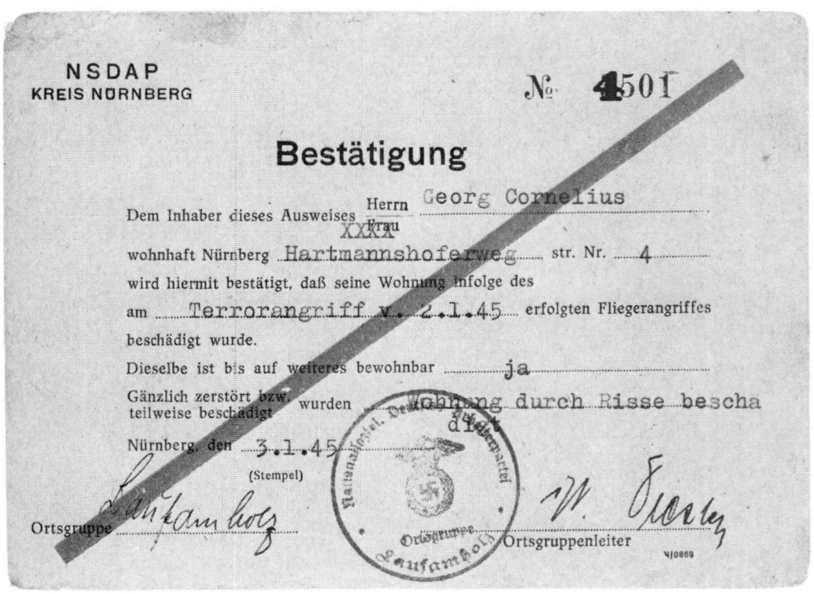

NSDAP
KREIS NÜRNBERG

№ 4501

Bestätigung

Dem Inhaber dieses Ausweises Herrn Frau Georg Cornelius XXXX

wohnhaft Nürnberg Hartmannshoferweg str. Nr. 4

wird hiermit bestätigt, daß seine Wohnung infolge des

am Terrorangriff v. 2.1.45 erfolgten Fliegerangriffes

beschädigt wurde.

Dieselbe ist bis auf weiteres bewohnbar ja

Gänzlich zerstört bzw. teilweise beschädigt wurden Wohnung durch Risse beschadigt

Nürnberg, den 3.1.45

(Stempel)

Ortsgruppe Laufamholz

Ortsgruppenleiter

4/0869

332

333

334

335

336

Schwere Schäden gab es auch bei den Versorgungsbetrieben: Großkraftwerk Franken A.G., bauliche Schäden in den Umspannwerken und etwa 30 Schäden an 20 kV-Kabeln. Geringere Schäden an den Umspannwerken des städt. E-Werkes, 6 Netzstationen total zerstört, einige größere Stationen sowie eine größere Zahl von Säulenstationen und Transformatorenanlagen total zerstört, zahlreiche Schäden an Niederspannungskabeln.

Gasversorgung: Gaswerkbetrieb erheblich beschädigt, u. a. die neue Generatorenanlage, 1 Umspannwerk und 1 Trafostation, 2 Gasbehälter, Teerdestillation, Naphthalinlager, Verwaltungsgebäude und Wohngebäude. Eine große Zahl von Rohrbrüchen, darunter etwa 28 Rohre von über 50 mm Durchmesser.

Wasserversorgung: Pumpwerk Schwabenmühle total zerstört, ein weiteres Pumpwerk mußte wegen Zerstörung des Hochbehälters außer Betrieb gesetzt werden. Bis 25. Januar 1945 waren 160 größere Wasserrohrbrüche und 122 größere Zerstörungen des Kanalnetzes festgestellt.

Straßenbahnen: Umformerwerk St. Peter schwer beschädigt, an 6 Weichenstellwerken Brand- und Luftdruckschäden, Kabelnetz an zahlreichen Stellen unterbrochen, etwa die Hälfte der gesamten Fahrleitungen zerstört, der Gleiskörper hatte zahlreiche Treffer, 40 Straßenbahnwagen waren total, 70 schwer und etwa 200 leicht beschädigt, die Werke St. Peter und Maxfeld zerstört.

337

335) Montagehalle bei Siemens (Januar 1945).
336) Gestürzte Justitia im Hof des Justizgebäudes (Januar 1945).
337) Zwischen Findel- und Bankgasse (Januar 1945).
338) Vor dem Justizgebäude (3. 1. 1945).

338

339

341

340

342

343

344

339) Blick vom Kornmarkt zur Lorenzkirche (Januar 1945).
340) Vom Kornmarkt zur Elisabethkirche (Januar 1945).
341) Egidienkirche (Januar 1945).
342) Befehlsstellen der LS-Polizei in der Äußeren Laufer Gasse (Januar 1945).
343) Egidienplatz und Pellerhaus (Januar 1945).
344) Egidienplatz, Blick auf St. Lorenz (Januar 1945).

345

346

Riesige Schäden auch bei der Reichsbahn: Hauptbahnhof Nürnberg: 2 Befehlsstellwerke ausgebrannt, 6 Weichenstellwerke Brand- und Luftdruckschäden, schwere Fahrleitungsschäden, umfangreiche Schäden an Wagen, 6 Bahnsteigdächer teilweise eingestürzt, Volltreffer auf den Fußgängertunnel Ziegelgasse ohne durchzuschlagen, schwere Luftdruck- und Brandschäden im Empfangsgebäude, Wagenbrände bei der Eilgutabfertigung. Im Bahngaswerk Ölgasbehälter ausgebrannt, Luftdruckschäden. Bahnkraftwerk Nür-Hbf: Trafo totaler Sprengschaden, umfangreiche 5000 Volt-Kabelschäden. Bahnbetriebswerk Nür-Hbf: 2 Loks zerstört, 2 schwer, 8 leicht beschädigt. Speditionshalle Güterabfertigung Hbf ausgebrannt, Signalwerkstätte und Reichsbahndirektion: schwere Brand- und Sprengschäden. Rangierbahnhof: Stellwerk schwer beschädigt, 70 Güter- und ein Munitionswagen Brandschäden. Bahnbetriebswerk Rbf: 1 Lok zerstört, 4 leicht beschädigt. Reichsbahnausbesserungswerk: Lok-, Personenwagen- und Stoffabteilung ausgebrannt, 2 Lagerhallen Totalschaden. Große Schienenschweißhalle schwerer Sprengschaden, 5 Lagerhallen schwer beschädigt, Schienenbiegeanlage mittlere Schäden. Bf. Nür-Dutzendteich schwere Gleisschäden, Bf. Nür-Mögeldorf schwere Gebäudeschäden, Bf. Nürnberg-Nordost: Gleis unterbrochen, leichte Gebäudeschäden, Strecke Nür-Nordost–Bk. Eichelberg beide Gleise mehrfach unterbrochen. Bf. Nürnberg-Ost: Mittlere Gebäudeschäden, Fußgängersteg schwer beschädigt, Bahnsteigüberdachung eingestürzt, Pegnitz-Brücke beschädigt, 1 Stellwerk zerstört.

Wiederaufnahme des Betriebes: Kurve bei Eibach ab 3. Januar 1945, 16.00 Uhr, befahrbar, Durchführung der Fernschnellzüge München–Berlin. Ab 4. Januar 1945 Nordring befahrbar, Durchführung einzelner Schnellzüge der Ost-Süd-Richtung. Ab 6. Januar 1945, 14.45 Uhr, Gleis Nürnberg-Dutzendteich – Nürnberg-Mögeldorf befahrbar. Am 5. Januar 1945, 17.30 Uhr, Doppelbahnbetrieb Nürnberg-Hbf–Nürnberg-Mögeldorf mit 60 Prozent aufgenommen. Ab 9. Januar 1945, 17.00 Uhr, Nür-Hbf–Nür-Ost, ab 10. Januar 1945 Pendelverkehr Nür-Hbf. bis Nür-Dutzendteich und Nür-Schweinau. Ab 12. Januar 1945, 17.00 Uhr, durchgehender Personenzugverkehr Nür-Hbf bis Nür-Schweinau und Nür-Mögeldorf. Ab 15. Januar 1945, 5.00 Uhr, Personenzüge aus Richtung Würzburg bis und ab Nür-Hbf. Ab 16. Januar 1945, 10.00 Uhr, aus Richtung Regensburg von und bis Nür-Hbf. Ab 16. Januar 1945 Personenzüge aus Richtung Eger bis und ab Nür-Hbf. Ab 22. Januar 1945 Personenzüge aus Richtung Treuchtlingen und Würzburg bis und ab Nür-Hbf.

347

348

345) Karolinenstraße (Januar 1945).
346) Lorenzer Straße (Januar 1945).
347) Hauptmarkt (Januar 1945). Vgl. auch Abb. 358.
348) Hauptmarkt Richtung Fleischbrücke (Januar 1945).

349

350

351

352

353

349) Paniersplatz Schildgasse (Januar 1945).
350) Vom Fembohaus zum Alten Rathaus (Januar 1945).
351) Löbleinstraße (Januar 1945).
352) Blick über die Judengasse auf die Burg und St. Egidien (Januar 1945).
353) Judengasse – Talgasse (Januar 1945).
354) Äußere Laufer Gasse (Januar 1945).

354

355

355) Winklerstraße (Januar 1945).
356) Einmündung der Bindergasse in den Fünferplatz (Januar 1945).

Reichspost: Gebäude am Bahnhofsplatz: Sprengbombentreffer, Brandschäden am Postladebahnhof und der Verwaltung der Briefzustellung, in allen übrigen Bauteilen schwere Druckschäden.

Fernamt Nürnberg: Geringe Brandschäden im Dachgeschoß.

Postscheckamt: Schwere Spreng- und Brandschäden. Telegraphenbauamt Allersberger Straße: schwere Spreng- und Brandschäden, Funkhaus mittlere Brandschäden. Bezirkswerkstatt für Postkraftwagen schwere Sprengschäden.

Stadtpostämter 1, 4, 5, 9, 15 und 17 schwer bzw. sehr schwer beschädigt. Fernkabel Nürnberg–Bayreuth (Berlin) an 12 Stellen getroffen, ebenso Bezirkskabel nach Bayreuth. Ferner ein weiteres Fern- und Bezirkskabel an mehreren Stellen beschädigt. Wählvermittlungsstellen 4, 5 und 6 zum Teil starke Splitter- und Luftdruckschäden. Im ober- und unterirdischen Ortsnetz zahlreiche Schäden.

Ferner wurden am 2. Januar 1945 36 Wehrmachtsanlagen total zerstört (darunter das Rüstungskommando Kontumazgarten 18, die Rüstungsinspektion Spittlertorgraben, der Flughafen Nürnberg, die Flakgruppe Nürnberg und zahlreiche andere Dienstgebäude). Schwer beschädigt wurde wieder die SS-Kaserne in der Frankenstraße, die Abnahmeinspektion XIII Deutschherrnstraße und die Kaserne Bärenschanzstraße, ferner eine Reihe von sonstigen Einrichtungen.

18 Polizeigebäude, darunter zahlreiche Unterkünfte der LS-Polizei wurden ebenfalls zerstört, 24 schwer beschädigt, so das Polizeipräsidium, die Hauptfeuerwache und die Feuerwache Ost.

Insgesamt wurden gemeldet: 1 Flächenbrand, ferner 2 Blockbrände, 1194 Groß-, 851 Mittel- und 1070 Kleinbrände. Wegen der tiefen Temperaturen hatten in der Angriffsnacht einzelne Löscheinheiten mit eingefrorenen Schläuchen zu kämpfen. Die ersten Löschkräfte waren die 10 FE-Bereitschaften des LS-Ortes, dann kamen, kurz nach dem Angriff, die Freiwilligen Feuerwehren der Vororte, 10 Reserve-Bereitschaften der 15 km-Löschhilfezone, 11 Feuerwehrbereitschaften des K.d.O. Ansbach, 3 des K.d.O. Regensburg und 2 des K.d.O. Würzburg. Außerdem je eine F-Bereitschaft von Ingolstadt, Würzburg, Dresden und Leipzig, 3 Kompanien der Feuerschutzpolizei-Abteilung (mot.) 8 von Ebermannstadt, Zirndorf und Nürnberg-Waldlager, zwei Kompanien der FSchP Abt. (mot.) 6 von Ludwigsburg, die LS-Abteilungen (mot.) 22 (Zirndorf), 37 (Forbach) und 44 (Rain/Lech).

5 I-Bereitschaften des LS-Ortes Nürnberg-Fürth mit Horchgeräten und 5 Baggern, 4 I-Bereitschaften aus Würzburg, Regensburg, Dresden und Leipzig, 2 I-Züge der LS-Abteilung (mot.) 26 (München), 1 I-Zug der LS-Abteilung (mot.) 38 (Augsburg-Gablingen), 3 Züge des Bergamts Amberg und alle im LS-Ort Nürnberg-Fürth verfügbaren Kräfte, einschließlich

der „fremdvölkischen" Kompanien – gemeint waren hier ukrainische Polizisten.

Die Wehrmacht stellte vom 3. bis 16. Januar 1945 täglich 7200 Mann Wehrmachthilfskommandos, vom 17. bis 19. Januar täglich 5600 Mann und am 20. und 21. Januar 1945 nochmals je 3400 Mann. Die Technische Nothilfe hatte 1174 Mann im Einsatz, ferner waren eingesetzt Löschgruppen von Post und Bahn, Reichsarbeitsdienst, Stadtwacht, alle verfügbaren örtlichen Werkluftschutzkräfte und Kräfte des Erweiterten Selbstschutzes, Amtsträger/innen des Reichsluftschutzbundes, ein Baubataillon der Organisation Todt, ein Bautrupp aus Berlin von 61 Mann, einer aus Happburg sowie „fremdvölkische Arbeitskräfte" der DAF und Kriegsgefangene.

356

Trotz dieses Riesenaufgebotes an Helfern dauerten allein die Löscharbeiten in der Stadt bis zum 10. Januar 1945. Noch am 6. Januar suchten Feuerwehrmänner im Dach der Lorenzkirche nach „Brandnestern" und Balkenbränden. Wo man dem Feuersturm nicht beikam, etwa in der Kappengasse, wurden die Ruinen gesprengt, um das Feuer auszulöschen.

100 000 Nürnberger waren obdachlos, 27 000 mußten langfristig umquartiert werden.

Das Echo auf den Angriff war unterschiedlich. In England war zu lesen: „It was a near perfect example of area bombing".

Der Regierungspräsident in Ansbach meldete am 8. Februar 1945 in seinem geheimen Stimmungsbericht für Januar 1945 nach München: „. . . Das tiefe Eindringen der bolschewistischen Winteroffensive in urdeutsches Gebiet, ja bis auf 100 km vor Berlin hat in Zusammenhang mit der immer unangenehmer werdenden Kohlennot in großen Teilen der Bevölkerung eine tiefe Niedergeschlagenheit hervorgerufen, wie sie bis jetzt noch nicht zu verzeichnen war. . . . Diese gedrückte Stimmung wurde in Franken noch verschärft durch den Terrorangriff vom 2. Januar 1945 auf die Stadt der Reichsparteitage Nürnberg, dessen Folgen noch viel schwerer sind, als sich bei der Abfassung meines letzten Monatsberichtes übersehen ließ. Es sind 1794 Personen gefallen. Während bei früheren Angriffen durch Einzeltreffer Einzelverluste in der Substanz der Nürnberger Altstadt eintraten und dadurch das Gesamtbild der Stadt in ihren wesentlichen und charakteristischen Formen noch erhalten blieb, wurden durch den Terrorangriff vom 2. Januar 1945 fast ausnahmslos alle Gebäude, Plätze und Straßen zerstört, die den einmaligen Begriff „Alt-Nürnberg" bildeten. Insbesondere in der von späteren Zutaten fast völlig verschonten nördlichen Altstadt ist mit Ausnahme einer kleinen Zone im Westen das mittelalterliche Nürnberg vernichtet worden. In der Lorenzer Seite, die bei früheren Angriffen bereits schwer getroffen war, sind weitere umfangreiche Zerstörungen eingetreten, so daß auch dort der Eindruck der typischen mittelalterlichen Stadt vernichtet wurde. . . .

Durch diese Zerstörungen ist die Stadtverwaltung selbst zu fast 100 Prozent obdachlos geworden. Durch gleichzeitige Vernichtung von Büroeinrichtungen, Büromaschinen, Karteien, Akten und Fachbüchereien ist die Stadtverwaltung in ihrer Arbeit auf das Empfindlichste beeinträchtigt. Besonders erschwerend wirkt sich aus, daß der Inhalt fast sämtlicher Kassen- und Panzerschränke in den durch Brand getroffenen Gebäuden verkohlt ist. Nur die eigentlichen großen Tresoranlagen der Sparkasse und des Steueramtes haben den Bränden standgehalten. Es darf angenommen werden, daß in dem bisherigen Ablauf des Luftkrieges in Deutschland noch keine Großstadtverwaltung durch einen einzigen Terrorangriff von 25 Minuten Dauer in den äußeren Grundlagen ihrer Arbeit so empfindlich getroffen wurde wie die Verwaltung der Stadt Nürnberg bei dem Angriff vom 2. Januar."

357

357) Lorenzkirche (Januar 1945).

358) Britische Luftaufnahme der östlichen Altstadt zwischen Pirckheimerstraße (oben) und Hauptbahnhof (unten) vom 14. 1. 1945. Die Dächer der noch unbeschädigten Gebäude sind klar zu erkennen. Vergleiche auch Abb. 307.

358

359

360

361

362

363

364

365

3. 1. 1945
Mittwoch
10.22 – 12.38 Uhr
„Fliegeralarm“

4. 1. 1945
Donnerstag
11.25 – 11.50 Uhr
„Fliegeralarm“

5. 1. 1945
Freitag
10.16 – 10.32 Uhr
„Fliegeralarm“
12.15 – 12.50 Uhr
„Fliegeralarm“
13.20 – 14.18 Uhr
„Fliegeralarm“
15.12 – 15.28 Uhr
„Fliegeralarm“

6. 1. 1945
Samstag
12.24 – 12.58 Uhr
„Fliegeralarm“
18.39 – 19.36 Uhr
„Fliegeralarm“

7. 1. 1945
Sonntag
19.28 – 21.37 Uhr
„Fliegeralarm“
21.37 – 23.20 Uhr
„Fliegeralarm“
Luftangriff.

Zwischen 22.13 und 22.35 Uhr griffen 18 Mosquitos die Stadt an, so die englischen Zahlen. Der örtliche LS-Leiter dagegen schätzte die Zahl der Angreifer weitaus höher: „120 Flugzeuge flogen hinter schnellen Kampfflugzeugen bis zum Luftschutzort, der in Wellen von je 20–30 Maschinen überflogen wurde“ (möglich ist, daß neben den 18 auf Nürnberg angesetzten Mosquitos auch noch einige der Lancaster Nürnberg überflogen, die am gleichen Abend München angriffen).

Über Nürnberg wurden 10 Leucht- und Markierungsbomben und 50 Sprengbomben, davon 6 Langzeitzünder, abgeworfen. Ein Mann wurde in der Sandstraße getötet, niemand verletzt. Ein Wohnhaus war schwer, 17 leicht beschädigt. 120 Nürnberger meldeten sich obdachlos, 30 von ihnen mußten langfristig umquartiert werden.

8. 1. 1945
Montag
11.42 – 12.37 Uhr
„Öffentliche Luftwarnung“
13.33 – 13.42 Uhr
„Öffentliche Luftwarnung“

10. 1. 1945
Mittwoch
12.23 – 13.15 Uhr
„Öffentliche Luftwarnung“

11. 1. 1945
Donnerstag
4.28 – 4.46 Uhr
„Fliegeralarm“
12.40 – 13.15 Uhr
„Öffentliche Luftwarnung“
13.23 – 13.56 Uhr
„Öffentliche Luftwarnung“

12. 1. 1945
Freitag
1.35 – 1.43 Uhr
„Öffentliche Luftwarnung“
12.40 – 13.20 Uhr
„Öffentliche Luftwarnung“

13. 1. 1945
Samstag
12.26 – 12.48 Uhr
„Öffentliche Luftwarnung“
13.39 – 14.02 Uhr
„Öffentliche Luftwarnung“
14.29 – 14.38 Uhr
„Öffentliche Luftwarnung“

14. 1. 1945
Sonntag
6.42 – 6.59 Uhr
„Öffentliche Luftwarnung“
12.10 – 12.34 Uhr
„Öffentliche Luftwarnung“

Fliegerhorst Atzenhof:
359) Messerschmitt Jäger ohne Sprit (12. 1. 1945).
360) Ausbildung von Piloten an der Panzerfaust (27. 1. 1945).
361) Luftwaffenhelferinnen beim Einbau eines Ersatzmotors (23. 2. 1945).
362) Luftwaffenhelferinnen an der Tragkraftspritze (17. 2. 1945).

363) Verstärkter LS-Deckungsgraben in Schweinau (Januar 1945).
364) Ruinensprengen in der Karolinenstraße (Frühjahr 1945).
365) Die Lorenzkirche mit der Splitterschutzwand vor dem Hauptportal (Frühjahr 1945).

16.22 – 16.55 Uhr
„Öffentliche Luftwarnung“
21.22 – 22.19 Uhr
„Fliegeralarm“
22.36 – 22.59 Uhr
„Öffentliche Luftwarnung“

15. 1. 1945
Montag
0.11 Uhr
„Öffentliche Luftwarnung“
0.25 – 0.53 Uhr
„Fliegeralarm“
3.17 – 4.01 Uhr
„Öffentliche Luftwarnung“
11.42 Uhr
„Öffentliche Luftwarnung“
11.48 – 13.30 Uhr
„Fliegeralarm“

16. 1. 1945
Dienstag
12.30 – 14.02 Uhr
„Fliegeralarm“
20.55 – 22.30 Uhr
„Fliegeralarm“
22.30 – 23.54 Uhr
„Fliegeralarm“

17. 1. 1945
Mittwoch
19.19 – 20.02 Uhr
„Öffentliche Luftwarnung“

18. 1. 1945
Donnerstag
12.10 – 12.54 Uhr
„Öffentliche Luftwarnung“
22.22 Uhr
„Öffentliche Luftwarnung“
22.23 – 22.59 Uhr
„Fliegeralarm“

20. 1. 1945
Samstag
9.43 – 10.22 Uhr
„Öffentliche Luftwarnung“
11.44 – 12.46 Uhr
„Fliegeralarm“
12.46 – 13.35 Uhr
„Fliegeralarm“

21. 1. 1945
Sonntag
11.22 Uhr
„Öffentliche Luftwarnung“
12.32 – 13.16 Uhr
„Fliegeralarm“
13.28 – 13.36 Uhr
„Öffentliche Luftwarnung“
16.02 – 16.24 Uhr
„Öffentliche Luftwarnung“

25. 1. 1945
Donnerstag
13.05 – 13.22 Uhr
„Öffentliche Luftwarnung“

26. 1. 1945
Freitag
14.17 – 14.29 Uhr
„Öffentliche Luftwarnung“

28. 1. 1945
Sonntag
19.28 Uhr
„Öffentliche Luftwarnung“
20.20 – 21.37 Uhr
„Fliegeralarm“
23.18 – 23.59 Uhr
„Fliegeralarm“

1. 2. 1945
Donnerstag
19.30 Uhr
„Öffentliche Luftwarnung“
19.40 – 21.05 Uhr
„Fliegeralarm“

2. 2. 1945
Freitag
0.35 – 0.45 Uhr
„Fliegeralarm“.

Angriff von vier Mosquitos. Eine Bombe fiel auf das Rollfeld des Flughafen Nürnberg, zwei Blindgänger wurden bei Buch gefunden.

3.35 – 4.00 Uhr
„Öffentliche Luftwarnung“
10.42 Uhr
„Öffentliche Luftwarnung“
11.04 – 11.16 Uhr
„Fliegeralarm“
23.00 – 1.15 Uhr
„Öffentliche Luftwarnung“

3. 2. 1945
Samstag
19.14 – 20.48 Uhr
„Öffentliche Luftwarnung“

4. 2. 1945
Sonntag
19.50 – 20.30 Uhr
„Öffentliche Luftwarnung“
20.48 – 21.04 Uhr
„Öffentliche Luftwarnung“

5. 2. 1945
Montag
12.42 – 14.08 Uhr
„Fliegeralarm“
14.42 – 14.50 Uhr
„Fliegeralarm“
19.59 – 20.44 Uhr
„Kleinalarm“

6. 2. 1945
Dienstag
1.56 – 2.29 Uhr
„Kleinalarm“
9.15 – 10.16 Uhr
„Kleinalarm“
10.50 – 11.40 Uhr
„Fliegeralarm“

7. 2. 1945
Mittwoch
22.14 – 22.39 Uhr
„Kleinalarm“

8. 2. 1945
Donnerstag
11.40 – 12.31 Uhr
„Kleinalarm“
13.40 – 13.54 Uhr
„Kleinalarm“
22.10 – 22.59 Uhr
„Fliegeralarm“.
22.20 Uhr

Abwurf von zwei Sprengbomben. Eine Bombe fiel in die Häuserruine Korbmachershof 2, ein Blindgänger in die Ruine Kupferschmiedshof 8. Er wurde am 9. Februar 1945 entschärft. Der Angriff erfolgte durch 4 Mosquitos der RAF.

9. 2. 1945
Freitag
3.33 – 3.45 Uhr
„Kleinalarm“
12.18 – 12.50 Uhr
„Kleinalarm“
13.30 – 14.03 Uhr
„Kleinalarm“
14.55 – 15.20 Uhr
„Kleinalarm“
15.40 – 16.02 Uhr
„Kleinalarm“
16.28 – 16.35 Uhr
„Kleinalarm“
22.10 – 22.58 Uhr
„Kleinalarm“

10. 2. 1945
Samstag
3.34 – 3.40 Uhr
„Kleinalarm“

12. 2. 1945
Montag
21.20 – 21.38 Uhr
„Kleinalarm“

13. 2. 1945
Dienstag
12.05 – 12.24 Uhr
„Kleinalarm“
20.08 Uhr
„Kleinalarm“
21.27 – 0.17 Uhr
„Fliegeralarm“

(Luftangriff auf Dresden), von 22.02–22.12 Uhr Angriff auf Nürnberg von 10 bis 13 Flugzeugen, so die Schätzung des örtlichen Luftschutzleiters. Erster Anflug von Osten, zweiter von Nordwesten. Angriffsziel war die Südstadt. Im LS-Abschnitt Süd fielen etwa 15 Sprengbomben. Nach britischen Angaben waren 8 Mosquitos eingesetzt.

14. 2. 1945
Mittwoch
0.32 – 1.35 Uhr
„Fliegeralarm“
1.52 – 3.35 Uhr
„Fliegeralarm“.
Starkes Flakfeuer (Angriff auf Dresden).
10.31 – 11.10 Uhr
„Kleinalarm“
11.25 – 12.22 Uhr
„Kleinalarm“.
Kampfflugzeuge überfliegen das Stadtgebiet Richtung Osten (Angriffe auf Dresden und Chemnitz).
12.30 – 14.30 Uhr
„Kleinalarm“.
Rückflüge, Flakfeuer, Bomben auf Nürnberg.
19.42 Uhr
„Kleinalarm“
20.21 – 22.45 Uhr
„Fliegeralarm“
(Angriff auf Chemnitz)
23.22 – 2.09 Uhr
„Fliegeralarm“.
11 Mosquitos auf Nürnberg angesetzt. Diese „Störflugzeuge“, so der offizielle deutsche Ausdruck (in britischen Quellen findet sich der Ausdruck „Mosquitos on siren tours“), überflogen zwischen 0.25 und 0.27 Uhr Nürnberg aus verschiedenen Richtungen, warfen einige „Christbäume“ und 23 Bomben, davon einen Blindgänger. Angriffsschwerpunkte waren die LS-Abschnitte Mitte und Süd. Ein Volltreffer auf das Haus Dallingerstraße 5 tötete 10 Menschen, 10 weitere Hausbewohner konnten dort noch lebend ausgegraben werden, sechs von ihnen mit Verletzungen. 75 Personen wurden als obdachlos registriert. Drei Wohngebäude waren total, vier schwer, sechs mittelschwer und 96 leicht beschädigt worden.

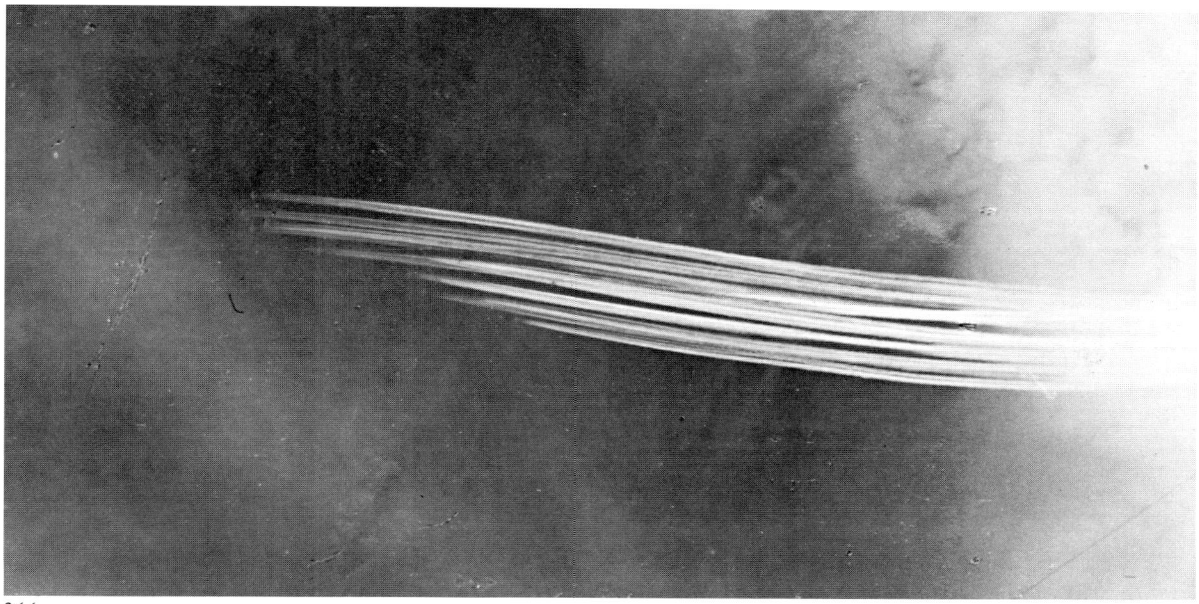
366

367

15. 2. 1945
Donnerstag
2.43 – 3.14 Uhr
„Kleinalarm“
11.50 – 13.45 Uhr
„Kleinalarm“
(Rückflüge von Dresden)

16. 2. 1945
Freitag
12.42 Uhr
„Kleinalarm“
13.40 – 14.30 Uhr
„Fliegeralarm“

17. 2. 1945
Samstag
11.26 – 11.50 Uhr
„Kleinalarm“
12.04 – 14.38 Uhr
„Fliegeralarm“
15.41 – 16.07 Uhr
„Kleinalarm“

19. 2. 1945
Montag
12.45 – 13.16 Uhr
„Kleinalarm“
13.50 – 14.00 Uhr
„Kleinalarm“
15.30 – 16.07 Uhr
„Kleinalarm“
19.39 Uhr
„Kleinalarm“
20.21 – 20.50 Uhr
„Fliegeralarm“

366) 367) Kondensstreifen amerikanischer Bomberpulks beim Angriff auf Nürnberg (20. 2. 1945).

20. 2. 1945
Dienstag
2.40 Uhr
„Kleinalarm“
3.41 – 4.52 Uhr
„Fliegeralarm“
9.12 – 9.16 Uhr
„Kleinalarm“
11.00 – 11.15 Uhr
„Kleinalarm“
11.34 Uhr
„Kleinalarm“
11.43 – 15.09 Uhr
„Fliegeralarm“
Großangriff.

Von den Flugplätzen der 8. Amerikanischen Luftflotte starteten 454 B-17 „Flying Fortress“ der 1. Division, 360 B-24 „Liberator“ der 2. Division und 450 B-17 der 3. Division. Zusammen 1264 Bomber, die größte Flotte, die während des ganzen Krieges auf Kurs Nürnberg gegangen ist. Dazu 478 Begleitjäger vom Typ P-51 „Mustang“. Allerdings mußten die 360 B-24 der 2. Division über Belgien ihren Einsatz aus Wettergründen abbrechen. Nürnberg erreichten schließlich 831 B-17 der 1. und 3. Division mit noch 438 Begleitjägern.

Das Wetter über der Stadt war ungünstig für einen Präzisionsangriff auf den Hauptbahnhof und den Rangierbahnhof. Beide sollten im Rahmen der ab 20. Februar 1945 angelaufenen Operation „Clarion“ – Zerschlagung des Eisenbahnnetzes – bombardiert werden. (Am 18. Februar 1945 waren vier Aufklärer vom Typ G-5 „Lightning“ zu einem Photoeinsatz nach Nürnberg gestartet. Luftbildauswerter schätzen daraufhin, daß pro Tag 2400 Güterwagen über den Ablaufberg des Rangierbahnhofes rollen würden.)

Beide Bomberverbände flogen Nürnberg auf unterschiedlichen Kursen an. Einer aus dem Raum Frankfurt, Würzburg, Forchheim, der andere über Straßburg, Stuttgart, Ulm, Gunzenhausen und Weißenburg. Der eigentliche Angriff erfolgte in je 4 Wellen und in einer Höhe von 6000 bis 7000 Metern.

Die ersten Bomben, sie wurden teilweise nach Sicht, teilweise nach Radaranzeige ausgelöst, fielen um 12.29 Uhr. Bis 13.44 Uhr wurden abgeworfen: 2075 Sprengbomben 250 kg, 8597 Sprengbomben 125 kg und 2042 Brandbomben 250 kg. Getroffen wurde das gesamte Stadtgebiet, besonders aber die Bahnanlagen und das Industriegebiet in der Südstadt.

Vor und während des Angriffes auf Nürnberg erfolgte eine Reihe von Tieffliegerangriffen auf Eisenbahn- und Straßenziele im Raum Nürnberg. Im Bahnhof Forth wurde der Personenzug 2350 mit Bordwaffen beschossen. Der Lokheizer verlor dabei beide Beine und starb auf dem Transport ins Krankenhaus. Zwei Personen wurden verletzt. Bei Ermreuth wurde eine Fußgängerin unter Feuer genommen und leicht verletzt. Gegen 14.00 Uhr griffen bei Forchheim sechs Tiefflieger die 2. Kompanie der FSchP.-Abt. (mot.) 8 an. Sechs Lastwagen wurden so stark beschädigt, daß sie für den Hilfseinsatz in Nürnberg ausfielen, ein Löschfahrzeug und ein Tankwagen brannten völlig aus. Zwei Wachtmeister wurden getötet, zwei andere Feuerwehrleute verletzt.

Bei Pleinfeld beschoß ein Tiefflieger vier Waggons mit Bordwaffen. Bei der Explosion der darin geladenen Munition wurde die Maschine zum Absturz gebracht. Der Pilot verbrannte im Wrack.

368

369

Ein Mustangjäger wurde beim Tiefangriff in den Motor getroffen, der Pilot machte bei Bammersdorf im Landkreis Feuchtwangen eine Notlandung auf freiem Feld. Ein Staffelkamerad landete neben ihm, nahm den Piloten an Bord und versuchte wieder zu starten. Dabei versank das Fahrwerk im feuchten Boden, die Maschine kippte nach vorne über und der Propeller bohrte sich in die Erde. Die über der Stelle kreisenden anderen Piloten konnten noch beobachten, wie ihre zwei Kameraden in einen Wald rannten. Beide wurden später von Volkssturmmännern festgenommen.

Bei dem Angriff am 20. Februar 1945 verloren die Amerikaner im Raum Nürnberg mindestens drei Bomber. Eine B-17 stürzte bei der Kläranlage Fuchsstraße ab (im August 1985 wurden dort Reste des Flugzeuges und die Erkennungsmarke eines Besatzungsmitgliedes bei Bauarbeiten gefunden), eine

370

371

372

368) Amerikanischer B-17-Bomber beim Bombenabwurf (20. 2. 1945).
369) Der Stab des JG 104 beobachtet den Anflug amerikanischer B-17 (21. 2. 1945).

370) Fürth-Atzenhof: ein „Fieseler Storch" kehrt vom Aufklärungsflug über dem brennenden Nürnberg (hinten) zurück (21. 2. 1945).
371) 372) Nürnberg brennt (21. 2. 1945).

373

Maschine ging in der Nähe der Gießereistraße nieder und brannte aus. Fünf Mann der Besatzung wurden dort als verkohlte Leichen aufgefunden. Ein amerikanischer Feldwebel konnte gegen 20.00 Uhr in Nürnberg festgenommen werden, ein Unterleutnant bei Fischbach. Eine andere B-17 stürzte bei Obermichelbach ab, ein „Flugzeug unbekannter Nationalität" brannte 100 m westlich des Wöhrder Talübergangs völlig aus.

Die Nürnberger Luftschutzleitung ordnete schon um 12.33 Uhr die Alarmierung der Feuerwehren der 15-km-Zone an und forderte beim B.d.O. die LS-Abteilung (mot.) 22 aus Zirndorf und die 3. Kompanie der FSchP-Abteilung (mot.) 8 an. Gegen 14.00 Uhr standen diese Kräfte bereits im Einsatz. Bis zum Abend trafen laufend weitere Löschkräfte in Nürnberg ein. Gegen 19.00 Uhr gelang es im Gebiet Zufuhrstraße/Zollhof, einen Flächenbrand zu verhindern. Die Lösch- und Bergungsarbeiten gingen die ganze Nacht hindurch weiter. (Angaben zu Personenverlusten und Sachschäden siehe 21. Februar 1945.)

21. 2. 1945
Mittwoch
0.03 Uhr
„Öffentliche Luftwarnung"
1.10 – 1.55 Uhr
„Fliegeralarm"
10.40 Uhr
„Kleinalarm"
10.42 – 13.45 Uhr
„Fliegeralarm"
Großangriff.
Diesmal waren 434 B-17 der 1. Division, 375 B-24 der 2. Division und 396 B-17 der 3. Division im Anflug, mehr Bomber als je zuvor. Begleitet wurden sie von 37 P-47 „Thunderbolt" und 529 P-51 „Mustang". Weitere 45 „Mustang" flogen Tiefangriffe im Gebiet Meiningen–Coburg–Nürnberg.

Die 1205 Bomber flogen, aus dem Raum Frankfurt kommend, zwischen Bad Mergentheim und Würzburg in Höhen zwischen 20 000 und 27 500 Fuß (6600 und 9000 Meter) an. Der Himmel über Nürnberg war zwischen 8/10 und 10/10 bewölkt. Ziel der B-17 war der Rangierbahnhof, die B-24 sollten den Hauptbahnhof angreifen. Zwischen 11.11 Uhr und 12.25 Uhr warfen die Maschinen 6746 Sprengbomben 250 kg, 4706 Brandbomben 250 kg und 10 Bündel von je 10 Brandbomben 5 kg.

Getroffen wurde wieder das gesamte Stadtgebiet, die Schwerpunkte lagen diesmal in Gostenhof und in der Nähe der Reichsbahnanlagen.

An beiden Tagen wurden 1356 Menschen getötet (darunter 503 Frauen und 138 Kinder) sowie 1208 Personen verletzt.

374

69 383 Nürnberger waren obdachlos, 35 585 mußten nach dem Doppelangriff langfristig umquartiert werden.

An 165 Schadstellen retteten Bergungskräfte 561 Menschen noch lebend aus den Trümmern, 992 konnten nur noch tot geborgen werden.

1554 Wohngebäude waren total, 1244 schwer, 1050 mittelschwer und 1954 leicht beschädigt.

Total zerstört wurden: Cnopf'sches Kinderspital, St.-Michaels-Kirche, AEG Rüstungsbau, Nürnberger Schraubenfabrik in der Oberen Kanalstraße, Lyra-Bleistiftfabrik, Metallwaren Frühwald & Jäger, eine Reihe kleinerer Firmen, insgesamt 19 Werkluftschutz-Betriebe.

Schwere Schäden erlitten: Lorenz- und Dreieinigkeitskirche, MAN (Verwaltungsgebäude und mehrere Werkstätten), NÜRAL-Aluminiumwerke, Siemens-Schuckert-Trafowerk, TeKaDe Schwabenstraße 50, Preß- und Stanzwerk Chillingworth, Zündappwerke Dieselstraße, Victoria-Werke Ludwig-Feuerbach-Straße 79 und Nopitschstr. 70, Maschinenfabrik Joh. Wilh. Spaeth, Herkules Motorradfabrik, Nürnberger Lederwerke Thumenberger Weg, Daimler-Benz, Auto-Union, Elektro-Baumüller usw.

Mittelschwer waren getroffen: St.-Johannis-Kirche, Jakobskirche, Martha- und St.-Georgs-Kirche, die evangelische Kirche in Ziegelstein und die Holzschuherkapelle, das Germanische Nationalmuseum, Siemens-Schuckert, AEG Muggenhofer Straße, Triumphwerke, die Motorradfabrik Ardie, Metall und Eisen, Kugel-Müller (eine Fertigungshalle) und eine Reihe kleinerer Fabriken.

Schwer getroffen auch diesmal wieder das Städt. Krankenhaus, das Sebastian-Spital und drei Schulhäuser.

Versorgungsanlagen: Großkraftwerk in Gebersdorf: 50 Sprengbombeneinschläge in un-

373) Burg, St. Sebald und der Hauptmarkt nach dem 20./21. 2. 1945 (Deutsche Luftaufnahme).

374) Hauptmarkt und Heilig-Geist-Spital nach dem 20./21. 2. 1945 (Deutsche Luftaufnahme).

375

375) Vordere Insel Schütt nach dem 20./21. 2. 1945 (Deutsche Luftaufnahme).

mittelbarer Nähe, keine nennenswerten Schäden, aber Unterbrechung aller 100 000- und 20 000-Volt-Leitungen. Nürnberg wurde daher zum größten Teil stromlos. Innerhalb von zwei Wochen konnte wenigstens die Versorgung mehrerer Großabnehmer wiederhergestellt werden. Um alle Schäden zu beheben, mußten nach dem Stand vom 20. März 1945 im 100 000-Volt-Netz mindestens 50 Muffen, im 20 000-Volt-Netz rund 300 Muffen eingebaut werden, um wieder zu einer ordnungsgemäßen Stromversorgung zu gelangen.

Das städtische Umspannwerk Annastraße wurde durch einen Volltreffer völlig zerstört, im LS-Keller wurden 18 Fachleute des E-Werkes und 4 weitere Personen getötet. Die anderen Umspannwerke erlitten nur bauliche Schäden. Schwere Zerstörungen in den Verteilungs- und Niederspannungsnetzen.

Gasversorgung: 15 Sprengbombentreffer im Gaswerk. Benzolanlage, Verwaltungsgebäude, Schieberhaus und Gebäude der Kompressorenanlage zerstört.

An eine Versorgung der Bevölkerung mit Gas war wegen der zahlreichen Rohrbrüche nicht mehr zu denken, die Versorgung der Industriebetriebe mit Gas über das Hochdrucknetz sollte Ende März 1945 wieder aufgenommen werden.

Schwerste Schäden auch bei der Wasserversorgung: Noch am 20. März liefen die Hochbehälter über, weil das Wasser wegen der schweren Rohrnetzschäden nicht in die Stadt geleitet werden konnte. Die Zahl der Rohrbrüche übertraf „die Zahl aller bisherigen Angriffe um ein Mehrfaches", 323 Brüche waren bis zum 20. März 1945 festgestellt, 40 davon wieder repariert, 18 in Arbeit.

Die Bevölkerung wurde durch Wasserwagen (ca. 300 000 Liter am Tag) und 34 vom Stromnetz unabhängige Tiefbrunnen in den Bunkern und bei der Industrie versorgt.

Bei der Straßenbahn gab es neben der weitgehenden Beschädigung der Fahrleitung nun erstmals auch schwere Zerstörungen im Gleisnetz. Mit den noch nicht behobenen Schäden vom 2. Januar 1945 waren ca. 100 Schadstellen gemeldet. Um wenigstens ein Rumpfnetz wieder aufzubauen, wurden von Strecken, die nicht mehr in Betrieb gehen sollten, Fahrdraht und Gleise abgebaut. Wegen der starken Zerstörung von Gebäuden entlang der Reststrecken gab es nicht genügend Aufhängepunkte für die Fahrleitung. Holzmasten mußten aufgestellt werden. Das Umformerwerk Fürther Straße wurde durch Brand erheblich beschädigt, ebenso die dortige Wagenhalle. Von ehemals 433 Wagen waren nur noch 203 einsatzfähig. Im Omnibusbetriebswerk Maiacher Straße wurden zwei Stadtgasbusse und zwei Anhänger zerstört. Übrig blieben noch 16 „Stadtgaszüge" und sechs dieselgetriebene Omnibusse mit Anhängern, die fast laufend für Verletzten- und Krankentransporte eingesetzt wurden.

Reichsbahn: Nürnberg Hauptbahnhof: Eilguthalle und östl. Verwaltungsgebäude sowie Hauptgüterbahnhof total zerstört. Starke Fahrleitungs- und Gleisschäden durch 50 Sprengbombentreffer und 8 Blindgänger.

Bahnbetriebswerk Nür-Hbf.: Schreinerei und Schlosserei Totalschaden durch Brand, westlicher Lokschuppen zusammengestürzt, etwa 20 Lokomotiven verschüttet. Durch 14 Sprengbombentreffer ein Stellwerk sowie Ein- und Ausfahrt vom Betriebswerk nach Nür-Doos und Nür-Hauptbahnhof zerstört.

Rangierbahnhof: Zahlreiche Sprengbombentreffer und Brände in den Richtungsgleisen, Bahnhofharfe 1 und 2 sowie Hauptablauf schwerste Schäden, mehrere Munitionswagen in Brand geraten und explodiert.

Betriebswerk Rbf.: Volltreffer in Lokschuppen für elektrische Lokomotiven.

Block- und Haltepunkt Sandreuth: 8 Tote durch Volltreffer auf Dienstwohngebäude, Strekke nach Eibach mehrfach unterbrochen.

Bf. Eibach: starke Fahrleitungsschäden, Gleis nach Nür-Hbf. gehoben, Gleis nach Nür-Rbf. unterbrochen.

Bf. Nür-Schweinau: Strecke nach Stein durch 10 Sprengbombentreffer unterbrochen.

Bf. Nür-Stein: Strecke nach Nür-Rbf. bei km 4,5 mehrfach unterbrochen.

Bf. Nür-Doos: Strecke Nürnberg–Doos–Fürth durch Sprengbombe unterbrochen.

Bf. Nür-Mögeldorf: Gleis Amberg–Nür-Hbf bei km 3,1 verschoben, ferner das Gleis nach Nür-Dutzendteich bei Bk Goldbach verschoben. Sämtliche Gleise gesperrt, Wagenschäden.

Bf. Nür-Dutzendteich: etwa 10 Güterwagen ausgebrannt, Gleis- und Fahrleitungsschäden. Strecken nach Nür-Goldbach, Nür-Hbf. und Gleis Fischbach-Dutzendteich gesperrt. Ein Blindgänger.

Bf. Nür-Nord: altes Amtsgebäude durch Volltreffer zerstört, Volltreffer in Höhe der Einfahrt aus Richtung Nordwest, Gleisschäden.

Bf. Nür-Ost: Sprengbombentreffer, zahlreiche Brandbomben. Splitterschutzgraben teilweise verschüttet, zwei Tote, vier Schwer-, mehrere Leichtverletzte. Bahnhof und Streckengleise unterbrochen, Fernsprech- und Lichtleitungen zerstört, Wagenbrände, zwei Loks beschädigt.

Bf. Nür-Nordost: Gleis nach Heroldsberg durch zwei Volltreffer zerstört, Blindgänger.

Reichsbahnausbesserungswerk Nür-Stammwerk: Durch Spreng- und Brandschäden 100 Prozent Ausfall von Luftverdichter- und Ventilwerkstatt, Heiz- und Kesselhaus, Wagen- und Lokrichthalle, Lackiererei, Gießerei, Schlosserei, Schmiede, Trafostation, Stofflager. Gleisanlagen schwer beschädigt. Sprengschäden an 31 Personen- und 37 Güterwgen, an einem Feuerwehrfahrzeug LF15 und einem Lkw. Mehrere Tote.

Reichsbahnausbesserungswerk Nür-Nebenwerk: 100 Prozent Ausfall von Wagenrichthalle, Kesselhaus, Schreinerei, Untersuchungshalle, Azetylenanlage, Motorrichthalle, Schmiede, Eisenlager und Italiener-Lager. Gleisanlagen beschädigt. Ein Trieb- und ein Steuerwagen sowie 350 Güterwagen Spreng- und Brandschäden. Ein Toter.

Wiederaufnahme des Betriebes von Nür-Hbf.: Strecke nach Nür-Mögeldorf ab 25. Februar 1945, 18.00 Uhr, eingleisig befahrbar, Strecke nach Nür-Dutzendteich ab 26. Februar 1945 eingleisig befahrbar. Strecke nach Nür-Ost ab 26. Februar 1945, 23.00 Uhr, eingleisig befahrbar. Strecke Bk Sandreuth–Treuchtlingen ab 26. Februar 1945, 17.00 Uhr, befahrbar. Strecke Bk Sandreuth–Nür-Ost ab 27. Februar 1945, 17.00 Uhr, zweigleisig befahrbar. Strecke Hp Rothenburger Straße–Fürth ab 3. März 1945, 5.00 Uhr, Pendelverkehr. Strecke Nür-Hbf.–Nür-Dutzendteich ab 3. März 1945, 5.00 Uhr, Pendelverkehr auf beiden Gleisen. Strecke Nür-Hbf–Fürth ab 4. März 1945, 5.00 Uhr, Pendelverkehr auf beiden Gleisen.

Nürnberg Rangierbahnhof: Zufuhrweg vom Bw über den Einfahrtsbahnhof am 26. Februar 1945, 17.00 Uhr, befahrbar. Durchfahrweg über Verbindungsgleis 3 und nach dem Einfahrtsbahnhof ab 3. März 1945, 11.00 Uhr, hergestellt. Gütergleis Nürnberg-Dutzendteich–Nür-Ost ab 24. Februar 1945 befahrbar. Gütergleis Nürnberg-Dutzendteich – Nür-Mögeldorf ab 25. Februar 1945, 12.00 Uhr, wieder befahrbar. Nordring und Kurve Eibach nach Fürth ab 24. Februar 1945, 18.00 Uhr, befahrbar.

Reichspost: Reichspostdirektion am Bahnhofsplatz: Sprengbombenvolltreffer in zwei Gebäudeteile und Posthof, in allen übrigen Bauteilen sehr starke Luftdruckschäden.

Fernamt: Leichte Druck- und Brandschäden.

Postscheckamt: Wieder schwere Sprengschäden.

Betriebskraftwagen-Werkstätte: Totalausfall durch Sprengbombenvolltreffer.

Mehrere Stadtpostämter durch Luftdruckschäden vorübergehend ausgefallen. Im Fernmeldeortsnetz umfangreiche Störungen an den Verbindungs- und Anschlußkabeln. Insgesamt 45 Fernkabel unterbrochen.

Wieder in Betrieb gingen folgende Fernkabel: Nach Berlin ab 26. und 28. Februar 1945, nach Stuttgart, Wien und Neustadt/A. am 1. März 1945, nach München am 25. Februar und 1. März 1945, nach Erfurt am 3. März 1945 und nach Frankfurt am 15. März 1945. Von den Bezirkskabeln gingen wieder in Betrieb: Bamberg ab 4. März, Bayreuth ab 25. Februar, Neumarkt ab 2. März und Augsburg ab 27. Februar 1945.

In den Nürnberger Wehrmachtsanlagen wurden 53 Gebäude total zerstört, 35 schwer, 23 mittel und 24 leicht beschädigt, meist Unterkunftsgebäude.

Die Polizei registrierte in ihrem Bereich 7 total zerstörte Gebäude, darunter das SD-Dienstgebäude, 7 schwer und 7 mittelschwer beschädigte Gebäude, unter ihnen die Hauptfeuerwache.

Die Sirenenanlage war zunächst wegen Ausfalls des Starkstromnetzes außer Betrieb, die Bevölkerung wurde durch Sirenenwagen und Notalarmstellen alarmiert. Bis 15. März 1945 konnten wieder 100 Sirenen an das Stromnetz angeschlossen werden.

Das Polizei- und das Luftschutzfernsprechnetz waren bis Mitte März unterbrochen, die Nachrichtenübermittlung zu den wichtigsten Dienststellen wurde durch UKW-Sprechfunk und Feldkabel sichergestellt.

Im öffentlichen Fernsprechnetz der Post war ab 26. Februar 1945 wieder normaler Telefonverkehr möglich.

Auch die Versorgung mit Lebensmitteln wurde immer schwieriger. Sechs Betriebe waren total zerstört, darunter zwei Großhandlungen. Schwer beschädigt waren u.a. die Fleischwarenfabrik Schafft, die Konservenfabrik JOPA-Tiefkühlung und die Großbäckereien Haeberlein & Metzger sowie Johann Schmidt. Mittelschwere Schäden hatten u.a. die Bayer. Milchversorgung und der Schlachthof Fürth zu verzeichnen.

Auf Initiative der Gauleitung wurden in den Landkreisen Schwabach und Hilpoltstein Tausende von Brotlaiben für die Nürnberger gesammelt.

Äußerst schwierig war die Brandbekämpfung bei dem Doppelangriff. Es wurden 9 Blockbrände, 933 Groß-, 506 Mittel- und 1203 Kleinbrände in den Akten festgehalten.

Am 20. Februar 1945 gegen 18.00 Uhr waren die ersten Feuerlöschteiche ausgepumpt, ein Nachfüllen war wegen der zerbombten Wasserrohre unmöglich. Im Gebiet Rothenburger Straße – Plärrer – Ring – Bahnhof – Bahndamm – Kanalhafen kämpfte die LS-Abteilung (mot.) 22 den ganzen Nachmittag gegen zahllose Brände. Löschwasser mußte mit langen Schlauchleitungen aus dem unterirdischen Fischbach herbeigepumpt werden, da fast alle Löschteiche ausgefallen waren. Gegen 19.00 Uhr gelang es dann im Gebiet Zufuhrstraße – Zollhof endlich einen drohenden Flächenbrand zu verhindern. Die J-Kräfte der Abteilung suchten in dieser Zeit in der Mauthalle nach Verschütteten. Fünf Menschen konnten sie lebend bergen, 36 Menschen nur noch tot.

Am 21. Februar 1945 gegen 2.30 Uhr begannen die ersten Feuerwehren mit dem Auffüllen der leergepumpten Löschteiche. Oberstleutnant Bethke, der Führer des FE-Dienstes, hatte alle Abteilungsführer für die Durchführung dieser Maßnahme persönlich verantwortlich gemacht, er befürchtete wohl bald weitere Angriffe.

Als die Amerikaner am 21. Februar wieder angriffen, entwickelten sich Richtung Kernstraße–Adam-Klein-Straße erneut größere Brände, die sich zu Flächenbränden auszudehnen drohten. Um 12.23 Uhr kam die Meldung, daß in der Unterkunft Buchersäle vier Löschfahrzeuge durch Bombentreffer ausgefallen waren, gegen 14.00 Uhr verbrannten im Brunnengäßchen ein LF 15 aus Rothenburg und ein LF 15 aus Lauf.

Erst am 22. Februar 1945 gegen 1.00 Uhr konnte der Leiter des FE-Dienstes feststellen: „Brandstellen alle in der Gewalt, Kräfte reichen aus. Löschteiche teilweise ausgefallen, benützte Löschteiche werden zugleich aufgefüllt.“ Am 22. Februar 1945 gegen Mittag war es dann auch möglich, die Flächenbrände im Bereich Kern-/Fürther Straße erfolgreich anzugehen. Gegen 13.00 Uhr mußte die LS-Abteilung (mot.) 26 entlassen werden, gegen 20.00 Uhr auch die Abteilungen (mot.) 22 und 44. Gegen 21.30 Uhr drohte das Dürerhaus abzubrennen. Da keine Kräfte frei waren, kletterte der Oberleutnant der Feuerschutzpolizei Hahn über rauchende Trümmer zur 10. FE-Abteilung, erbettelte eine Löschgruppe und konnte mit ihr das Haus retten. Noch am 24. Februar 1945 wurde an einigen Stellen im Stadtgebiet gelöscht, erst am 25. Februar 1945 meldete das Tagebuch des Leiters FE wieder normalen Betrieb.

Eingesetzt waren zur Brandbekämpfung u.a. die 10 FE-Bereitschaften des Luftschutzortes, 31 Freiwillige Feuerwehren einschließlich der Vororte, 10 Reservebereitschaften der 15-km-Löschzone, 7 Feuerwehrbereitschaften des K.d.O. Ansbach und 2 des K.d.O. Regensburg, 3 Kompanien der FSchP. Abt. (mot.) 8, die LS-Abteilungen (mot.) 22 (Zirndorf), 26 (München), 28 (Hof), 37 (Forbach), 38 (Augsburg-Gablingen) und 44 (Rain a. Lech). Ferner sämtliche anderen örtlichen Kräfte (vgl. Bericht zum 2. Januar 1945) und Wehrmachthilfskommandos (vom 22.–26. Februar 1945 täglich 8150 Mann, vom

376) Die Frauenkirche im Frühjahr 1945.

27.–28. Februar 1945 täglich 6250 Mann und vom 1. März bis 10. März 1945 noch 2250 Mann täglich).

22. 2. 1945
Donnerstag
3.18 – 4.00 Uhr
„Fliegeralarm“
11.07 – 14.22 Uhr
„Fliegeralarm“
16.10 – 19.57 Uhr
„Kleinalarm“

23. 2. 1945
Freitag
0.08 – 0.30 Uhr
„Kleinalarm“
3.40 – 4.20 Uhr
„Kleinalarm“
10.57 – 13.07 Uhr
„Fliegeralarm“
14.00 – 14.43 Uhr
„Fliegeralarm“
15.35 – 15.50 Uhr
„Kleinalarm“
20.08 – 20.49 Uhr
„Kleinalarm“
20.54 – 21.18 Uhr
„Kleinalarm“

25. 2. 1945
Sonntag
10.22 Uhr
„Kleinalarm“
10.25 – 12.49 Uhr
„Fliegeralarm“
17.03 – 17.44 Uhr
„Kleinalarm“
20.10 – 21.50 Uhr
„Kleinalarm“

26. 2. 1945
Montag
8.56 – 9.58 Uhr
„Kleinalarm“
10.59 – 11.00 Uhr
„Fliegeralarm“
19.55 Uhr
„Kleinalarm“
20.05 – 20.54 Uhr
„Fliegeralarm“.

Angriff durch 38 Mosquitos. Schwerpunkte die LS-Abschnitte Mitte, Nord und Süd. Nach deutschen Schätzungen wurden vier rote „Christbäume“, eine Luftmine und etwa 45 Sprengbomben abgeworfen. In der Südstadt wurden 14 Menschen getötet und 38 verletzt. 184 Personen meldeten sich obdachlos, 135 von ihnen mußten langfristig umquartiert werden. 13 Wohngebäude wurden total, 6 schwer, 4 mittelschwer und 2 leicht beschädigt.

27. 2. 1945
Dienstag
12.43 – 15.15 Uhr
„Fliegeralarm“
16.17 Uhr
„Kleinalarm“
16.20 – 17.16 Uhr
„Fliegeralarm“

28. 2. 1945
Mittwoch
9.31 – 10.44 Uhr
„Fliegeralarm“
12.55 – 14.16 Uhr
„Fliegeralarm“
15.13 – 17.07 Uhr
„Fliegeralarm“
17.43 – 17.58 Uhr
„Kleinalarm“
20.02 Uhr
„Kleinalarm“
20.06 – 21.31 Uhr
„Fliegeralarm“.

Angriff. Acht Mosquitos (der örtliche LS-Leiter schätzte sieben Maschinen) griffen an und warfen über der Südstadt zwei Minen, fünf schwere Sprengbomben und einen nicht näher bezeichneten Blindgänger ab. Dabei kamen in der Ziegelgasse und am Kopernikusplatz 13 Menschen ums Leben, 70 wurden verwundet (von ihnen hatten sich 61 nicht in Luftschutzkellern befunden). An fünf Stellen waren 28 Menschen verschüttet, 16 von ihnen konnten noch lebend geborgen werden. Von den 700 Obdachlosen wurden 450 langfristig umquartiert. Neun Wohnhäuser waren total, 14 schwer und 13 mittelschwer beschädigt.

noch:
28. 2. 1945
22.26 Uhr
„Kleinalarm“
23.18 – 0.21 Uhr
„Fliegeralarm“

1. 3. 1945
Donnerstag
11.54 Uhr
„Kleinalarm“
13.00 – 15.30 Uhr
„Fliegeralarm“
19.54 Uhr
„Kleinalarm“
20.30 – 21.39 Uhr
„Fliegeralarm“

2. 3. 1945
Freitag
0.09 Uhr
„Kleinalarm“
Entwarnung nicht mehr feststellbar
9.10 Uhr
„Kleinalarm“
9.50 – 10.16 Uhr
„Fliegeralarm“
11.27 – 13.19 Uhr
„Fliegeralarm“
16.44 – 17.16 Uhr
„Kleinalarm“
20.04 Uhr
„Kleinalarm“
20.16 – 22.11 Uhr
„Fliegeralarm“
23.05 – 23.25 Uhr
„Kleinalarm“

3. 3. 1945
Samstag
0.10 – 0.20 Uhr
„Kleinalarm“
9.37 – 10.19 Uhr
„Fliegeralarm“
11.34 – 12.31 Uhr
„Fliegeralarm“
20.26 – 22.18 Uhr
„Fliegeralarm“

4. 3. 1945
Sonntag
2.27 – 3.23 Uhr
„Kleinalarm“
3.52 – 3.55 Uhr
„Kleinalarm“
9.37 Uhr
„Kleinalarm“
9.38 – 10.58 Uhr
„Fliegeralarm“.

An diesem Tag verhinderte das schlechte Wetter den Angriff von 274 B-24 „Liberator“ und 376 B-17 „Flying Fortress“ auf Nürnberg und Fürth. Die Bomber flogen Ausweichziele in Süddeutschland an.

5. 3. 1945
Montag
9.35 Uhr
„Kleinalarm“
11.15 – 11.45 Uhr
„Fliegeralarm“
20.52 Uhr
„Kleinalarm“
21.50 – 23.25 Uhr
„Fliegeralarm“
(Angriff auf Chemnitz)

7. 3. 1945
Mittwoch
22.01 Uhr
„Kleinalarm“
22.22 – 23.37 Uhr
„Fliegeralarm“

8. 3. 1945
Donnerstag
0.30 – 0.56 Uhr
„Kleinalarm“
14.48 – 14.55 Uhr

„Fliegeralarm“
15.05 – 15.25 Uhr
„Kleinalarm“
20.43 – 22.51 Uhr
„Kleinalarm“

9. 3. 1945
Freitag
10.32 – 11.18 Uhr
„Fliegeralarm“
11.37 – 12.13 Uhr
„Kleinalarm“
14.18 – 15.20 Uhr
„Kleinalarm“
21.15 – 21.48 Uhr
„Kleinalarm“
22.45 – 23.00 Uhr
„Kleinalarm“

10. 3. 1945
Samstag
13.25 Uhr
„Kleinalarm“
13.30 – 14.25 Uhr
„Fliegeralarm“

11. 3. 1945
Sonntag
14.18 – 14.29 Uhr
„Kleinalarm“
20.49 – 22.15 Uhr
„Kleinalarm“
22.21 – 22.30 Uhr
„Kleinalarm“

12. 3. 1945
Montag
12.32 – 13.09 Uhr
„Kleinalarm“
14.33 – 15.15 Uhr
„Fliegeralarm“
15.33 – 15.43 Uhr
„Kleinalarm“

377

377) Blick von der Lorenzkirche auf die Karolinenstraße (Frühjahr 1945).

378

379

13. 3. 1945
Dienstag
11.10 Uhr
„Kleinalarm“
11.27 – 11.51 Uhr
„Fliegeralarm“
12.28 – 14.45 Uhr
„Fliegeralarm“
15.56 – 16.27 Uhr
„Kleinalarm“
21.19 – 22.41 Uhr
„Kleinalarm“

14. 3. 1945
Mittwoch
13.30 – 14.47 Uhr
„Kleinalarm“
16.16 – 16.36 Uhr
„Kleinalarm“
20.27 Uhr
„Kleinalarm“
20.32 – 21.51 Uhr
„Fliegeralarm“
22.25 – 23.23 Uhr
„Fliegeralarm“

15. 3. 1945
Donnerstag
13.31 – 15.56 Uhr
„Kleinalarm“
20.42 – 21.12 Uhr
„Kleinalarm“
21.30 – 21.41 Uhr
„Kleinalarm“

16. 3. 1945
Freitag
11.15 – 11.25 Uhr
„Kleinalarm“
11.40 – 13.14 Uhr
„Kleinalarm“
13.28 – 15.02 Uhr
„Kleinalarm“
16.22 – 17.07 Uhr
„Kleinalarm“
17.35 – 17.56 Uhr
„Kleinalarm“
19.27 Uhr
„Kleinalarm“
20.53 – 22.44 Uhr
„Fliegeralarm“

Großangriff.

231 Lancaster der 1. Gruppe sowie 46 Lancaster und 16 Mosquitos der 8. Gruppe waren zu diesem letzten großen Nachtangriff des Bomberkommandos auf Nürnberg gestartet. (Zugleich griffen 236 Bomber Würzburg an und vernichteten dort innerhalb von nur 17 Minuten die Innenstadt, 4000 bis 5000 Menschen wurden dabei getötet.)

Die Royal Air Force hatte bei diesem Angriff auf Nürnberg nochmals schwere Verluste. 24 Lancaster wurden von deutschen Nachtjägern abgeschossen, denen es gelungen war, den Bomberstrom zu finden (8,7 Prozent der eingesetzten Lancaster). Einige davon wurden in unmittelbarer Nähe von Nürnberg abgeschossen: Zwischen Retzelfembach und Kagendorf im Landkreis Fürth ein Absturz, ein Mann tot aufgefunden. Bei Wendsdorf und Puschendorf wurde je ein „Notabspringer" festgenommen. Im Landkreis Ansbach stürzten bei Bürglein, Hohenau, Weißenbronn und Alberndorf je eine Lancaster ab, die Besatzungen kamen ums Leben. Bei Bruckberg und Büschelbach wurde je ein abgesprungener Flieger festgenommen.

378) Königstorturm und Künstlerhaus (16. 3. 1945).
379) 381) Die Klarakirche brennt ab (16. 3. 1945).
380) Königstraße am Hallplatz (16. 3. 1945).

380

381

382

383

Eine Lancaster stürzte bei Ottensoos/Lkr. Lauf auf freies Feld, eine andere bei Neusölden im Lkr. Hilpoltstein. Die siebenköpfige Besatzung kam um. Eine Lancaster mit voller Bombenlast wurde 7 km südostwärts von Rothenburg abgeschossen. Ein Engländer war tot, drei wurden festgenommen.

Bei Breitenau/Lkr. Rothenburg stürzte ebenfalls eine Viermot mit voller Bombenlast ab, ebenso in der Nähe von Kammerstein/Lkr. Schwabach. Hier wurden einige Tote gefunden und zwei Flieger gefangen genommen. Auch aus dem Landkreis Feuchtwangen wurde der Absturz einer vollbeladenen Maschine gemeldet.

In Nürnberg starben in dieser Nacht 517 Menschen, meist in den südlichen Stadtteilen Steinbühl, Gostenhof und Galgenhof. Dort tobten noch einmal Blockbrände. Im Keller Gibitzenhofstraße 75 kamen 25 Personen um, unter den Häusern Seuffertstraße 11–21 verbrannten 133 Nürnberger (es war dies der schwerste Bevölkerungsverlust an einer einzigen Stelle während des ganzen Krieges). Sie flüchteten durch die Mauerdurchbrüche von einem zum anderen Keller und glaubten wohl, so dem oben tobenden Feuersturm entkommen zu können. Die Bergungstrupps fanden später meist bis zur Unkenntlichkeit verbrannte Leichen, von vielen Menschen nur noch Knochenstücke.

Weitere schwere Brände wurden aus Muggenhof, St. Peter, Thon, Poppenreuth und Schnepfenreuth gemeldet.

Brände entstanden auch im Opernhaus, im Germanischen Nationalmuseum, im Kulturverein, Sebastianspital, Städt. Krankenhaus, Hauptbahnhof, Verkehrsmuseum und Postamt 2.

Die MAN, das Siemens-Schuckert-Werk, das Metall-, Guß- und Preßwerk Heinrich Diehl sowie das Gaswerk und die Lederer-Brauerei wurden getroffen. Im Diplomatendorf am Platnersberg brannte das Barackenlager ab. Totalschaden durch Brandbomben erlitt auch der Palmenhof in der Schlotfegergasse. Dort war das Kommando der Schutzpolizei untergebracht. Die Befehlsstelle der örtlichen Luftschutzleitung blieb unbeschädigt. Ihre Decke war während des Krieges mehrfach verstärkt worden.

noch:
16. 3. 1945
Freitag
23.06 – 24.00 Uhr
„Kleinalarm“

17. 3. 1945
Samstag
10.58 Uhr
„Kleinalarm“
12.10 – 13.47 Uhr
„Fliegeralarm“
17.00 – 17.54 Uhr
„Kleinalarm“
20.48 Uhr
„Kleinalarm“
21.42 – 22.38 Uhr
„Fliegeralarm“, Angriff.

39 Mosquitos flogen diesen Störangriff. Sie warfen ca. 90 Sprengbomben, darunter 11 Langzeitzünderbomben und 10 „Christbäume“ über Nürnberg ab. 43 Menschen wurden getötet, 34 von ihnen im Keller des Hauses Franzstraße 6. Von den insgesamt 42 Verschütteten konnten 11 lebend geborgen wurden. Vier Wohngebäude wurden total zerstört, drei mittelschwer. Totalschaden auch am Dienstgebäude der HJ-Standortführung. Das Polizeikrankenhaus wurde wieder schwer getroffen, ein Feuerwehrfahrzeug LF 8 zerstört.

18. 3. 1945
Sonntag
7.55 – 8.17 Uhr
„Kleinalarm“
10.42 – 10.58 Uhr
„Fliegeralarm“
12.28 – 12.58 Uhr
„Kleinalarm“
13.22 – 13.45 Uhr
„Kleinalarm“
14.45 – 15.16 Uhr
„Kleinalarm“
23.05 – 23.37 Uhr
„Kleinalarm“

19. 3. 1945
Montag
2.10 Uhr
„Kleinalarm“
2.27 – 3.08 Uhr
„Fliegeralarm“
3.39 – 5.44 Uhr
„Fliegeralarm“
6.32 – 6.46 Uhr
„Kleinalarm“
7.41 – 9.21 Uhr
„Kleinalarm“
10.07 – 10.30 Uhr
„Kleinalarm“
11.40 Uhr
„Kleinalarm“
12.25 – 16.18 Uhr
„Fliegeralarm“
17.37 – 18.09 Uhr
„Kleinalarm“
21.10 Uhr
„Kleinalarm“
22.17 – 22.45 Uhr
„Fliegeralarm“.

384

385

382) Königstraße (16. 3. 1945).
383) MAN-Panzerbau (Frühjahr 1945).
384) Abgeschossene britische Flieger (Atzenhof, 18. 3. 1945).
385) Siemens Scheinwerferbau (Frühjahr 1945).

386

386) Frauenklinik (19. 3. 1945).
387) Amerikanisches Aufklärerbild der nördlichen Altstadt (21. 3. 1945).

Angriff durch 18 Mosquitos. Sie warfen ca. 75 Sprengbomben und 10 „Christbäume" ab. 17 Menschen wurden getötet, davon neun auf dem Gelände der Frauenklinik, zwei Angehörige der LS-Abteilung (mot.) 44 und vier Menschen im Haus Karolinenstraße 43 (Minenvolltreffer).

An zwei Stellen wurden 58 Menschen verschüttet, 31 von ihnen konnten lebend geborgen werden. Vier Wohngebäude und das Verwaltungsgebäude der Siemens-Schuckert-Werke wurden total zerstört, ein Gebäude der Frauenklinik und ein Lebensmittelgeschäft schwer beschädigt. (Dies war der letzte offizielle Bericht über Luftkriegsschäden in Nürnberg.)

20. 3. 1945
Dienstag
11.45 – 12.13 Uhr
„Kleinalarm"
13.00 – 13.19 Uhr
„Kleinalarm"
15.49 Uhr
„Kleinalarm"
16.34 – 17.13 Uhr
„Fliegeralarm"
21.10 – 21.27 Uhr
„Kleinalarm"
22.38 Uhr
„Kleinalarm"
22.47 – 23.12 Uhr
„Fliegeralarm"

21. 3. 1945
Mittwoch
2.12 Uhr
„Kleinalarm"
2.57 – 3.55 Uhr
„Fliegeralarm"
4.03 – 5.05 Uhr
„Fliegeralarm"
9.02 – 9.32 Uhr
„Fliegeralarm"
9.44 Uhr
„Kleinalarm"
11.33 – 12.10 Uhr
„Fliegeralarm"
12.48 – 13.17 Uhr
„Fliegeralarm"
13.52 – 17.16 Uhr
„Fliegeralarm"
17.57 – 18.37 Uhr
„Kleinalarm"

22. 3. 1945
Donnerstag
7.18 Uhr
„Kleinalarm"
7.46 – 8.09 Uhr
„Fliegeralarm"
8.58 – 9.03 Uhr
„Kleinalarm"
9.38 – 10.25 Uhr
„Kleinalarm"
12.22 Uhr
„Kleinalarm"
12.28 – 14.31 Uhr
„Fliegeralarm"
14.54 – 15.34 Uhr
„Fliegeralarm"
15.46 – 15.55 Uhr
„Kleinalarm"
17.00 – 17.30 Uhr
„Kleinalarm"
18.50 – 18.59 Uhr
„Kleinalarm"
21.18 – 22.00 Uhr
„Kleinalarm"
22.10 – 22.32 Uhr
„Kleinalarm"
23.43 – 0.30 Uhr
„Kleinalarm"

23. 3. 1945
Freitag
9.52 – 10.14 Uhr
„Fliegeralarm"
11.40 Uhr
„Kleinalarm"
13.02 – 13.37 Uhr
„Fliegeralarm"
13.51 – 14.26 Uhr
„Fliegeralarm"
14.48 – 15.20 Uhr
„Kleinalarm"
16.34 – 16.56 Uhr
„Kleinalarm"
22.25 – 22.36 Uhr
„Fliegeralarm"

24. 3. 1945
Samstag
9.32 – 9.52 Uhr
„Kleinalarm"
11.32 – 11.45 Uhr

387

„Kleinalarm“
12.26 – 12.54 Uhr
„Fliegeralarm“
13.05 – 13.50 Uhr
„Kleinalarm“
15.31 – 15.49 Uhr
„Kleinalarm“
22.01 – 23.57 Uhr
„Kleinalarm“

25. 3. 1945
Sonntag
8.25 – 9.05 Uhr
„Kleinalarm“
10.45 – 11.15 Uhr
„Fliegeralarm“
11.23 – 13.54 Uhr
„Fliegeralarm“
15.38 – 16.07 Uhr
„Kleinalarm“
16.28 – 16.53 Uhr
„Kleinalarm“
19.45 – 20.25 Uhr
„Kleinalarm“
21.48 – 22.03 Uhr
„Kleinalarm“

26. 3. 1945
Montag
6.56 – 7.15 Uhr
„Kleinalarm“
8.08 Uhr
„Kleinalarm“
8.15 – 8.22 Uhr
„Fliegeralarm“
8.52 – 9.10 Uhr
„Kleinalarm“
9.58 – 10.12 Uhr
„Kleinalarm“
13.11 – 16.01 Uhr
„Fliegeralarm“
16.29 – 16.36 Uhr
„Fliegeralarm“
17.30 – 17.52 Uhr
„Kleinalarm“
20.31 Uhr
„Kleinalarm“
21.30 – 22.00 Uhr
„Fliegeralarm“
23.00 – 23.17 Uhr
„Kleinalarm“

27. 3. 1945
Dienstag
3.37 – 4.00 Uhr
„Kleinalarm“
21.18 – 22.13 Uhr
„Kleinalarm“

28. 3. 1945
Mittwoch
9.51 Uhr
„Kleinalarm“
11.15 – 11.36 Uhr
„Fliegeralarm“

29. 3. 1945
Donnerstag
3.58 – 4.15 Uhr
„Kleinalarm“
16.00 – 16.10 Uhr
„Kleinalarm“

30. 3. 1945
Freitag
12.20 – 12.40 Uhr
„Kleinalarm“
16.25 – 16.55 Uhr
„Kleinalarm“
17.20 – 17.35 Uhr
„Kleinalarm“
18.22 Uhr
„Kleinalarm“
„Entwarnung“ nicht mehr feststellbar.
21.14 – 21.40 Uhr
„Kleinalarm“
22.30 – 22.45 Uhr
„Kleinalarm“

31. 3. 1945
Samstag
0.35 – 0.40 Uhr
„Kleinalarm“
2.25 – 2.45 Uhr
„Kleinalarm“
9.13 – 11.16 Uhr
„Fliegeralarm“
12.22 Uhr
„Kleinalarm“
12.45 – 13.00 Uhr
„Fliegeralarm“
14.30 – 17.08 Uhr
„Kleinalarm“
17.35 Uhr
„Kleinalarm“
17.41 - 18.27 Uhr
„Fliegeralarm“

1. 4. 1945
Ostersonntag
7.34 Uhr
„Kleinalarm“
8.42 – 10.15 Uhr
„Fliegeralarm“
10.53 – 13.26 Uhr
„Kleinalarm“
13.56 – 15.38 Uhr
„Kleinalarm“
17.15 – 17.34 Uhr
„Kleinalarm“
22.17 – 22.39 Uhr
„Kleinalarm“

2. 4. 1945
Montag
1.19 – 4.54 Uhr
„Kleinalarm“
8.41 – 10.52 Uhr
„Kleinalarm“
11.18 – 12.17 Uhr
„Kleinalarm“
12.29 – 14.05 Uhr
„Kleinalarm“
16.33 – 17.31 Uhr
„Kleinalarm“

3. 4. 1945
Dienstag
15.52 Uhr
„Kleinalarm“
16.09 – 18.26 Uhr
„Fliegeralarm“
19.44 – 20.00 Uhr
„Kleinalarm“
20.53 – 21.32 Uhr
„Kleinalarm“

4. 4. 1945
Mittwoch
0.02 – 0.37 Uhr
„Kleinalarm“
8.42 Uhr
„Kleinalarm“
11.03 – 16.05 Uhr
„Fliegeralarm“
16.31 – 19.24 Uhr
„Kleinalarm“
22.33 – 23.29 Uhr
„Kleinalarm“
23.42 – 0.15 Uhr
„Kleinalarm“

5. 4. 1945
Donnerstag
1.19 – 1.32 Uhr
‚Kleinalarm“
7.11 – 7.45 Uhr
„Kleinalarm“
7.51 Uhr
„Kleinalarm“
10.12 – 12.37 Uhr
„Fliegeralarm“
Großangriff.
B-17 „Flying Fortress“ der 3. Division flogen Nürnberg und Fürth an. Die Ziele: 13 B-17 sollten in Fürth ein nicht näher bezeichnetes Elektrowerk angreifen, sie hatten 31,3 Tonnen Bomben an Bord, 54 B-17 eine Munitionsfabrik (158,8 Tonnen an Bord).

Der Hauptbahnhof Nürnberg war Ziel von weiteren 271 „Flying Fortress“, sie schleppten 788,7 Tonnen Bomben mit sich. Den Rangierbahnhof sollten 37 B-17 angreifen (109,6 Tonnen).

59 Maschinen bombardierten den Behelfsflugplatz Unterschlauersbach bei Großhabersdorf.

Die Amerikaner verloren vier Bomber, acht Besatzungsmitglieder wurden getötet, sieben verwundet und 39 vermißt – trotz des Begleitschutzes von 91 P-51 „Mustang“.

Bemerkenswert bei dem Angriff war die stark gemischte

Bombenladung, die zwischen 11.12 und 11.52 Uhr abgeworfen wurde:
1003 Sprengbomben 1000 lb.,
473 Sprengbomben 500 lb.,
166 Sprengbomben 300 lb.,
608 Sprengbomben 250 lb.,
452 Sprengbomben 150 lb.,
454 Sprengbomben 100 lb.,
und
495 Brandbomben 500 lb.

In Nürnberg kamen 197 Menschen ums Leben, darunter 24 kriegsgefangene US-Offiziere und zwei Wachsoldaten. Die Marschkolonne wurde vor dem Haus Trierer Straße 80 von Sprengbomben getroffen. In der Umladestelle des Rangierbahnhofes erstickten 22 „Ostarbeiter" in einem verschütteten Luftschutzraum. Bei Lohe tötete ein Volltreffer 12 RAD-Männer in ihrer Flakstellung, die meisten von ihnen waren zwischen 17 und 18 Jahre alt.

Im Sörgelkeller, einem Felsenkeller unter den Anwesen Maxtormauer 10–12, kamen 26 Personen ums Leben. Eigentlich waren die Felsenkeller absolut bombensicher, hier war aber eine Sprengbombe genau in eine nicht zubetonierte Abortgrube über dem Keller gefallen und auf deren Grund explodiert. Durch die Wucht dieser Detonation brach die Decke des Kellers genau unter der Grube zusammen und verschüttete die Menschen. Ein anderer Sprengbombenvolltreffer auf einen Schutzraum unter der Marientorbrücke kostete 10 Menschen das Leben, sie wurden in kleinste Stücke zerrissen.

Sprengbombentreffer zerstörten auch den Chor der ausge-

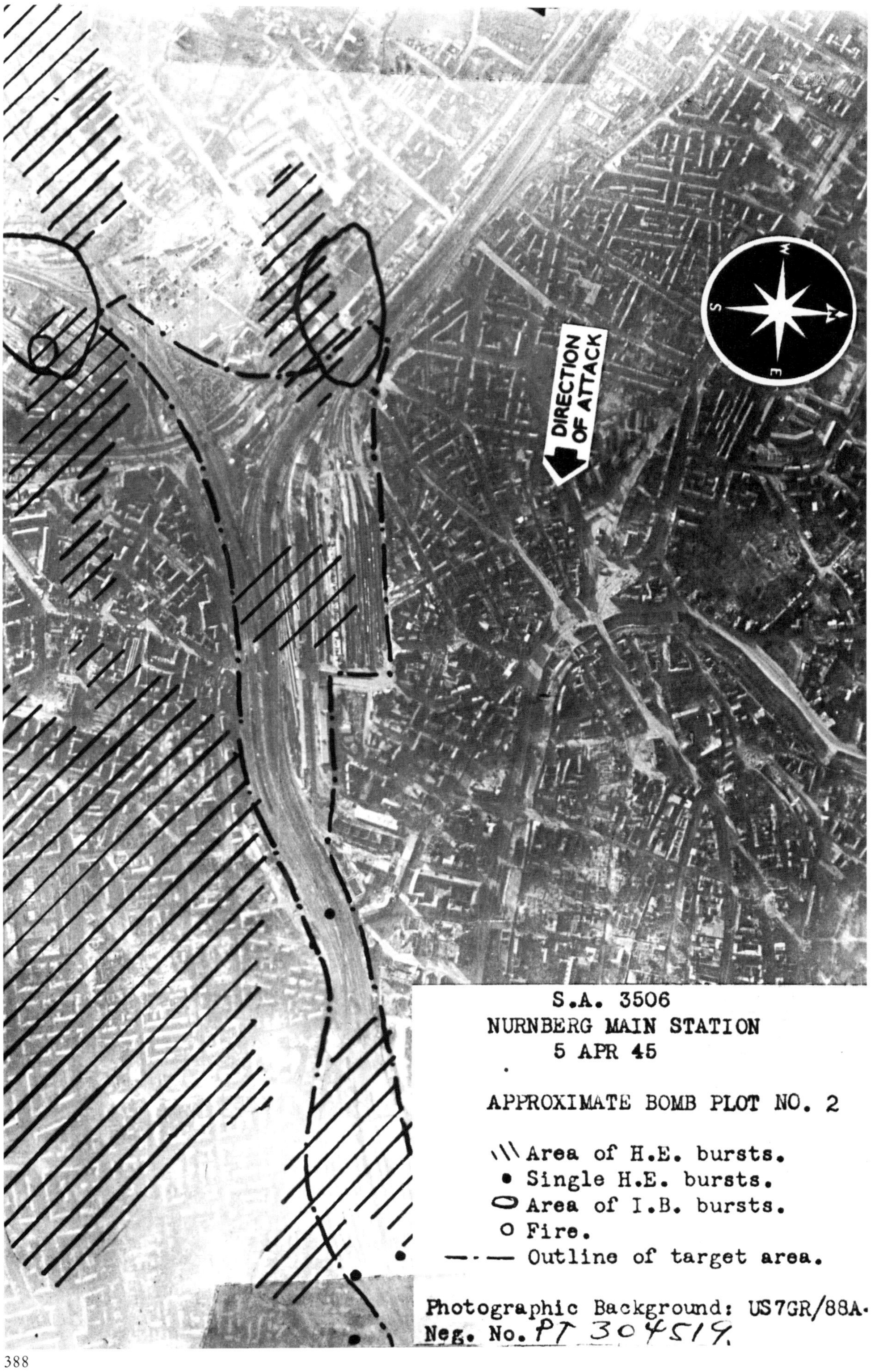

388

389

brannten Frauenkirche und rissen einen Teil der Splitterschutzwand vor dem Hauptportal weg. Auch das unterirdische Löschwasserbecken am Lorenzer Platz wurde getroffen und stürzte ein.

Nach amerikanischen Aufklärungsphotos wurde außerdem der Hauptbahnhof beschädigt: 12 Treffer direkt auf den Bahnhof, 30 Treffer auf Gleise westlich des Hauptbahnhofes, ferner vier auf eine nicht näher bezeichnete Bahnüberführung. Auf dem Gelände des Rangierbahnhofs wurden 130 Sprengbombeneinschläge gezählt, im Gaswerk 30. Weitere 95 Bomben trafen das Siemens Trafowerk, zwei schlugen dicht neben der Süddeutschen Apparatefabrik in der Platenstraße 46 ein.

Auf dem Flughafen wurden sieben kleine Flugzeuge zerstört. Durch Bombentreffer war nur noch das südliche Drittel der Startbahn benutzbar. Die maximal ausnutzbare Startbahnlänge wurde von den Amerikanern auf knapp 1200 Meter geschätzt.

Amerikanische Luftbilder lassen erkennen, daß der Angriff aus westlicher Richtung erfolgte. Der größte Teil der nach Sicht und Radar abgeworfenen Sprengbomben fiel in das Gebiet um den Güterbahnhof und südlich des Hauptbahnhofes.

6. 4. 1945
Freitag
0.01 – 0.08 Uhr
„Kleinalarm"
8.19 Uhr
„Kleinalarm"
9.37 – 12.06 Uhr
„Fliegeralarm"
12.38 – 15.10 Uhr
„Kleinalarm"

7. 4. 1945
Samstag
9.38 – 12.00 Uhr
„Kleinalarm"
12.25 – 14.15 Uhr
„Kleinalarm"
15.38 – 19.44 Uhr
„Kleinalarm"

8. 4. 1945
Sonntag
0.45 – 1.30 Uhr
„Kleinalarm"
7.39 Uhr
„Kleinalarm"
9.19 – 10.34 Uhr
„Fliegeralarm".

Gegen 8.05 Uhr beschossen Tiefflieger mit Bordwaffen eine Flakstellung der RAD-Abtei-

390

391

392

388) Alliierte Auswertung der Bombeneinschläge des Angriffs vom 5. 4. 1945 auf den Hauptbahnhof.

Auf der Flucht aus Nürnberg:
389) Soldaten und Luftwaffenhelferinnen vom Fliegerhorst Fürth setzen sich nach Roth ab (2. 4. 1945).
390) Am Steiner Schloß (6. 4. 1945).
391) Flucht Richtung Schwabach (6. 4. 1945).

392) Amerikanisches Luftbild des Kriegsgefangenenlagers südöstlich des Bahnhofs Langwasser auf dem Gelände des ehemaligen SA-Lagers.

lung 1/285 bei Nürnberg-Zollhaus. Zwei RAD-Männer wurden getötet.

Eine Frau starb, als gegen 9.45 Uhr der Personenzug Behringersdorf–Nürnberg mit Bordwaffen beschossen wurde.

11.03 – 19.30 Uhr
„Fliegeralarm"
Angriff.

89 B-24 „Liberator" der 2. Division bombardierten die Flugzeugwerke Bachmann, v. Blumenthal & Co. in Fürth und warfen dort 208,6 Tonnen Bomben ab. Dies war der letzte Angriff auf Fürth.

Zur selben Zeit bombardierten 57 B-24 den Flugplatz Unterschlauersbach, 91 den Fliegerhorst Roth.

23.35 – 23.58 Uhr
„Kleinalarm"

9. 4. 1945
Montag
0.05 – 0.25 Uhr
„Kleinalarm"
7.15 Uhr
„Kleinalarm"
8.34 – 11.10 Uhr
„Fliegeralarm"
15.46 – 18.00 Uhr
„Fliegeralarm"
22.52 – 22.55 Uhr
„Kleinalarm"

10. 4. 1945
Dienstag
6.50 Uhr
„Kleinalarm".

Gegen 9.20 Uhr kamen im Reichsbahnausbesserungswerk Austraße vier Arbeiter bei einem Tieffliegerangriff ums Leben.

12.19 – 12.48 Uhr
„Fliegeralarm"
14.25 – 16.00 Uhr
„Fliegeralarm"
17.00 – 17.32 Uhr
„Fliegeralarm"
18.46 – 20.28 Uhr
„Fliegeralarm"
22.55 – 23.47
„Kleinalarm"

11. 4. 1945
Mittwoch
0.08 – 1.32 Uhr
„Kleinalarm"
6.45 Uhr
„Kleinalarm"
12.35 – 15.30 Uhr
„Fliegeralarm"

393

394

393) Britischer „Halifax"-Bomber.
394) Rangierbahnhof (April 1945).
395) Britisches Aufklärerbild des brennenden Rangierbahnhofs (11. 4. 1945).

395

396) Amerikanische Sherman-Panzer rücken durch die Karolinenstraße auf das Polizeipräsidium vor (20. 4. 1945).

Letzter Bombenangriff auf Nürnberg.
Ab 14.43 Uhr griffen 14 britische Lancaster als Pfadfinder und 129 Halifax der 4. Gruppe den Rangierbahnhof an, „with great accuracy“, wie ein englisches Werk vermerkt.

Kein Flugzeug ging verloren. Bei diesem einzigen Tagangriff der Royal Air Force auf Nürnberg wurden nochmals 74 Menschen getötet. Im Keller des Bau 9 im Betriebswerk Nür-Rbf. in der Nähe des Ausfahrtbahnhofs starben 13 Eisenbahner. 25 Menschen wurden in den Bunkern 3 und 4 des Betriebswerks Rangierbahnhof getötet. Die anderen Toten waren fast ausnahmslos Zivilpersonen, etwa in der Katzwanger Straße 128, der Bauernfeindstraße 7, der Schnorrstraße 9 und der Paulistraße.

Aufklärerbilder vom 11. April 1945 zeigen eine Massierung von Sprengbombenkratern im südöstlichen Teil der Gleisharfe und in der Nähe der Lokschuppen.

Viele Gleise waren zerstört, Waggons entgleist, beschädigt oder in Flammen.

Das Ausbesserungswerk für Güterwagen und die Lokschuppen hatten neue Treffer erhalten, eine Bahnüberführung war getroffen. Die Gleisverbindung zwischen dem Rangierbahnhof und dem Ausbesserungswerk war unterbrochen.
noch:
11. 4. 1945
18.09 – 20.27 Uhr
„Fliegeralarm“

12. 4. 1945
Donnerstag
6.52 – 8.45 Uhr
„Kleinalarm“
9.10 – 9.40 Uhr
„Kleinalarm“
10.00 Uhr
„Kleinalarm“
10.45 – 11.35 Uhr
„Fliegeralarm“
12.10 – 14.55 Uhr
„Kleinalarm“
15.50 – 19.44 Uhr
„Kleinalarm“
23.06 Uhr
„Kleinalarm“
23.14 – 23.55 Uhr
„Fliegeralarm“

13. 4. 1945
Freitag
0.20 – 0.30 Uhr
„Kleinalarm“

397) Deutsche Soldaten und Polizisten warten vor dem Hotel „Württemberger Hof" auf den Abmarsch in die Gefangenenschaft (20. 4. 1945).

10.30 – 11.06 Uhr
„Kleinalarm"
16.40 – 18.00 Uhr
„Kleinalarm"
18.15 – 18.42 Uhr
„Kleinalarm"
19.58 – 20.20 Uhr
„Kleinalarm"
23.55 – 0.20 Uhr
„Kleinalarm"

14. 4. 1945
Samstag
8.00 – 22.22 Uhr
„Kleinalarm"

15. 4. 1945
Sonntag
0.15 – 0.30 Uhr
„Kleinalarm"
7.15 – 20.00 Uhr
„Kleinalarm"
21.50 – 22.30 Uhr
„Fliegeralarm"

16. 4. 1945
Montag
7.13 Uhr
„Kleinalarm"
10.03 – 11.09 Uhr
„Fliegeralarm"
13.45 Uhr
„Feindalarm"
(fünfminütiger Heulton).
Amerikanische Panzer hatten in Erlenstegen bei der Gaststätte Kalb die Stadtgrenze erreicht. Später am Nachmittag besetzten sie kampflos Buchenbühl und im Süden die Rangierbahnhofsiedlung.

15.48 – 16.24 Uhr
„Fliegeralarm"

17. 4. 1945
Dienstag
Am frühen Morgen Beginn der eigentlichen Bodenkämpfe um Nürnberg.

20. 4. 1945
Freitag
Gegen 23.00 Uhr geben die letzten deutschen Truppen den Widerstand auf.

Bereits am Nachmittag hatte auf dem Hauptmarkt die Siegesparade der amerikanischen Streitkräfte stattgefunden.

Zu den britischen und amerikanischen Angriffen auch:
Roger A. Freeman, Mighty Eighth War Diary, London – New York 1981
Martin Middlebrook, Chris Everitt, The Bomber Command War Diaries. An operational reference book, 1939 – 1945, Harmondsworth, New York 1985

398) Reichsparteitagsgelände (April 1945).

Die zerstörte Stadt in amerikanischen Luftaufnahmen

399) Zwischen Bahnhofsplatz und St. Lorenz (26. 6. 1945).

400) Königstorturm mit Blick auf den Bauhof (8. 5. 1945).

401) Vordere Insel Schütt (8. 5. 1945).

402) Egidienberg (8. 5. 1945).

403) Zwischen Jakobsplatz (unten) und Burg (18. 4. 1945).

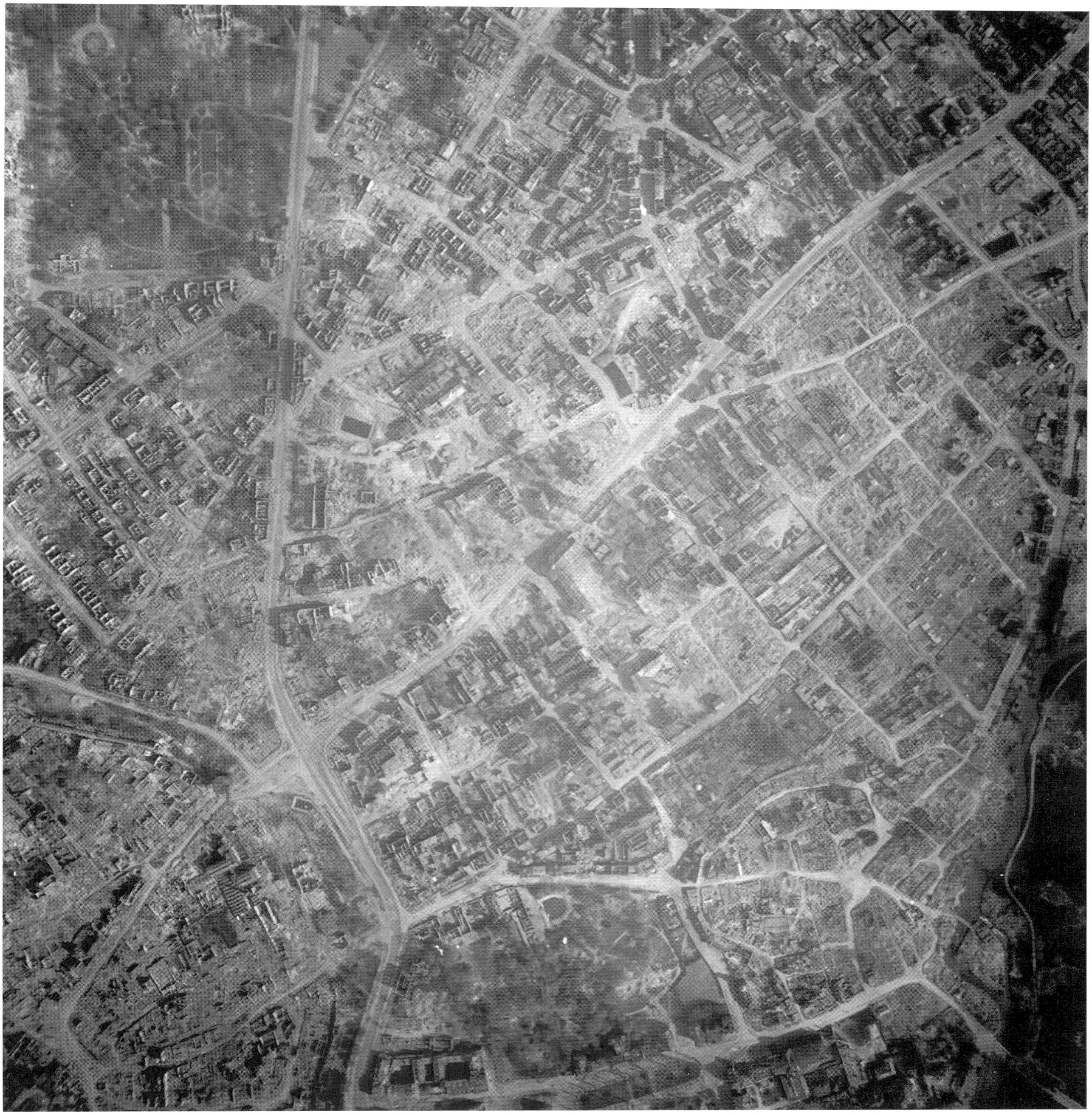

404) Entlang der Sulzbacher Straße zwischen Stadtpark (oben links) und Wöhrd (unten rechts) am 18. 4. 1945.

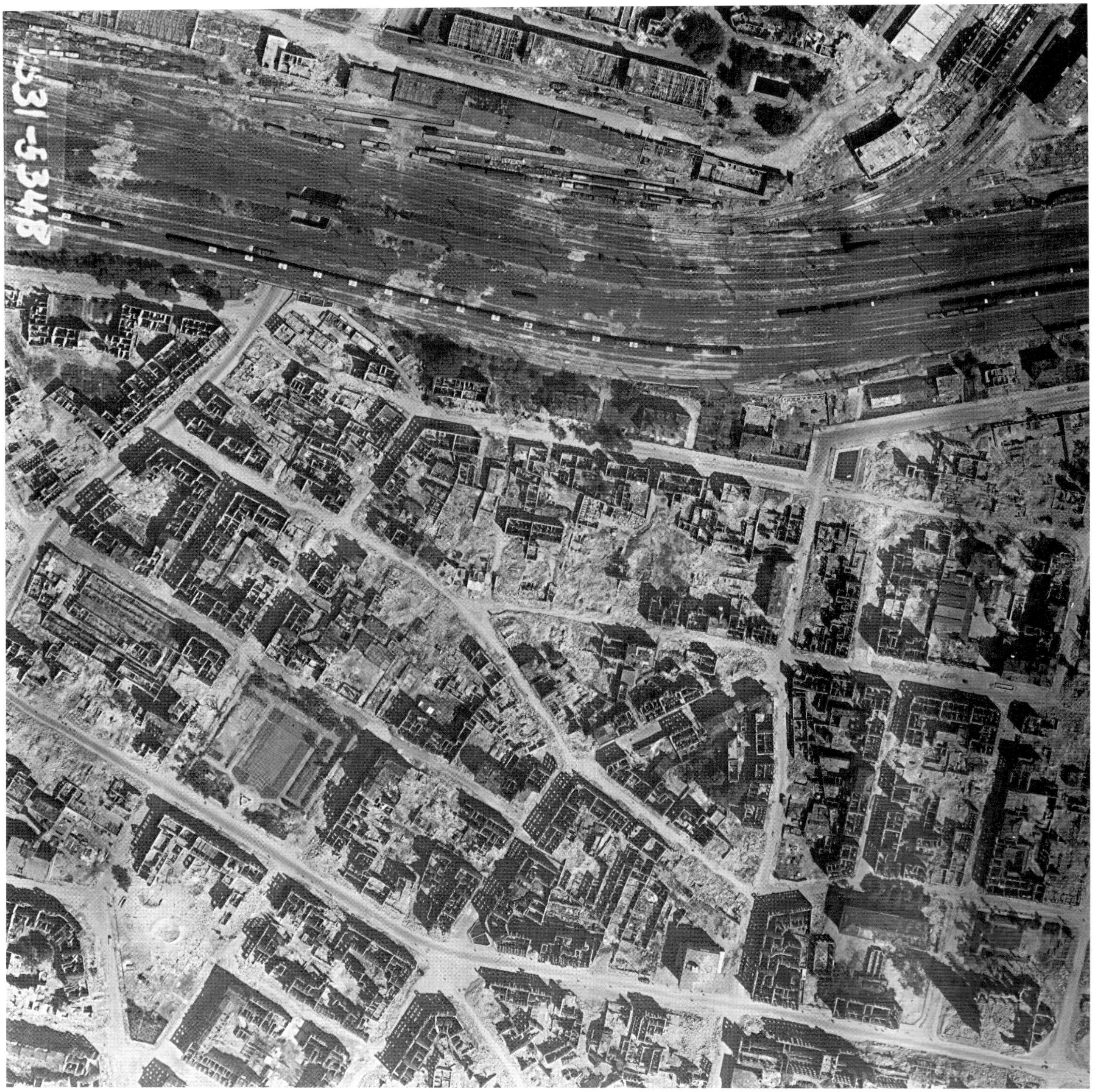

405) Die Südstadt zwischen Zollhof (oben) und Landgrabenstraße (26. 6. 1945).

406) Die Landgrabenstraße auf Höhe der Christuskirche nach Westen (11. 5. 1945).

407) Altstadt um das Germanische Nationalmuseum, unten der Tafelhof-Tunnel (26. 6. 1945).

408) Färbertor, hinten rechts die Ruine des Polizeipräsidiums (8. 5. 1945).

409) Hauptbahnhof und das Gebiet unmittelbar südlich davon bis zur Wiesenstraße (26. 6. 1945).

410) Hauptbahnhof von Westen (8. 5. 1945).

411) Zwischen Güterbahnhof, Zollhof (unten) und Plärrer (26. 6. 1945).

412) Peter-Henlein-Straße mit Aufseßplatz (rechts) nach Osten (8. 5. 1945).

413) Kreuzung Wölckernstraße/Hummelsteiner Weg. Am Horizont die Kuppel des Opernhauses (8. 5. 1945).

414) Luitpoldarena. Vgl. auch Abb. 398 (11. 5. 1945).

415) Zeppelintribüne von Osten (11. 5. 1945).

416) Gelände der MAN von Westen (16. 5. 1945).

417) Bahnbetriebswerk Nürnberg Hauptbahnhof von Westen (16. 5. 1945).

418) Ausbesserungswerk Nürnberg Hauptbahnhof von Westen (16. 5. 1945).

Abkürzungen

Abt.	Abteilung
Aw	Ausbesserungswerk
BDM	Bund Deutscher Mädchen
B.d.O.	Befehlshaber der Ordnungspolizei
Bf	Bahnhof
Bw	Betriebswerk
DAF	Deutsche Arbeitsfront
DL	Drehleiter
DRK	Deutsches Rotes Kreuz
ES	Erweiterter Selbstschutz
F-	Feuerwehr
FE-	Feuerlösch- und Entgiftung-
Flak	Flugabwehrkanone
FSchP	Feuerschutzpolizei
FuMG	Funkmeßgerät
Gbf	Güterbahnhof
Hbf	Hauptbahnhof
HJ	Hitler-Jugend
I.d.O.	Inspekteur der Ordnungspolizei
I-	Instandsetzungstrupps
Jabo	Jagdbomber (Tiefflieger)
K.D.F.	Kraft durch Freude
K.d.O.	Kommandeur der Ordnungspolizei
KMN	Kabel Metall Neumeyer
KS	Kraftspritze (Die beigefügte Zahl gibt die Pumpenleistung in Litern/Minute an. Bezeichnung später durch LF abgelöst.)
KV	Kilovolt
L	Luftgefahr
LF	Löschfahrzeug
LGK	Luftgaukommando
LS	Luftschutz
MAN	Maschinenfabrik Augsburg-Nürnberg
mot.	motorisiert
NS	nationalsozialistisch
NSDAP	Nationalsozialistische Deutsche Arbeiterpartei
NSKK	NS-Kraftfahrkorps
NSV	NS-Volkswohlfahrt
Nür	Nürnberg
NÜRAL	Aluminium Werke Nürnberg (ges. gesch. Warenzeichen)
OBdL	Oberbefehlshaber der Luftwaffe
Oflag	Offizierslager
OT	Organisation Todt
Pol.Präs.	Polizeipräsident
RAD	Reichsarbeitsdienst
RAF	Royal Air Force
Rbf	Rangierbahnhof
RdL	Reichsminister der Luftfahrt
RLB	Reichsluftschutzbund
RLM	Reichsluftfahrtministerium
RWE	Rheinisch-Westfälische-Elektrizitätswerke
SA	Sturmabteilung
San-	Sanitäts-
SD	Sicherheitsdienst der SS
SHD	Sicherheits- und Hilfsdienst
SS	Schutzstaffel
SW	Schlauchwagen
TeKaDe	Süddeutsche Telefon-Apparate-Kabel- und Drahtwerke A.G.
TN	Technische Nothilfe
TS	Tragkraftspritze (Zahlenangabe Pumpenleistung in 100 l/Min.)
UKW	Ultrakurzwelle
VDM	Vereinigte Deutsche Metallwerke
WLS	Werkluftschutz

Verzeichnis der Bildquellen:

Alcan Deutschland: 64, 65, 66, 67, 108.
Bildarchiv Nürnberger Nachrichten: 9, 22, 120, 129, 192, 193, 194, 196, 259, 261, 316.
Bildarchiv St. Lorenz: 51, 211.
Carls: 387, 392, 399, 403, 404, 405, 406, 407, 409, 411, 412, 416.
Deutsche Bundesbahn, Verkehrsmuseum Nürnberg: 99, 100, 133, 134, 145, 155, 156, 157, 158, 168, 184, 206, 207, 225, 226, 227, 228, 245, 279, 282, 294, 295, 296, 328.
Eibert: 239.
FAUN: 68, 69, 131.
Freeman: 224, 241, 242.
Fuchs: 21, 32, 109, 163, 167, 188, 191, 233, 323, 396, 397.
Großkraftwerk Franken A.G.: 223.
Huffschmid (Georg Resch †): 62, 70, 95, 96, 359, 360, 361, 362, 366, 367, 369, 370, 371, 372, 373, 374, 375, 384, 389, 390, 391.
Imperial War Museum London: 115, 116, 117, 118, 139, 161, 170, 308, 383, 385, 393, 398.
kabelmetal electro: 71, 110, 217, 218.
Leroch: 291, 292, 293.
MAN, Historisches Werkarchiv: 72, 73, 75, 76, 77, 78, 220, 222, 290.
National Archives Washington: 74, 135, 165, 212, 240, 307, 358, 395, 400, 401, 402, 408, 410, 413, 414, 415, 417, 418, 419, 420, 421.
Nürnberger Hercules Werke: 130.
Philips Kommunikations Industrie: 82, 305.
Postabteilung des Verkehrsmuseums Nürnberg: 234, 284.
Schramm: 7, 8, 13, 17, 18, 20, 44, 63.
Sengfelder: 83, 84, 106, 221, 277.
Siemens Museum: 79, 80, 81, 89, 335.
Stadtarchiv München: 368, 394.
Stadtarchiv Nürnberg: 3, 4, 5, 6, 10, 11, 12, 14, 15, 16, 19, 28, 31, 33, 34, 35, 36, 37, 49, 50, 97, 101, 102, 103, 104, 105, 107, 111, 112, 114, 136, 137, 138, 169, 276, 306, 313, 314.
Stolz: 90, 91, 92, 93, 94.
Winter: 85, 86, 87, 98.

Alle übrigen Aufnahmen:
Hochbauamt Stadt Nürnberg, Bildstelle.

STADTPLAN VON NÜRNBERG

Anlage 2 zum

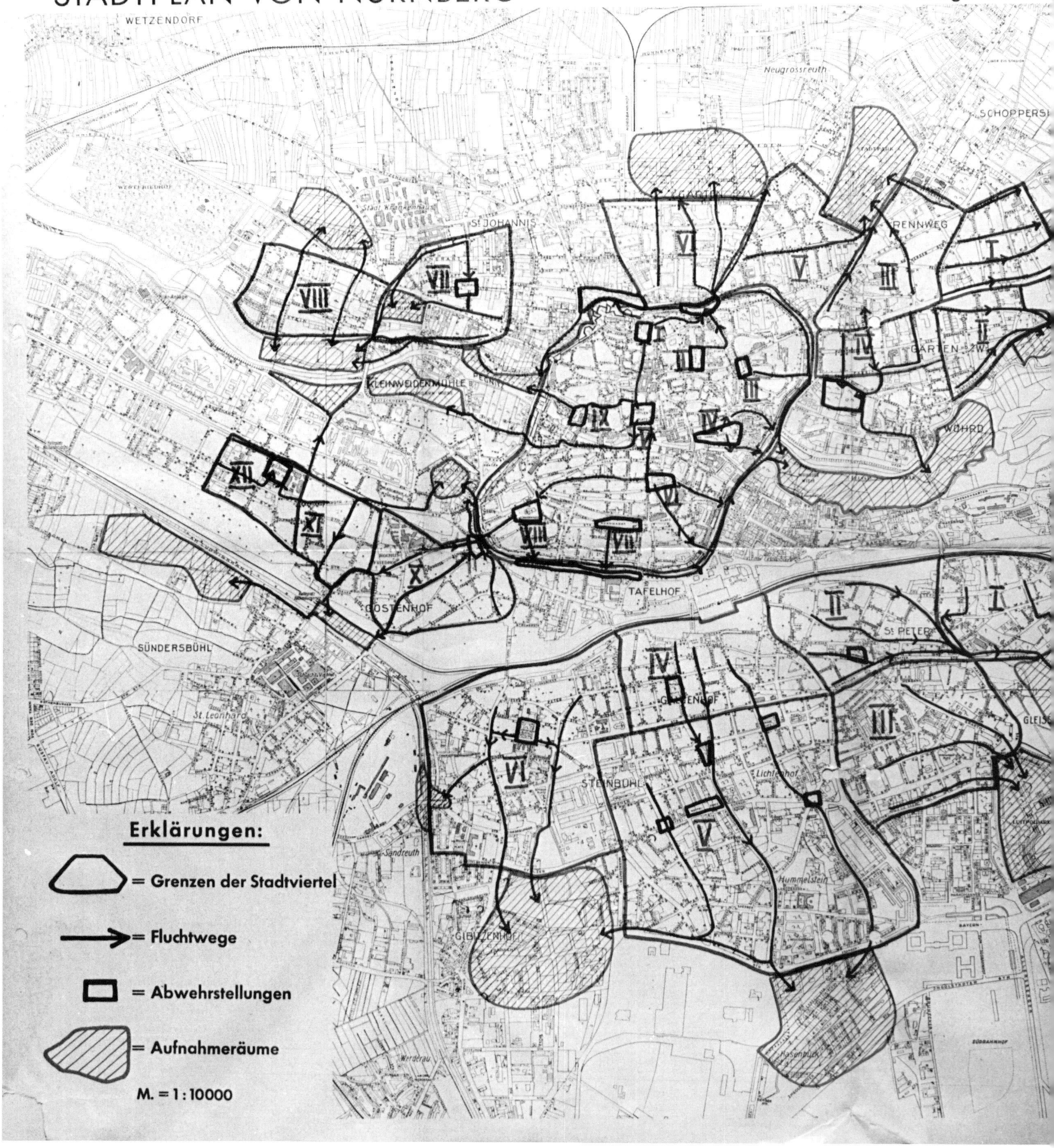